廣東先賢評論集

廣東文獻叢書
2

臺北市廣東同鄉會編

文史哲學集成
文史哲出版社印行

國家圖書館出版品預行編目資料

廣東先賢評論集 / 臺北市廣東同鄉會編. --
初版 -- 臺北市：文史哲, 民 100.12
頁；　公分（文史哲學集成；608）(**廣東文獻叢書；2**)
ISBN 978-957-549-992-1 (平裝)

1.傳記 2.廣東省

782.633　　100023856

文史哲學集成 608

廣東先賢評論集

編　　者：臺北市廣東同鄉會
會　址：臺北市寧波東街一號三樓
電話886-2-2321-7541・傳真886-2-2351-3266
督印人：鍾如海
主　編：周伯乃
編　委：鄧蔚林　廖世覺　王會均
江正誠　麥瑞台　陳北機
出版者：文史哲出版社
http://www.lapen.com.tw
e-mail:lapen@ms74.hinet.net
登記證字號：行政院新聞局版臺業字五三三七號
發行人：彭正雄
發行所：文史哲出版社
印刷者：文史哲出版社
臺北市羅斯福路一段七十二巷四號
郵政劃撥帳號：一六一八〇一七五
電話886-2-23511028・傳真886-2-23965656
定價新臺幣五二〇元
中華民國一百年（2011）十二月初版

ISBN 978-957-549-992-1　　00608

廣東先賢評論集 目次

唐代

宋代

明代

清代

民初

《廣東文獻叢書》總序

鍾如海

歷史是一條綿延不斷的崎嶇之路，文化是一座亙遠不滅的金字塔，它涵蓋著人類的智慧、知識、藝術、信仰、風俗習慣、律法和道德規範等等。人類學家認為只有人類才有文化，所以異於其他動物，就是因為他有文化，有歷史認知。司馬遷寫《史記》，給後人留下了不可磨滅的歷史認知，這是不可否認的事實。歷代先賢所開創文化基業，是多麼的豐碩而不朽。

台北市廣東同鄉會，自民國三十九年九月十四日，在台北市成立，歷經六十個春秋，若再往前追溯，該是民國三十五年冬，已有台灣省廣東同鄉會之組織，在這漫長的歲月裡，全賴前輩鄉賢的卓越領導和海內外鄉親出錢出力，以及歷屆理監事的慘淡經營，始有今日的輝煌基業。

如今，中華民國將邁入百年歷史，我同鄉會亦步入花甲之年。本會為了彰顯先賢的豐功偉業，對人類文化的偉大貢獻，乃決定蒐集歷來在《廣東文獻》所刊載之先賢評論，彙編成冊，付梓面世。

廣東自秦漢以降、趙佗與南越國的締造，即形成廣東獨特文化，再經過數千年來北方族群的南遷、融合，它便不再是艱險與荒涼的偏遠一隅，而是充滿著睿智發展的現代化的廣袤大地，它引領著整個中國，乃至世界的經濟攀昇、商業繁榮、科學與人文的進步。

回顧先賢在歷史長河裡，創造嶺南人的傳奇，和豐功偉業，此等澤流子孫，德被萬世之盛德大業，身為粵籍之後世子孫，能不著文頌歌、刻金石以傳世嗎？在我接任第十三屆理事長之初，即著力整理會務、清理圖書等工作。在清理圖書館時，發現遠在六十九年三月間出版之《廣東文獻》裡有歷史學家費海璣先生所著《廣東八大鄉賢之推選》一文。自唐代至清末，推選出張九齡、陳白沙、湛若水、霍韜、薛侃、海瑞、朱次琦、康有為等八大鄉賢，認為八大鄉賢，無論在政治、文學、哲學、教育、經濟、財政……方面都對國家、民族有其偉大的貢獻，功勳彪炳，足以振鑠古今，是廣東人愛國愛民精神之表率。

因此，我於九十八年六月廿五日，本會第十三屆廣東文獻第三次社務委員會議中提出出版「廣東文獻叢書」方案。認為「廣東文獻」自發行以來，對傳承發揚中華文化、嶺南文化貢獻至鉅，為使鄉親對廣東文化有深一層了解，有必要出版叢書，作有系統介紹。獲得與會者一致肯定、通過。同時，即席成立編輯小組，大家推舉王會均、江正誠及康保延三位先生，由「廣東文獻」季刊總編輯周伯乃先生定期召開叢書出版會議，共同研商出版事宜。

於今，「廣東八大先賢評論集」，已彙編完竣，共納入四十二篇，均為「廣東文獻」歷年來所刊登過有關八大先賢的評論文章，且已付梓。因限於「廣東文獻」季刊選材，難免有遺珠之憾，惟史料之保存、延續，均賴於一代一代的傳承與發揚，但願我這塊成城之磚能給廣東人文歷史，稍盡一絲綿力，是為序。

中華民國九十九年四月

《廣東先賢評論集》序

鍾如海

文化發展與歷史傳承，是人類進步演變的涵化力量，中華民族數千年來所以不滅不衰，就是因為有其博大精深的文化與綿延不滅的歷史傳承。粵籍文化，是融滙中國廣大境內的優質文化，歷經二千多年來的先賢們慘淡經營與不斷創新，始有今日教視群倫，超越其他族籍的輝煌史蹟。

台北市廣東同鄉會，自創會以來，就特別重視文化傳承闡揚，始有「廣東文獻」的創刊於四十年前，在這四十多年來，一直堅持著「闡揚中華文化，保存百粵民族文化」為主旨，賡續發掘粵籍先賢在中國歷史上的偉大貢獻，讓其斑斑事蹟不為年代久遠而沉沒、消失。

自我接任第十三屆理事長，除努力拓展會務，就是積極整理本會圖書室，在清理龐雜的圖書時，發現歷史學家費海璣先生於「廣東文獻」第十卷第一期中著有「廣東八大鄉賢之推選」一文，文中起始就刊述當年「蔣公介石在南昌選出江西八大鄉賢的故事」，作為治國之方法。隨即邀集廣東省朋友，著手圈選，廣東八大鄉賢，而且是從七百一十二位鄉賢中圈選出八位。這篇大作引起我編印廣東文獻叢書的動機，乃責成「廣東文獻」總編輯周伯乃等組叢書編輯小組，請其擔任主編，邀集王會均、康保延、江正誠等人，成立叢書編輯小組，積極彙集有關八大鄉賢之評論文章，並與此間文史哲出版社取得合作意願，出版《廣東八大先賢評論集》於今（一〇〇）年元月間問世，受到學術界和文化界的重視，雖沒有造成洛陽紙貴的風潮，但確有兩岸大學圖書館購為珍藏資料，供學生閱讀、研究，作史科之引證憑藉。

於是，決定繼續推出「廣東先賢評論集」，擴大範圍，自漢代、南北朝、唐、宋、明清，以迄民初，共選了將近二十家粵籍先賢的昭昭史蹟，足以彪炳千秋者，彙集成冊，因侷限於曾刊載於「廣東文獻」為選稿範疇，亦難免有遺珠之憾。

在今（一〇〇）年年初即成立專案小組，配合慶祝中華民國創立一〇〇年，出版特刊，同時進行編印「廣東先賢評論集」工作，並邀集王會均、江正誠、陳北機、麥瑞台、廖世覺、鄧蔚林、周伯乃等社務委員，密集開會、討論、選稿，並與此間文史哲出版社負責人彭正雄商榷出版、發行事宜，荷蒙概允，衷心感激。

我一向重視鄉情鄉誼之融合，和文化歷史的傳承與創新，在我四年任內，雖然遭到一些俗務上的困擾，但終算雲開月出，將同鄉會領向和諧平坦的康莊大道，讓鄉親們有更大的凝聚力，發揮廣東人的團結精神，永續成為中華民族最優秀的族群。

如今，「廣東先賢評論集」業已編妥，即將付梓，略述數語，以期未來有更多更珍貴的廣東先賢事蹟發現、闡揚，且彙集成冊繼續面世，讓粵族文化繼往開來，再現中華民族於史冊而不致沉沒。文化傳承是靠代代相傳的累積，無可諱言，今天的存在（Being）正是明日的歷史，願大家珍惜今天所有的一切，相信明天會更好。這是我要繼續推出廣東先賢評論集的原意，希望這工作永續不斷地做下去，讓先賢們的千秋事蹟發光發熱，是為序。

中華民國一百年十月
於台北市廣東同鄉會

漢代　廣州趙佗故城考

曾一民

一、前言

趙佗故城，位於廣東廣州市。北背粵秀（即越秀山，又名觀音山）、南對番禺二山，東西逶迤十里，是漢南越王趙佗所建之都。佗據百越，傳至五世孫建德時，因其相呂嘉反，武帝乃命伏波將軍路博德、樓船將軍楊僕征之。元鼎六年（西元前一一一年），陷番禺，百越平，而佗城遂燬於戰火，迄今古城湮沒三千餘年。歷代史書言之者鮮，本人不揣淺陋，據今廣州現存有關趙佗之古蹟，為之歸納整理，與史書比照，冀能從這些資料中，探得趙佗故城之遺址，俾史蹟不致湮沒無聞。且佗城之建立，對兩廣之開發係至鉅也。

二、趙佗城之由來及其建城之始末

史記南越列傳云：

「南越王尉佗者（正義：都廣州南海縣），……秦時用爲龍川令，至二世時，南海尉任囂病且死，加龍川令趙佗語曰：『聞陳勝等作亂，秦爲無道，天下苦之，項羽、劉邦、陳勝、吳廣等州郡各共興兵聚眾，虎爭天下，中國擾亂，未知所安，豪傑畔秦秦相立，南海僻遠，吾恐盜兵侵地至此，吾欲興兵絕新道（索隱：蘇林云：「秦所通越道。」）。自備，待諸侯變，會病甚。且番禺負山險，阻南海東西數千里，頗有中國人相輔，此亦一州之主也，可以立國。郡中長吏無足與言者，故召公告之。即被佗書，行南海尉事。』（漢書謂南粵武王）

據史記南越列傳所載，可知趙佗城始建之經過。何以當時趙佗不擇他處而偏選此而建立宮室城郭？

第一：任囂於此已建城邑，佗繼此為都，先天條件已備。

第二：番禺地勢險要，所由「番禺負山險」，且「阻南海，東西數千里。」

第三：據此可與中原群雄相立，若絕新道，不僅可為一州之主，亦可為一國之主故也。

漢興，以天下未定，趙佗遂乘機擊桂林、象郡，雄據百越，與都廣州實為重要之關鍵。

其後佗城遭燬，漢武帝元鼎初，佗五世孫建德相呂嘉不欲內附，乃反（註一）。五年，帝命伏波將軍路博德出桂陽，下匯水（註二），樓船將軍楊僕出零陵，下離水，低蒼梧（註三），並使馳義侯，發巴蜀罪人及夜郎兵，下牁柯江（註四）。咸會番禺。六年冬，樓船將軍先陷尋陿，破石門（註五）與伏波將軍會，「遂俱進，樓船居前，至番禺（城下），建德、嘉皆城守。樓船自擇便處，居東南面，伏波居西北面。會暮，樓船攻敗越人，縱火燒城。……犁旦城中皆降伏波。……自尉佗初王後，五世九十三歲而國亡焉。」（史記南越列傳）

考自趙佗據粵稱王，歷捐、嬰齊、興、建德，凡五世九十三年。據此，則佗城建於高祖三年（西元前二〇四年），時秦已滅，任囂已死，正值楚漢虎爭天下之際，與史吻合。至武帝元鼎六年（西元前一一一年）被滅，恰恰九十三年。換言之，佗城建於高祖三年，而燬於元鼎六年。

三、趙佗城遺址之湮沒

今廣州城，南海縣、番禺縣附郭（註六），秦時為番禺縣城，南海郡治於此（時仍未有南海縣），及趙佗王此地，始以趙佗城名之。漢書地理志謂：「番禺，尉佗都。」即此理。漢立交州，移州治於此。宋書卷三十八志云：「交州刺史，漢武帝元鼎六年，開百越交趾刺史，治龍編。漢獻帝建安八年（西元二〇三年）改曰交州，治蒼梧廣信縣，治番禺，交州還龍編。」時步騭為交州刺史。「騭到南海，見土地形勢，觀尉佗治處……登高遠望，睹巨海之浩茫，觀原藪之殷阜，斯誠膏腴之地，宜為都邑。建安二十二年（宋書志謂十六年）遷州番禺，築立城郭，綏和百越（註七）逮至東吳，分交州立廣州，仍以番禺為州治。宋書志又云：「廣州刺史，吳孫休永安十七年（西元二六四年），分交州立，領郡十七，縣一百三十六。」至此，始有廣州城之江南洲（即今廣州河南）（註八），故史記正義謂佗都廣州南海縣，即此理也。但自元至正又復舊（註九），廣州城番禺、南海附郭自此始。故今廣州城東屬番禺，西屬南海。依此論之，則趙佗故城在今廣州城東，即秦時之番禺縣城，亦即隋唐時之南海縣城也。

太平寰宇記卷一百五十七引續南越志云：

「按其城周十里，後爲步騭所修之，晚爲黃巢所焚。」

南海百咏任囂城引番禺雜志云：

「在今城東二百步，小城也。始囂所理，後呼爲東城，今爲鹽倉，即舊番禺縣也。以今攷之，東城即其地。」又引南越志云：

「尉任囂疾篤，知己子不肖不堪付以後事，遂召龍川令趙佗謂之曰：『秦室喪亂，未有眞主，吾觀天文，五星聚於東井，知南越偏霸之象，故召佗授以權柄。』」

永樂大典卷一萬一千九百零五廣城池引圖經志云：

「本府圖經志：『廣州趙佗城古蹟在州之東。』又引南海志云：『有州郡，則有城池，所扞禦外侮也。州之東舊有趙佗古蹟頹垣廢壘。而余襄公詩曰：千載猶存古越城者，即其地也。』」

明黃佐廣東通志卷輿地志古蹟云：

「趙佗城，在南海縣東，佗益廣囂所築也。復爲黃巢所焚，宋修復之。」

明郭棐廣東通志卷之十五城池云：

「周赧王初，粵人公師隅爲越相，度南海築城，號曰南武。任囂趙佗相繼增築之，是爲越城，周迴十里。」又「唐天祐末，靖海軍節度使劉隱以南城尚隘，鑿平禺山以益之，規制宏大。」

按上述各書所論，趙佗故城在廣州城東明矣。原來趙佗未都廣州時，東周末，越相公師隅於此已築有城郭，號曰：「南武」。秦時，任囂為南海尉，又修築之，謂之「任囂城」。及趙佗王百越，始以「趙佗城」名之（或謂越城），至東漢末，步騭為交州刺史，移州治於此，於是又有「州城」之名。東吳孫休分交州立廣州，始有「廣州城」（五羊城）（註一〇）。逮至唐末，城雖毀於黃巢之手，但州之東，仍見「趙佗古蹟頹垣廢壘」之殘蹟。故余襄公（余靖）（註一一）詩有「千載猶存古越城」句。依此言之，則北宋仁宗時，廣州仍見趙佗故城殘址，時稱「東城」。城址不大，僅周十里而已。

由此可知，趙佗故城即宋時之「東城」，南海百咏引禺雜志誤在「鹽倉」，蓋「鹽倉」為佗之公署，非城也（見下文）。其後因宋明清的修築與擴建（註一二），及民初的拆城闢路（註一三），宋廣州「東城」——趙佗故城古蹟遂因此而湮沒。

四、廣州趙佗故城之遺址

語云：有州郡則有城池，有城池則有公署宮室。此為簡明不易之理，何況趙佗都廣州王百越歷五世九十三？然則其公署，宮室今尚存否？此外，今廣州尚有趙佗之史蹟流傳民間否？

此為考證趙佗故城遺址之重要線索。茲從志乘方面引述有關之資料，分述如下：

（甲）、趙佗公署

明黃佐廣東通志卷二十八公署云：

「秦南海尉署始於任囂，居瀧口西岸萬人城，趙佗亦居之。設尉一人，視守皆秩二千石，是時越人竄入叢薄，佗於是徙近南海郡，去省城二十七里，致招來焉。既乃入治番山之隅，因周末楚庭之舊。其署在東二百步，宋爲鹽倉。（按東字似脱城字。又阮通志卷二一八署宅條引此同）。

廣東新語卷十七宮語云：

「南粵王趙佗故宮在粵秀山下，即楚庭舊址。粵秀一名王山以佗故也。」

羊城古鈔卷七古蹟云：

「楚庭：廣州舊志：周惠王賜楚子熊惲昨，命之曰：『鎮南方夷越之亂。』于是南海臣服于楚，作楚庭以朝。復楚威王滅越，兼有南服，楚庭之名遂以傳焉。」

綜合上述三書所載，任囂、趙佗未開署之前，廣州已有公署曰「楚庭」。因楚子熊惲鎮南方夷越之亂有功，周惠王乃賜之胙，於是南海臣服於楚，故作「楚庭」以朝。時為楚成王惲元年，即周惠王六年，西元前六七一年（見史記楚世家及十二諸侯年表）。故屈大均謂「越宮室始於楚庭。」其說可信（註一四）。據此，則趙佗公署，初在英德萬人城（註一五），後王百越，「乃入治（廣州）番山之隅」，因「楚庭」之舊址建公署，曰趙佗署，即宋之「鹽倉」址。由此可知，宋之「鹽倉」，即趙佗公署，非城也。

劇黃佛頤廣州城坊志卷一，考證今廣州市倉邊街，舊倉巷係宋之「鹽倉」。換言之，今倉邊街與舊倉巷，即趙佗公署也。

趙佗既入治廣州市番山之隅，然則番山在何地？據史書謂番禺之得名，因城中有番、禺二山云。

元和郡縣志云：

「番禺廢縣，秦舊縣，故城在西南二里，有番、禺二山、因以爲名，或言置在番山之隅。」（按「在」似衍字）

寰宇通志云：

「番山在北，禺山在南，相連如長城。劉龑時鑿平之，就番山積石爲朝元洞。禺山今布政司譙樓基址是也。」

南海百咏番山引鄭熊番禺雜志云：

「番山在城中東北隅，禺山在南二百許步，兩山相聯屬，劉龑鑿平之。」

原來南漢之前，廣州城中有番、禺二山，番山在北，位於番禺縣治西南二里，按即城隍廟後，故黃佐通志及元和郡縣志謂趙佗公署位在番山之隅，即此理，至於禺山則為唐清海軍樓，元明時布政司譙樓也，清為雙門底（註一六）。即今漢民北路惠愛六約一帶。故番禺縣續志卷四建置云：「署（布政司署）枕禺山，前臨雙門」是也。羊城古鈔則以禺山在北，番山在南，依此言之，則番山在北，禺山在南，元和郡縣志寰宇通志為是。

考阮元廣東通志廣州省城圖、番禺續志捕屬圖，廣州六脈渠圖及廣州大觀廣州市繁盛區街指南分區圖，倉邊街與舊倉巷為並排由北至南者，北止於聚賢路，南止於惠愛七約、八約之間，其西南二里，即布政司雙門底（漢民北路）。

據陳直夫教授云：「廣州市惠愛街，由西門起至大東門止共十里，分十約（由惠愛首立起至惠愛十約止），每約一里，內設鄉約，以轄約內居民。」（註一七）與太平寰宇記引續南越志及黃佐通志謂其城周迴十里合。

考番禺續志廣州六脈渠圖，惠愛首約由西門經光孝路至寶富巷（後改為海珠北路），惠愛二約，由海珠北路至花塔街，惠愛三約，由花塔街至大北直街（後改為中華北路），惠愛四約，由中華北路至吉祥街（後改為吉祥路），惠愛五約，由吉祥路至廣府署，惠愛六約，由廣府署至布政司（雙門底漢民北路），惠愛七約，由城隍廟至倉邊街，惠愛八約，由倉邊街至番禺縣署，惠愛九約，由番禺縣署至芳草街，惠愛十約，由芳草街至大東門。據此，與元和郡縣志謂：「故城西南二里為番禺二山」及黃佐番禺二山小記引圖經謂番山在郡學后合（註一八）。蓋故城（番禺縣署）在惠愛九約，而番禺二山則位在惠愛七約六約之間，亦即黃佐謂在郡學之後，按郡學即廣州府學宮，其右角則為城隍廟舊倉巷。

至於「南粵王宮在粵秀山下」，據廣州城坊志卷二引白雲粵秀山山合志云：「越秀山（觀音山）在會城北，為省會主山，由白雲逶迤而西，跨郡而聳起，東西延袤三里餘，俯視三城，下臨萬井，為南武之鎮出，即楚庭舊址，今山麓有古之楚庭一額，下有二門，左曰大北，右曰小北，中峰之正脈，落於越王故宮。上有越王臺故址，昌黎詩『樂奏武王臺』是也。」將此段文意與上文合觀之，則佗城遺址，已歷歷在目。

（乙）、宮室

羊城古鈔卷七古蹟云：

「建德故宅，在城西光寺寺街。今光孝寺故址，本趙佗故宮，而建德佗之五世孫也。」

光孝寺志

「光孝寺在郡城西北，本越王故宅。三國吳虞翻謫徙居此，廢其宅爲苑囿，多植蘋婆苛子，時人爲虞苑，又曰苛林。翻卒後，人施宅爲寺。」

大清一統志廣州部寺觀

「光孝寺：在南海縣西北一里。通志：南粵王弟建德故宅……高宗紹興間，改爲報恩光孝寺，後易爲光孝寺。」

南海百咏

「法性寺，劉氏時爲乾亨寺，後復舊名，今爲報恩光孝寺，乃南越趙建德之宅，虞翻之園囿也。」

據此，今光孝寺，即南越王趙佗故宅，考光孝寺位於廣州市西門光孝寺街，由北而南，北止於淨慧路，南止於惠愛首約，屬惠愛西路（後改為中山六路）（註一九）。入民國以來，

警監學校、法官學校、省立藝術學校，相繼借為校址。（見廣州大觀名勝古蹟）

綜合上述所論，趙佗公署、宮室之位置明矣。由此觀之，則趙佗故城遺址，在今廣州市越（粵）秀山下、大東門、西門及大北門小北門之範圍內無疑。

（丙）、有關趙佗之名勝古蹟

(1)朝臺（朝漢臺）

藝文類聚卷六十二引廣州記云：

「尉佗所都處，築臺以朝漢臺，圓基千步，直峭百丈，螺道登進，頂上三畝，朔望升拜，號曰朝臺。」

太平寰宇記卷一五七南海縣引南越志：

「朝臺下有趙佗城。」

輿地紀勝朝漢臺條引南志云：

「歲時尉佗登此望漢而朝拜。」

廣東新語卷十七宮語四臺云：

「趙佗有四臺：其在廣州粵秀山上者，越王臺，今名歌舞岡。其在廣州北門外固岡上者，曰朝漢臺，……與越王臺相去咫尺……。」

廣州城坊志引白雲越秀二山合志云：

「越秀山在會城北，……上有越王臺故址，……與朝漢臺相近，郡人多於此覽勝焉。」

⑵越王臺

大清一統志廣州部山川云：

「越秀山，在南海縣北，城跨其上，聳拔二十餘丈，上有越王臺故址。唐韓愈：『樂奏武王臺』是也。明永樂初，指揮花英於山巔起觀音閣，俗呼觀音山。」

阮元廣東通志引南海縣志云：

「觀音閣之東北，爲越王臺故址，臺之西，閣之北，爲鎭海樓，閣之東爲應元呂，下爲龍王廟，廟西爲三元宮。」

廣州府志卷八十四云：

「越王臺在番禺縣北二里悟性寺後，臺岡一名越井岡，又謂之天井，唐廣州司馬劉恂稱岡頭有古臺基，即趙佗所築也。」

按：越（粵）王臺故址，明時為觀音閣（廟）。位於德宣四路。民初為督軍衙署，因國父曾駐節於此，後人追思國父功業，遂於是處築中山紀念堂及總理紀志碑。（見廣州指南名勝古蹟）

⑶九眼井（越王井）

太平寰宇記天井岡條云：

「南越志云：『天井岡（按即越王臺）下有越王井，深百餘尺云。』是趙佗所鑿。諸井鹹鹵，惟此井甘泉，可以煮茶。」

寰宇通志廣州府井泉條云：

「越王井，在府治北越王山（按即粵秀山）。一名趙佗井。」

輿地紀勝卷八十九古跡云：

「越王井，在番禺越岡平，曰越佗井。劉漢呼爲玉龍泉。」

廣東新語卷四水語九眼井云：

「九眼井，在歌舞岡之陽。相傳尉佗所鑿，其水力重而味甘，乃玉石之津液，志稱佗飲斯水，肌體潤澤，……名越王井。通典謂南海有天井門。天井者越王井，門者石門也。井又名越臺井。以在越王臺之下也。廣州諸井此最古。南漢主亦嘗飲之，號玉龍泉。其廣丈餘，有九孔、文石爲蓋。……自漢至今，以爲尉佗之遺澤云。」

圖書集成職方典廣州部云：

「越秀山……上有越王臺，……前有古井，鑿自佗時。深百尺，泉味甘冷。南漢號玉龍泉。宋丁伯桂覆石開九竅，因名九眼井。」

按：九眼井在芒果樹街（幹止德宣西路，北止清水街。）見廣州大觀名勝古蹟及街名諸條。

根據上述之資料，尚有一疑點，城之建築，四方必有譙門，唯佗城獨缺南門，遍覓有關趙佗諸史、志乘未果。豈佗城獨缺南門歟？此不成理。再查史志，得二條如下：

宋書卷八十六劉勔傳云：

「劉勔字伯猷，彭城人也。……元嘉二十七年（四三〇），索虜南侵，道錫遣勔奉使詣京都。太祖引見之，酬對稱旨，除寧遠將軍。元嘉末，蕭簡據廣州爲亂，勔起義討之。燒其南門。廣州刺史宗慤又命爲府軍主簿，以功封大亭侯，除員外散騎侍郎。」

輿地紀勝卷八十九人物云：

「王定保，五代史劉隱傳云：唐末中朝，士人以嶺外最遠，可以避地。而唐世名臣謫死南方，往往有子孫皆客嶺表如王定保、倪曙、劉濬、李衡……之徒，隱皆招禮之。定保乃容管巡官曙太學博士。……後劉龔欲僭位，王定保不從，遣定保使荊南，及還，告以建國。定保曰：建當有制度，吾入南門清海軍，額猶在四方，其不取笑乎？」

按宋書劉勔傳，元嘉末，蕭簡據廣州為亂，劉勔起義討之，燒廣州城南門，亂平。事在元嘉末，距趙佗建城約三百餘年，故佗城有南門可信，沿魏晉南朝之廣州城，乃步騭重建者。然則佗城南門在甚麼地方呢？輿地紀勝言王定保與劉隱事。當定保由荊南回廣州見劉龔時，入南門清海軍樓，尚見清海軍樓匾，由此可知，趙佗城之南門，即雙門底（布政司譙樓）漢民北路與惠愛六約交間處。

上述所引趙佗公署，宮室及朝漢臺、越王臺、越王井等名勝古蹟，均與趙佗據粵有密切之關係。由於古蹟距今已有二千一百餘年之久，或因戰火，或因重建，已非本來面目，但對研究歷史來說，這些第一手寶貴的資料，不僅為研究趙佗史蹟的重要線索，且也可補正史之不足。

五、結　論

廣州趙佗故城遺址，由於年久湮遠，經不起戰火的洗禮，或因滄海桑田的變遷，古蹟早已湮沒無聞，茲歸納上述所得資料，探得趙佗故城遺址範圍如下：

趙佗故城位於廣州市，北背粵（越）秀山（又名越王山、觀音山）。上有朝漢臺、越王臺（明時為觀音殿址，今為中山紀念堂紀念碑基址附近），前有越王井（九眼井），左為大北門，右為小北門。中峰正脈落在趙佗公署（即倉邊街，舊倉巷），南對番、禺二山（即今漢民北路、惠愛六、七約至越華路一帶）。東西逶迤，連屬十里（由西門至大東門，即惠愛路由首約到十約）。依此論之，則趙佗故城之遺址，由西門惠愛首約起，穿過光塔街，經番、禺二山（布政司雙門底），至趙佗公署（舊倉巷、倉邊街，繞大東門（惠愛十約），沿粵秀北路，經小北門，抵粵秀山朝漢臺、越王臺，過大北門，遁第一津，越趙佗宅（光孝寺），達西門而止。

廣東位於我國之南，距離京畿較遠，故開發稍晚。上古之時，稱其地為荒服，謂荒遠之地；稱其民則為蠻，或謂夷越。蓋其文化落後，民性好相攻擊，風俗習慣與中原異故。但自秦統一天下後，百越平，置南海、桂林、象郡，自是廣東始獲真正之開發。再經兩漢，魏晉及隋唐的不斷經營，廣東省會廣州，從那時起已成為一大都會，迄今仍然，尤以近代的廣州不論文化、經濟，已成為南方之燈塔，發出無比的光輝，余以為趙陀居功至偉。蓋佗都廣州，王百越，歷五世九十三載，故趙佗不但對廣東之開發貢獻至大，而且對我國南方領土之開拓及中原文化之廣被，亦有莫大的貢獻。

註釋：

註一：見史記南越列傳及漢書西南夷兩奧朝鮮傳。

註二：集解：徐廣曰：「一作『湟』。」駰案：地理志曰：「桂陽有匯水，通四會。或作淮字。」索隱劉氏云：「匯當作湟。」漢書云：「下湟水。」或作匯。水經注卷三十九匯水云：「水出桂陽縣西北上驛山盧溪，為盧溪水。東南流經桂陽縣故城，謂之匯水。地理志曰：「匯水出桂陽，至四會。」按：匯水源自湖南桂陽，至廣東英德匯水北江，經四會、三水合西江至廣州。

註三：集解：徐廣曰：「在零陵、通廣信。」按：離水，即漓水。源出廣西興安縣陽海山，經桂、林、蒼梧，入廣東廣信（封川），會西江至廣州。

註四：正義：「江出南徼外，東通四會，至番禺入海也。」按即珠江，詳見大清一統志廣州府山川。

註五：索隱：姚氏云：「尋陜在始興西三百里，近連口也。」石門發索隱按廣州記：「在番禺縣北三十里。昔呂嘉拒漢，積石鎮江，名曰石門。又俗云：石門水名曰『貪泉』，飲之則令人變。故吳隱之至石門，酌水飲，乃為之歌云。」

註　六：清光緒五年廣州府志卷六十四城池：「府城，南海與番禺分境而治。」又番禺續志卷三城池：「廣州城址，附郭南、番二縣。」

註　七：見水經注卷三十七浪水。

注　八：元和郡縣志卷三十四嶺南道：「南海縣，本漢番禺縣之地，屬南海郡，開皇十年，分其地置南海縣，屬廣州。」又同書番禺縣條：「開皇十年，改置南海縣，即今縣是也。長安三年，於北南洲上別置番禺縣，取漢名。其洲周迴約八十里。」按江南洲即今廣州市河南。詳見番禺縣志卷一沿革。

註　九：見同治十年番禺縣志卷一沿革。

註一〇：廣州城除稱「南武」、「任囂城」、「趙佗城」、「越城」、「州城」等外，又稱「五羊城」。關於五羊城之傳說，史書言之不一。裴淵及顧微之廣州記皆謂高固相楚時，有五羊銜穀萃至楚庭，其後繪則像於郡廳，五羊城自固始。又南部新書則謂吳（滕）修為廣州刺史時，未至州，有五仙人騎五色羊，負五穀而來。廣東新語則謂周夷王時，南海有五仙人，衣各一色，所騎羊亦各一色來集。各書所述五羊故事，時間不一，人物不一，可疑甚大，但廣州城又名五羊城則為事實。

註一一：余靖，字安道，韶州曲江人，宋仁宗天聖二年（一〇二四）為贛縣尉，累官至工部尚書。曾三使契丹，未嘗辱命。卒年六十五年，謚襄靖。（見廣東考古輯要人物。）

註一二：見永樂大典廣城池。明郭棐廣東通志城池。阮元廣東通志城池。

註一三：見廣州指南及市民要覽。

註一四：見廣東新語卷十七宮語。

註一五：瀧口萬人城：水經注卷二十八：「瀧水又南出峽，謂之瀧口。西岸有任將軍城，南海都尉任囂所築也。囂死，尉佗自龍川始居之。」元和郡縣志：「尉佗為城於湞山上，名曰萬人城。大清一統志韶州府在英德縣東。

註一六：見寰宇通志卷一〇二番禺山注，阮元廣東通志建置略五布政司署，光緒廣州府志六十五瀧者及番禺縣志卷十建置略二。

註一七：陳直夫教授，番禺人，現任珠海書院文史研究所、經濟研究所教授，世居廣州城，其言可信，故誌之如上。

註一八：見郭棐嶺海名勝記。

註一九：參閱羅香林唐代廣州光孝寺與中印交通之關係 **P.27-P.37**。

主要參考書

史　記　台灣中華書局印行

漢　書　台灣中華書局印行

新校後漢書注　世界書局印行

陳　書　中華書局印行

水經注	世界書局印行
元和郡縣志（叢書集成）	商務出版社印行
太平寰宇記	文海出版社印行
輿地廣記	文海出版社印行
輿地紀勝	文海出版社印行
宋方信孺南海百詠	光緒壬午學海堂重刻
永樂大典（廣）	世界書局印行
明黃佐廣東通志（米高菲林）	嘉靖戊午刊本
明陳遁等撰寰宇通志	廣文書局印行
明郭棐廣東通志（米高菲林）	萬曆壬寅刊本
明屈大均廣東新語	中華書局
明顧祖禹讀史方輿紀要	樂天出版社印行
清張鳳喈等修南海縣志	宣統二年刊
古今圖書集成（廣東）	鼎文書局印行
清杜臻粵閩巡視紀略	欽定四庫全書
清陳昌齊等撰廣東通志	華文書局股份有限公司印行
清李福泰修番禺縣志	同治十年冬月光齋堂刊本

清光緒五年廣州府志　成文出版社印行
清仇池石輯羊城古鈔　大賚堂藏板
廣州市沿革史略，民國十三年廣東文獻專輯之三　香港崇文書站印行
黃佛頤廣州城坊志　廣東叢書第三集
廣州指南　民國二十三年廣州市政府編
市民要覽　民國二十三年廣東省會公安局編
羅香林唐代廣州光孝寺與中印交通之關係　香港中國學社
大地勝遊記　香港亞洲出版社

原載於《廣東文獻》八卷四期

趙佗開府南疆與廣東精神

阮君慈

一、故宮遺蹟

五嶺北來，珠海最宜明月夜。
層樓晚望，白雲猶是漢時秋。

這是黨國元勳胡漢民先生題廣州觀音山鎮海樓，俗稱五層樓的楹聯。相傳鎮海樓建築基地就是昔年趙佗開府廣東百越（亦稱百粵）的遺址。後人稱之為越王臺。

上聯「五嶺北來」，宛如千軍萬馬飛奔南來，氣象不凡。接著「珠海最宜明月夜」，輕輕點出羊城八景之一「珠江夜月」。寥寥的十一個字顯得詩中有畫，畫中有詩的美麗境界。

下聯「層樓晚望」，是指在高處縱觀廣州形勝，肯定了「白雲猶是漢時秋」。就是說；大好河山應是我大漢民族所擁有，異族決不能霸佔（想是指滿清）。強烈的愛國愛鄉情懷，躍然如繪，其沉潛的民族意志與革命思想之濃厚，確是偉大的開國元勳。

廣東省對日抗戰前人口為三千五百萬人，現在當不止此數，有人估計已達五千萬人。在中國大陸版圖，廣東是一個有數的大省。民族來源，全是炎黃子孫、中華兒女。

上古時代，我國民族由西北向東南移殖，漸漸深入百越（粵）。戰國時期時（周威烈王二十三年，民前二三一四）至秦并六國止）中原紛亂，老百姓逃難南移，迨秦始皇併吞六國政制暴虐，民不聊生，更大批南下移居開懇以求生存。簡括的說：廣東民族的開枝發葉、繁衍昌榮，是由兩大洪流所形成的。⑴秦始皇曾每次派兵五十萬，三征百越。至第三次克服全境，由統帥任囂率領部眾屯墾生聚。此五十萬南征官兵子弟就地生聚教訓再加入逃避暴政「義不帝秦」之老百姓實在為數不少。⑵另一次移民入粵壯舉，則為反抗元朝蒙古人成吉思汗入主中國，相率不怕千辛萬苦，踰山越嶺拋棄中原老家南移百越。迨宋帝昺將近覆亡遷都南下，朝野忠臣義士扶老攜幼，遮道相隨，也帶了大批義民經福建轉入廣東。時日既久，遂成為今日富有「特性」的廣東人。

二、秦始皇三征百越

秦滅六國，統一天下之後領土野心擴大了。有「北逐匈奴」、「南開五嶺」之雄心。第一次派兵南下是在秦始皇二十五年（公元二二二年）由秦將王翦率五十萬向百越進軍，（一說統帥為梅鋗，但梅鋗是秦末漢初人，容待考證）但尚沒有踰越嶺南，至江西南邊視察一段時間即行班師。第二次用兵是秦始皇二十九年（公元二二六年），南征統帥為屠睢，率五十萬大軍分五路南移，第一路由江西南昌經三南（虔南、定南、龍南）直趨廣東之蕉嶺、梅縣、潮州等地。第二路駐大庾嶺相機越過珠璣巷入南雄。第三路進駐鐔城嶺，由湖南越城嶺取道向南推進。第四路進駐九疑山，即湖南衡山，以窺樂昌。第五路是中鋒，由屠睢親自率領由江西侵入南雄，始興後經韶關直撲番禺，卻遭粵人（亦稱越）堅決抵抗，僵持了三年，秦軍糧食接濟困難，粵人隱蔽在山林洞穴裏以逸待勞，持久抗戰。秦始皇三十二年（公元一二九年）越人覷準秦軍師老無功疲憊不堪，遂發動一次大規模的夜襲，把秦兵打得大敗，殺了統帥屠睢。越人以不屈不撓精神，用未經訓練之老百姓，居然打敗了能征慣戰的五十萬秦兵，其不畏強權、不怕死的廣東精神，早在二千餘年以前已經充分表現於抵抗外侮的自衛自強戰爭了。

三、任囂經略南越經過

秦始皇三十三年，又發動平定粵南的第三次戰爭。這次由任囂為南征統帥，經過慘烈的戰鬥，連綿不斷的由中土增援，傾全國兵力物力以對付邊遠的一省，終於征服南越。將南越設置為南海、桂林、象郡三郡（秦并天下置三十六郡以統其縣，漢以後因之稱府為郡。）地域包括兩廣和越南的北部。於是奠定了中國廣大疆域的基礎。

秦始皇既獲全勝，統一後遂派任囂為南海郡尉。（今南海縣即廣州市）並委趙佗為龍川令。（即東江惠、潮、梅之地）管轄南海郡的地方，當時號稱萬人城，即粵北地區——樂昌以南之地，包括珠江三角洲。秦亡項敗，漢高祖誅戮功臣擁有天下。將中國土地，據為私產，與秦皇作法相同。還都安定後約閱數月，忽想起粵南地方，尚未完全平服，特派陸賈帶著印綏，往封趙佗為南粵王，叫他安輯百越，毋為邊害。

前文已經說過，趙佗是任囂的部將，舊為龍川令。屬南海郡尉管轄。任囂當時目睹秦政敗壞，中原戰亂頻仍，本想乘機崛起，整軍經武，獨據一方，相機率師北上與群雄一比高低，無如老病纏綿，臥床不起，到了臨死的時候，使人邀請趙佗入室，懇切立下遺囑。

四、趙佗奉命開府五羊城

任囂說：「天下已亂，勝廣以後，復有劉項，南海僻處蠻夷，我恐亂兵侵入，意欲塞斷北道，自開新路，靜看世變如何再定進止，不幸老病加劇，有志未逮。今郡中長吏，無可與言，只有足下倜儻不羈，可繼我志。此地負山面海、東西相距數千里，又有中原人士來此寓居，正可為臂助，足下能乘勢立國，卻是一州的主子了！（見秦漢史乘）

任囂死後趙佗實任南海郡尉。傳檄各關守將，嚴守邊防，截阻北路，嗣又襲取桂林象郡，自稱南粵武王。

歷史的演變既然如此，我們就可以想像出廣東精神的來由了。

任囂、趙佗是燕趙之士，即今之河北省人。他們率領五十萬久歷戰鬥的士兵，到邊僻的南海，與蠻夷（想是指當日的南越土著）接近，又恐亂兵侵入，欲塞斷北道。地理環境似乎背腹受敵，北來壯士其能不日夜戒備以防意外。這一點，磨鍊了廣東人勇敢善戰，亦孕育了北伐中原平亂還鄉的傳統意識。當年，國父孫中山先生倡導革命推翻滿清，經九次失敗，至第十次，卒獲勝利成功，建立了中華民國。先總統蔣公率黃埔軍校師生，東征北伐，戰無不勝，攻無不克，掃平軍閥統一全國，這是任囂，趙佗當年所想做沒有做的救亡圖存的革命大業。

對日抗戰期間，薛岳將軍、張發奎將軍、余漢謀將軍各積戰功分任第九、第四、第七戰區司令長官。率舊式裝備的部隊抵抗強敵以排山倒海的壓倒態勢運用大兵團攻擊，竟能處處殲敵，處處獲勝，薛岳將軍造成長沙三次大捷，余漢謀將軍兩次粵北大捷，也是傳統的廣東革命精神有以致之。

廣東精神由來有自。歷史的事例與革命的犧牲奮鬥業績實不勝枚舉。可是，廣東人缺乏團結，各人祇恃「膽壯命平」，靠著一雙手，各自分頭謀生，到處奔跑，普天之下每個角落都有廣東人。華僑，廣東籍者佔百分之八十。這也是廣東精神使然，你沒有膽量你敢單人獨馬遠走異域，投荒歷險嗎？

而今廣東精神似乎消沉一些了！團結起來吧！抬頭挺胸，把東征北伐的精神再活現於七十年代。

原載於《廣東文獻》十四卷四期

廣州的南越王墓

譚國偉

廣州雖位於南疆，但他得天獨厚，在兩千多年的時光中，不管天地如何的幻變，朝代的不斷更迭。可是廣州城并不像河南安，陽的殷墟，或者似西方的特洛伊古城，龐貝古城，由於天災人禍，而完全成為一片廢墟，湮沒於無形，以後才由考古學家的發掘，而使這些城市重見天日。廣州城則很幸運地， 既沒有毀於兵燹變遷，日漸茁壯，人口增加，城區擴大，數千年來，而將古人的生活、人文、史實等等都完完整整的，都全壓在現代區域之下，猶如被埋藏在地底下的一本巨型史書，有待給後人去考證和研究。南越王國，第二代王墓的發現，正是掀開了廣州——更可以概括是嶺南史實的第一篇。

在一九八三年的六月，大陸某單位看中了位於廣州北部的越秀山旁的象岡小丘，遷建宿舍，象岡只有海拔四八公尺，經過三年的時間，將岡頂削低了十七公尺，整平出一塊大約五千平方公尺地皮，繼續以人工施工中，工人們竟發現地面露出一大塊一大塊，整齊排列的砂岩石板，從石板隙縫之間，可以向下窺視，下面應該是一座地下建築物。於是有關單位即報請文物考古組處理。在一層層，一邊邊的小心翼翼的發掘，終於將其全貌顯出來，可以確定是一座墳墓，墓主人應該是有相當身分的。當然是繼續勘察，墓形呈一個「早」字形，頭北向南，上面的「日」字就是墓室，下面的「十」字的豎，是通往墓室的通道，也就是墓道。那「十」字的一橫，是東西和中間三個室。墓道填滿了黃土和大石塊，目的是防止盜墓。古之帝王陵寢，大都建造最隱密之處，還要加上很多偽裝，以防被盜確保自己的遺體。秦始皇的真墓，雖經大陸多方的尋找發掘，至今只挖出許多的兵馬俑之類而已。又三國的曹操，死後要造七十二個疑塚，以魚目混珠藉保遺體，可謂用心良苦了。

再說墓已經從上面，側面，四週及內部，細心清理之後，可以將它畫分成三大區域，第一區是下面的十字形，那一豎是通墓室的通道，墓道中放置了些大陶甕及青銅器，還有兩殉葬人。墓道盡頭是第二區了，有兩扇石頭門，門上安有青銅鑄的鋪首，銜著門環的竟是兩個精緻的獸頭。進入可以看得很清楚，是一列東西向長方形室，也就是十字的一橫。正中的頂蓋石天花板，繪有藍紅黑色一朵朵的彩雲，它的顏色是多麼的鮮艷，雖經如許的年代，還好像是前幾天才完成的一樣。室中亦有些青銅器、玉器。又有一個殉葬人。這長方形的石室，可分為東西及中間三室，東室靠牆放著一列青銅鐘，及石製的打擊樂器——磬之類。又有小玉器和一個殉葬人。西室一眼就可看到許多銅器、陶器和刻著「帝印」兩字的銅印，又有黃金做的鴨子形帶鈎。從這些像跡不難想像該墓主當然是帝王級的人物。

中間又有一道石門，進去就算他是第三區了，也就是一間正方形石室，可以說是「早」字最上面的「日」字，但它又直直的分成三間，正中的一間當然是主墓室了。已看不見棺郭，顯然已腐朽了，隨葬物器堆集成長方形，當然是棺郭的原位。有一堆用玉方塊連結起來，像玉衣，蓋著兩枝肋骨頭。最起眼的是有一把鐵劍的頭部，有一方閃光奪目的黃金印，它的形狀要比一般漢印稍大一點，而印鈕是一條盤曲神氣的龍，可見他身分不簡單，期待快些能揭發他究竟是誰？終於揭開謎底，印文是四個漂亮的小篆「文帝行璽」。文帝是南越第二代王「趙眜」無疑了。再說正室兩側還有東西兩室，東室有四個殉葬人，有許多玉飾，銅器、陶器隨葬品。又有四枚印章，其中一枚是黃金的，「右夫人璽」，另三枚為青銅鎏金印，印文分別是「左夫人印」、「泰夫人印」，還有一枚僅剩「夫人」二字，前二字已銹蝕看不清了。主墓後還有一小間，可說是儲藏室了，堆滿許多銅陶器、豬、牛、羊等骨頭，及盛有打碎的山珍，海味等骨頭的食品。

這座南越第二代王趙眜的陵寢，它總算安安靜靜的在此度過了兩千一百餘年，除了一兩次地下水騷擾外，再沒有任何人來打擾過它，與世隔絕太久了，現今將它重新展現給後人，能看到當時統治者氣勢。至於第一代王趙佗之墓，三國時東吳派人挖掘至今未發覺。

共計出土文物有一千餘件，分別是金、玉、銅、鐵、陶、象牙、豬、牛、羊等骨頭及各種兵器。分門別類，陳列於原墓前的博物館中，并加以詳細的標示說明。至於南越王的遺體，早已化為灰燼，乃造了一個模型，裏上玉衣擺在玻璃箱木框中，旁邊更依棺郭的形式造一具棺郭擺設著。原墓址則保持原狀，并加以修補。大陸對維持文物，確費煞心機。

由於南越王墓的出土，可以考證嶺南文化，在二千多年前已相當有水準，并非起自隋唐以後才由中原播入。從這地下宮也可以窺出當時的統治在政制、禮儀、藝術、風俗、生活、習尚等表現并不亞於中原。尤其在兩千多年前，該墓的建築工程，非同小可，整座墓均屬石材，四週牆壁及隔間用石塊堆砌，那些石門及上蓋，有兩公尺長，一公尺寬，三十公分厚，每塊約重三千公斤，最大的一塊五公尺平方，重四千公斤，如此沉重龐大的石板，能運至墓地，至於吊上墓頂，當時全賴人力，竟有如此能耐，可嘆為奇觀，古人之偉大真不可思議。

南越王國的建國，正當於秦末年陳勝吳廣起義之後，劉邦和項羽在中原逐鹿，正殺得難分難解，終於劉邦得了天下，建立了漢朝。當時是公元前二〇四年，有河北真定（今保定）人，趙佗，值此混亂之際，乃在嶺南自立為王，名「南越王國」，它的疆域大致包括今之廣東、海南、廣西和越南北部，面積有四十萬平方公里，建都在廣州城。

南越立國計九十三年，趙佗原為中原漢人，他能夠入主越地，對外要北拒漢朝，及近交鄰國的長沙、巴蜀、夜郎、閩越等非友非敵，所以他的處境是困難複雜。因之他對漢是「敬而遠之」，對鄰邦則取「收買政策」，以化解敵意。對內的政制多仿秦、漢，鼓勵漢越通婚，以求民族融合，又大量輸入中原的農、工、漁業，發展經濟，得以使國內安定。當劉邦定天下以後，曾派陸賈為使臣，南下廣州勸趙佗稱臣。趙佗曾說：「我不在中原起義，而以在此地稱王。如我在中原，未必就不如漢。」從他的軍政策略來看，稱他為亂世梟雄，當之無愧。且趙佗，身高八尺，體型魁偉，竟乃百歲之人瑞，掌政六十年始交下代，延至第五代，而自生內訌，乃正式向漢稱臣，從此南越歷史所以淡忘。

原載於《廣東文獻》二十四卷四期

從南越王墓出土文物論越器文化瑰寶的銅劍和銅鼓

梁文偉

閱《廣東文獻》二十四卷四期譚國偉先生撰「廣州的南越王墓」一文後，覺得嶺南文化的興替變遷很大。從南越王墓中出土的戰國楚式銅劍和沒有銅鼓可見一斑。

關於南越王家的發現訊息，早在民國五年五月，廣州東山龜岡就發現一座古塚，家中很多大香楠木，考古學界都認為那可能是帝王墓，否則不會有這樣的華麗。王國維也說是南越文亡故塚，還寫了一篇「南越黃腸刻字跋」（《觀堂集林》卷十八），文中說：「……是黃腸題湊最在外也」。日本廣倉學窘也為這個墓刊印了《南越文王家明器圖錄》」。其後經學者鑑定研究，認為塚中遺物許多與古越形制不符，而且只有人頭骨一片，墓主到底是誰也無從考證，於是「南越文王塚」就這樣「存疑」了六十年。直到一九八三年廣州象山真的南越文王墓出土後，才知道從前是「猜」錯了。

象山南越王墓，隨葬品的數量十分驚人，依「《西漢南越王墓》」器物登記總表來計算，共有一萬一千三百四十件，銅器佔二千八百六十五件，其他是陶鐵、玉石、金銀、玻璃、漆木器、象牙和封泥等，種類複雜也無法一一考述，本文僅以最具代表古越族文化而又源遠流長的銅劍和銅鼓加以析論。而羅師香林所著《「百粵源流與文化」》書中特別指出銅劍和銅鼓，是不容忽略的古越族文化物。

古代越族的分佈面很廣，「南越」本屬「揚越」的一部分，是百越的一支，因為在揚越之南，故稱「南越」，於秦漢時立國。史記南越尉佗列傳說：「南越尉佗者，真定人也，姓趙氏，秦時已併天下，略定揚越，置桂林、南海、象郡，以謫徙民與相雜處。」故在秦漢間南越已有漢水流域的人民徙入。秦二世時，南海尉任囂病，趙佗行南海尉事，其後任囂死，秦亦亡，趙佗逐併桂林、象郡，自立為南越武王。這是南越建國與稱制的由來。當趙佗全盛時，疆域十分廣闊，東自福建，北至湖南，西面含廣西和越南，南面到達海南島等地，而以廣東番禺為行政中心，形成一個越夏混融的南方王國。到了西漢武帝時，桂林、南海、象郡的越族，也幾乎完全納入於中夏文化系統。

古代越族與東夷、南蠻、西羌等雖接觸頻密，但文化體系互不相混，例如南蠻先民以狗熊等巨獸為圖騰祖，但古越族文化與盤瓠圖騰崇拜連不上關係。雖然到今天粵東畲民仍有崇拜盤瓠祖的，在實質上仍有狗圖騰的遺習，但這僅是少數族民的表現。在文化基本上仍是蠻、越各成系統的。

古越族的冶金技術極高，尤其以擅長鑄冶銅劍名聞中國，這些事古籍記載的不少。如絕越書說越王句踐有湛盧、巨闕、純鈎、勝邪、魚腸五劍。《拾遺記》說：「越王句踐使工人似白牛白馬，祀昆吾山神，以成八劍，一曰掩日、二曰斷水、三曰轉魄、四曰懸剪、五曰驚鯢、六曰滅魂、七曰卻邪、八曰真剛」。又《淮南子・修務訓》（卷十九）說：「夫純鈎魚腸之始下型，擊則不能斷，刺則不能入，及加之砥礪，磨其鋒劌，則水斷龍舟，陸剸犀甲。」這樣看來，恍如天下名劍無一不出自古越族名匠之手，而古代越族的武器也以銅劍最具代表性。南海郡既屬趙佗統治中心，番禺更是重鎮，照理應有不少古越銅劍遺留下來。可是廣州南越王墓隨葬的銅劍只有一件，而且是一柄常見的戰國楚氏銅劍，全長四九・三厘米，而鐵劍反而有十五件之多，也許是因為西漢已進入鐵器時代的緣故。

其實古越族銅劍載兩廣的亦有多處出土。在廣東省廣州市郊一八一座古墓群中發現的共有七件（廣州漢墓），肇慶松山墓出土二件（《文物》一九七四年第十一期）；在廣西省平樂銀山嶺的一二三座古墓群中，也有銅劍七件出土（《考古學報》一九七八年第二、四期），貴縣羅泊灣出土的有三件。銀山嶺出土的，除長劍外，還有短劍四十二件，是近年中國境內銅劍出土最大宗的地方。但應注意的是銀山嶺的遺址屬戰國墓群，依此推論，古越族對銅劍的使用，即如黃河以北的地區，也有這種情形。好像一九七八年秋山東發現西漢齊王墓，隨葬銅器共有六七五一件，但是銅劍只有兩件，形制相同，大小相似，通長七三厘米，劍身六三厘米，寬三・五厘米，兩劍放在同一漆盒中，其名貴恍如古玩欣賞（《考古學報》一九八五年第二期），但是這個齊王墓的兵器坑中兵器數量與種類都多得驚人，只不過鐵製兵器佔了百分之九十以上，而銅器兵器不足百分之十，兩相比較，銅兵器顯然已經減產了，也許古越國的銅兵器文化，到此階段也隨著褪色。

另外一個問題是南越王墓葬的銅劍，只是常見的戰國楚式銅劍，並不屬於古越文化物，這是一個疑問？是否南越王對越族銅器文化存有抗拒心理，這也是值得商榷的問題。要不然，為何要用戰國楚式形制的劍來隨葬呢？

其次說到越族銅鼓，這也是中外考古學界特別重視的課題，它是研究中國西南和南方早期少數民族的重要文物，也是研究古代越族歷史和文化的瑰寶，因為它完全由越族的工所製作；而且中原系統或其他地區民族，也沒有鑄造過這一類銅器。可知銅鼓是古代越族的獨有產物，因為駱越製造最多，所以又名「駱銅鼓」。至於製造銅鼓的上限，一直都是模糊不清的，也難以決定它的絕對年代，現在祇知道較早的是在雲南祥雲縣出土的祥雲鼓，經過科學鑑定，大約屬於春秋末年至戰國初期的產物，那是目前看到最早的銅鼓。

古代越族銅鼓製造與使用各說不一，較可取的說法是作為部屬首領擁有權威的標誌，如《太平廣記》卷二〇五說：「……即知南蠻酋長之家，皆有此鼓也。」又《隋書地理志》下說：「鑄銅為大鼓……名為銅鼓……有鼓者、號為都老，群情推服，本之舊事。尉佗於漢自稱蠻夷大酋長，老夫臣。故俚人呼其所尊為倒老也，言訛，故又稱都老云。」可見有鼓則受擁護而成領袖，也有些少數民族領袖，因為失去了銅鼓而喪失統治權力的，跟古代傳國重器的「鼎」有同一作用。至於其他用途也很多，如敲擊銅鼓來傳眾，或戰爭助陣和婚喪祭祀……等，也有作為儲存貝幣或必要時拿來作烹飪器用的；如說到作為娛樂樂器用的功能，那是明清兩代的事了。

廣東地區發現銅鼓的，大多在北江以西和海南島，單在有清一代、廣東出土銅鼓即有六十面之多（《考古》一九六一年第一期），這批銅鼓雖然並非完全在古越墓中出土，但是隨葬物製成越族普遍使用銅鼓則是不爭的事實。也有許多用「銅鼓」兩字作為地名的。如《西清古鑑》卷三七說：「今嶺南一道，廉州有銅鼓塘、欽州有銅鼓村，博白有銅鼓潭，則因以為地名矣。」又廣東通志中以「銅鼓」為地名的也有十多處，此外廣西、湖南、貴州、雲南亦有不少地方以「銅鼓」為名的，而近年出土的銅鼓數量也不少，可見銅鼓分佈地區實在相當廣闊。

但是兩廣系統和滇桂系統的銅器也有分別，兩廣系統的銅鼓普遍較大、厚重、鑄作精良、鼓身明顯分成胸、腰、足三節，而廣西本來就是古越族鑄造和使用銅鼓的最廣泛地區，近來更發現多處鑄銅遺址。《太平寰宇記》卷一五八也說：「銅山，昔越王趙佗于此山鑄銅。」由此看來，越文王墓有那麼多的銅器未必無因。

既然銅鼓為古越族的重要文物，但卻不見於廣州西漢南越王墓中，那已是一大疑問，連古越族獨特的無孔石斧也有六件隨葬，為何沒發現銅鼓？這更是令人費解。

羅師香林於《百越源流與文化》中特別指出：「古代越族以擅於用戊為重要特徵，故其所曾居地區每有不鑿孔石斧之遺存。」書中列舉芬尼神父於民國二十三年在廣東海豐發現很多此種新石器晚期之無孔石斧。香港舶遼州、掃管笏、屯門和海島亦有無孔石斧發現。而南越王墓中的六件石斧都是長條梯形、遍體磨光、刃作弧形的，除其中一件有孔之外，其餘五件都是沒有孔的。羅師又說：「要之無孔石斧之製作與使用，是古代越族一種重要文化，則無可疑也。」這話當屬可信。既然新石器晚期古越民族所使用的無孔石斧也屬隨葬物，那麼為何代表古越族文化的銅器反而沒有？這種情況極有可能跟墓主本身的族屬和身份有關，因為墓主趙眛原是漢人，趙佗本來就是中原豪族，所以南越自建國稱制後，王室服器全仿中國，因此墓中文化遺物，少有古越族固有用品，即如具有指揮作用的銅劍也用戰國楚式，這是原因之一。二為南越王只可以說他曾在越國成為一個執政者，並不是越民族全體的化身，所以並不認同銅鼓為首領或酋長所擁有，也不以它為統治權力的象徵；因為南越文王趙眛是南越王，並不是部落領袖，當然不會用銅鼓來做為隨葬物，所以要從南越王墓中看到南越文化的全面，那是不可能的。

本文僅用銅劍和銅鼓析論南越銅器文化的興替，固然難免有見一顆沙而看天下的缺失。可是南越王墓對古越族文物的保存也不完整，從銅劍採用戰國楚制，銅鼓不見於墓中的事實來分析，趙眛對越文化的接受實在有限。但另方面，上限可推到新石器晚期的無孔石斧反而出土六件，為何不用銅鼓來陪葬？這更足以使人相信那是為了墓主本身的族屬和身份問題。不過銅鼓是古越族權力的象徵，當無疑問。

原載於《廣東文獻》二十五卷二期

南北朝

嶺南聖母威鎮南疆——冼夫人

藍蔚台

在廣東的西部、廣西的東南、海南島這個嶺南之地，幾乎到處可見「冼夫人廟」。說起這位傳奇的「冼夫人」不只當地百姓為她建廟祭祀，在史書上《隋書》、《舊唐書》、《新唐書》、《資治通鑑》等，都有對這位「冼夫人」做詳細的記載。冼夫人生於南北朝梁武帝普通三年（西元五二二年），隋文帝仁壽二年（西元六〇二年）於南巡途中無疾而終，享壽八十。秦漢以來，嶺南通稱「百越」，自南北朝至隋，冼夫人安定百越，有卓著的功勳；南朝陳封他為「百龍郡太夫人」，隋文帝欽敕「譙國夫人」；嶺南數郡，感其恩德，尊稱她「聖母」。冼夫人是古代嶺南地區，最受讚譽，最具傳奇色彩的政治、軍事家。

冼夫人名英，又名百合，嶺南俚族人。幼時鄉人呼百合而不名。嶺南冼氏是擁有十多萬戶的大部族，冼夫人家正是整個部族的首領。民風驃駻的嶺南俚族，史書這樣寫著：廣州諸山並俚僚，種類繁熾，尚仍蠻俗，各有表帥，性好征討。冼百合自幼聰穎過人，文武雙全，更得異人傳授武藝及韜略。在戰場上她絕對是衝鋒陷陣、武藝絕倫的勇將，兩軍對陣運籌維幄，兼有諸葛之謀；文治上，她亦知書達禮，且深得親民、愛民之心。未出嫁前，兄冼挺四處征討，百合規勸其兄，不要倚強凌弱，侵略鄰郡；要以德、義、信、禮結於鄉里。兄納其言，信義布於四方，更使鄰郡怨隙止息，獲得俚族器重與信賴，均服從其領導，遠在雷州半島，南海、儋耳、交趾等郡，亦來歸附。

冼夫人一雌當關　戰場上萬夫莫敵

未滿廿歲的冼百合，戰場上英勇的「一雌當關，萬夫莫敵。」，讓人膽寒；行軍佈陣的韜略，又深得孫子兵法、諸葛武侯兵書之精髓，直殺得對手棄甲丟盔，倉皇敗逃。南北朝時的對立，彼此為併吞對方，大小戰爭不知凡幾。梁武帝為充實國庫，增加戰力，下詔「討平俚洞立高州」，派皇侄蕭暎為征南將軍，以高要太守西江督護孫冏為前鋒，新甯（新興）太守盧子雄為副將，進軍嶺南。孫冏無謀，自認殺敵取將，敉平嶺南，輕而易舉。假招撫封拜之名，誘召各部落首領至高要，於席間設伏擒殺。百合父及叔，遽遭殺害。孫、盧遂起大軍越雲霧大山，直逼廣東沿海平原和丘陵地帶的俚人村寨，將俚人村寨殺燒搶掠，所過之處幾成廢墟。

百合及兄挺，含悲忍淚，接冼父百越首領重擔，率部眾退守雲霧山脈之南，深山叢林之中（即今高州市平雲山、飛龍山、石龍和陽春市雙滘、八甲一帶），依山勢佈軍，百合率領部落壯丁深溝壁壘構築防禦工事，抗蕭暎大軍。孫冏、盧子雄率兵進擊，百合身先士卒，殺得孫、盧大軍，棄械奔逃。又多派刺探，瞭解軍情；效諸葛武侯，敗曹操陽平關之役，分兵數支，白日平明以兵輪流虛攻，夜晚只要蕭暎大軍熄燈就寢，即令伏兵鳴砲鼓譟，以疑兵擾之，鬧到五更方歇，一連數日，攪得蕭暎大軍，日夜不得安寧，兵疲馬乏。又行堅壁清野策略，只得兵敗撤軍。朝廷被迫作出讓步，置高州，任用地方首領當郡縣長官。這一仗冼百合的「保境安民」，打響了她的英名。

李遷仕心懷不軌　冼夫人洞燭機先

梁武帝時，羅州刺史馮融，聽聞冼百合英名才情，特為兒子馮寶向冼家求親。馮氏祖先是北燕苗裔，馮弘投高麗，遣馮業率眾浮海南來投宋，任太守，都新會，三傳至馮融。在講求門當戶對的當時，官宦之家與異族聯姻，是十分不容易的。時任高涼郡太守的馮寶，生得俊秀挺拔，又是世襲的官宦之家，冼氏當然十分歡喜的答應這門親事。貌美的冼百合與一表人才的馮寶，結婚日在當時的新會城，可是非常轟動的大事，大家都來爭看新娘、新郎。冼百合成為太守夫人後，展現出無比的智謀與籌略。自業及融，三世牧守，他鄉羈旅，號令不行。至是，冼夫人誡約本宗，使從民禮。自嫁馮寶，每共寶參決詞訟，遇首領有犯法者，雖是親族，無所捨縱。自此政令有序，人莫敢違。

梁武帝太清二年，侯景於壽陽叛。朝廷若依羊侃計畫，在採石礬堅拒叛軍渡江，另遣精銳之師襲取壽陽，侯景在首尾不能兼顧之下，其兵潰敗，自然瓦解。然而朝廷未用羊侃之計，卻用與侯景有勾結的臨賀王蕭正德為平北將軍，總督京師諸軍事，他表面備戰，暗地裏以大船數十艘資敵。侯景得蕭正德內應，順利渡江，疾攻首都建康，將梁武帝圍在小小的台城（梁武帝的王宮內城，現今南京市雞鳴山、南乾河北。）太子召各地勤王，廣州都督蕭勃受命火速馳援；此時，高州刺史李遷仕早已心懷不軌，藉機坐大，對蕭勃詐稱有病，拖延出兵時間，另一方面急召高涼太守馮寶。寶見召欲往，冼夫人止之曰：「刺史託病拒都督出兵，顯有謀叛之意，刺史召君前往，不懷好意，逼你同反，君若前往，必遭囚禁，不妨靜觀其變。」

沒多久，李遷仕果反，遣部將杜平虜率兵灨石城，與侯景相呼應。冼夫人得報，告知夫君馮寶，李遷仕派大將於外，獨守空城，兵力單簿，我們可以乘機消滅他。夫妻倆計議而行，先著人卑辭謂願隨李遷仕，並輸軍需糧草，由冼夫人親自押運。李遷仕大喜，及見冼夫人率隊而來，全是軍需糧草，大開城門歡喜迎之。冼夫人一行進入州城，來到府衙，一聲號令，押送糧草之官軍，取出暗藏之兵器，發動攻擊，李遷仕大敗。冼夫人佔領高州城後，又與長城侯陳霸先，會師湖石，擊潰孤軍在外的杜平虜叛軍。戰事並未結束，冼夫人再率子弟兵，配合陳霸先的軍隊，再敗侯景，解除南朝梁的危亡之機。陳、冼兩人也因此互相瞭解，結下深厚的友誼。

歐陽紇囚馮僕　冼夫人獄中救兒

南陳永定二年（西元五五八年）冬十二月，陳霸先滅梁稱帝不久，廣州刺史蕭勃起兵叛陳；這一年，馮寶卒，嶺南大亂，人心浮動，蕭勃的叛變，更增添了嶺南各郡的騷動。冼夫人為了嶺南的安定，含悲忍淚，懷集百越，以百越首領的身份，出面號令嶺南各州郡長官，不要支持蕭勃。蕭勃在孤掌難鳴的狀況下，為陳霸先擊敗。南朝的更迭，原就快速，長江以南烽火漫天，百姓災難不斷，苦不堪言。嶺南地區多賴冼夫人安定撫揖，得免生靈塗炭。陳霸先得知冼夫人出面維護地方安寧，遂封其九歲兒馮僕為陽春郡太守。

南陳太建元年（西元五六九年），掌廣州刺史多年有很大勢力的歐陽紇，依其父、叔多年餘蔭，更挾地域廣大至廣西、交趾（今越南）等地，起兵謀反，嶺南之地又起兵燹。陳霸先遠在建康，鞭長莫及，且歐陽紇更誘召冼夫人子馮僕至高安囚之。僕遣使歸告夫人，冼夫人告眾人曰：「吾為忠貞，迄今兩代，不能惜子輒負國家。」立即發兵守境，連絡各州郡百越酋長齊心抗敵，再配合朝廷大將章昭達南下剿叛，歐陽紇遭內外夾擊強大攻勢下，潰敗解散。冼夫人救出獄中被囚的兒子馮僕，憑著個人的聲望號召力，再一次挫敗嶺南地區的分裂勢力，維護了南陳的中央政權。朝廷以冼夫人之功，封馮僕為信都侯，加平越中郎將，轉任石龍太守。冼夫人也被冊封為「石龍太夫人」，權職待遇一律照比刺史。

韋洸南下至嶺外　逡巡不敢進廣東

南北朝的分治，由隋文帝楊堅統一（西元五八九年），嶺南地區公推石龍太夫人維持地方秩序。冼夫人仍用南陳所封贈儀仗旌節，每次巡視嶺南各郡，其規模陣仗，好不威風。此時的冼夫人已六十餘歲，然一把寶刀領軍殺敵，讓人生畏，絕不輸三國時黃忠的勇猛如虎，而其保境安民，威鎮南疆，也讓嶺南的百姓尊其為「聖母」。就在這時，有人勸她自立為王，唯冼夫人不為所動。隋統一天下後，遣韋洸安撫嶺南，韋南下至嶺外，逡巡不敢進。南陳雖亡，仍然打著南陳旗號有南陳平越中郎將王勇，據守五嶺；原陳朝豫章太守徐澄率大軍駐南康郡（今江西贛州），正控韋洸通往嶺南的咽喉。

韋洸無法進入嶺南，便派人潛入廣州，面見冼夫人，呈上陳後主遺書，及冼夫人所贈陳後主叔寶之信物——「扶南犀杖」。冼夫人睹物思人，知南陳已亡，與各族酋長慟哭盡日」。畢竟冼夫人與陳霸先，當年在李遷仕一役，相識相知，在聯軍擊潰杜平虜返粵後，就對其夫馮寶說：「陳都督可畏，極得眾心，我觀此人必能平賊，君宜厚資之。」時馮僕已卒，遣孫馮魂領兵迎洸；自帥大軍戰徐澄於南康郡，殺之。再與韋洸前後夾擊王勇，勇不敵，降隋。洸入廣州，嶺南悉定。表冼夫人孫馮魂破格提升為儀同三司，冊冼夫人為「宋康郡夫人」。

冼夫人大義凜然　囚子發兵斬叛將

隋文帝開皇十年（西元五九〇年），番禺人王仲宣反隋，百越首領皆應之。計有瀧州（今羅定）土著大酋長，羅州（今化州）刺史陳佛智，蒼梧（今廣西藤縣）之李光略，羅州的龐靖等，地方酋長紛紛響應。圍韋洸於州城，又進兵屯於衡嶺。韋洸出戰，中矢陣亡。隋文帝派給事郎裴矩和大將軍鹿願領兵援粵。冼夫人得訊，派其長孫馮暄率師救洸。暄與羅州之陳佛智素相友善，故遲遲不發兵救援。冼夫人知之，大怒，遣使執暄，繫於州獄。改派幼孫馮盎領軍討陳佛智，戰克，斬陳佛智，旋進兵南海與鹿願大軍會師，聯軍擊敗了王仲宣。接著冼夫人身披鎧甲，騎著戰馬，大張錦傘，領彀騎，衛詔使裴矩巡撫，蒼梧首領陳坦、岡州馮岑翁、梁化鄧馬頭、藤州李光略、羅州龐靖皆來參謁。還令統其部落，嶺表遂定。

隋文帝異之，拜盎為高州刺史，仍赦出暄，拜羅州刺史。追贈寶為廣州總管、譙國公，冊封夫人為「譙國夫人」。以宋康邑回授僕妾冼氏。仍開譙國夫人幕府，置長史以下官屬，給印章，聽發部落六州兵馬，若有機急便宜行事。降敕書曰：「朕撫育蒼生，情均父母，欲使率土清淨，兆庶安樂。而王仲宣等輒相聚結，擾亂彼民，所以遣往誅翦，為百姓除害。夫人情在奉國，深識正理，遂令孫盎斬獲佛智，竟破群賊，甚有大功。今賜夫人物五千段。暄不進愆，誠合罪責，以夫人立此誠效，故特原免。夫人宜訓導子孫，敦崇禮教，遵奉朝化，以副朕心。」皇后以首飾及宴服一襲賜之，夫人並盛於金篋，並梁、陳賜物各藏於一庫。每歲時大會，皆陳於庭，以示子孫，曰：「汝等宜盡赤心向天子。我事三代主，唯用一好心。今賜物具存，此忠孝之報也，願汝皆思念之。」

兩位誥命夫人　無上榮耀傳後世

經過這次王仲宣叛變事件，嶺南馮家在皇上的賞賜下，有了兩位誥命夫人，歷史上一個家族，由一位皇帝同時封賞兩位誥命夫人，實不多見。冼百合原先隋文帝所封賜的「宋康郡夫人」，給了她的媳婦；另冊賜冼百合為「譙國夫人」。馮家第二位的誥命夫人，是冼夫人兒子馮僕的妻子，也同樣是「冼」家人。因而在廣東嶺南都將馮僕媳婦的夫人稱為「冼夫人」，稱冼百合為「冼太夫人」。說起這位「小冼夫人」，同樣是歷史上不讓鬚眉，出色的巾幗女英豪，當「冼太夫人」過世後，「小冼夫人」承續冼夫人，讓嶺南安定、繁榮。且為了尊敬冼夫人，她不敢沿用「冼太夫人」的公廳議事堂，將「冼太夫人」高州（今高州市長坡鎮）的議事堂保留，自己遷至聖堂（今恩平市聖堂鎮）。隋文帝賞封冼夫人的「譙國夫人」，是掌六州兵馬，置長史以下官廳，給印鑑，若有機急，可先斬後奏「便宜行事」的實權大官。加上皇后以首飾及宴服賜之，這都是無上的榮耀。

趙納貪贓欺百姓　冼夫人先斬後奏

隋朝在嶺南政權得以穩固，冼夫人居功至偉。番州（廣州）總管趙納，橫徵暴斂，貪贓枉法，欺壓百姓，諸俚、僚多有亡叛。牒報如雪片般，申告朝廷，直指趙納不法。冼夫人遣長史張融進京，奏呈趙納罪狀，及論安撫之策。隋文帝聞奏，下詔譙國夫人，就近「便宜行事」懲治趙納，並招撫諸部族。冼夫人捕趙納審問，得其受賄財物與罪狀，就地正法。除遣派專使上報朝廷，已八十歲的冼夫人，風塵僕僕，親載詔書，自稱使者，歷十餘州，宣述上意，諭諸俚、僚，所至皆降。高祖嘉之，賜夫人臨振縣湯沐邑，一千五百戶。贈其孫馮僕為崖州總管，平原郡公。仁壽初，卒，賻物一千段，謚為誠敬夫人。

冼夫人歷世三朝，南梁、南陳、隋，作戰無數，據史書紀載，冼夫人一生未嘗敗績，就連戰國時孫子兵法傳世的孫武，三國時響噹噹的諸葛武侯，戰功彪炳，都不如冼夫人。賞罰分明，不徇私，守紀律，是冼夫人帶兵的首要，對待部屬恩威並用，而她不徇私是讓部屬讚嘆的。平常日子的訓練，她要求十分嚴格。有一次，部隊做平常的演練，十四歲的姪兒冼耀乃夫人兄挺之子遲到，她同樣依軍法懲治，照打廿軍棍，打得冼耀皮開肉綻。自己的親屬絲毫不姑息。對王仲宣一役，長孫暄與叛軍陳復智有舊，故意延遲發兵，貽誤軍機。冼夫人毫不徇情，先將馮暄逮捕下獄，再遣馮盎出兵，斬陳復智。冼夫人此舉，深得軍心。不單是孫子未依軍令出征，繫之囹圄，就是敵軍誘其兒子，將馮僕囚之，以作要脅。冼夫人的深明大義，依然親率大軍，殺敗對手，再從牢房救出自己的兒子。種種大義凜然之氣，讓她所向披靡，致一生未嘗有敗仗。史載，冼夫人治軍之嚴，訂功罪，明賞罰，號令三軍，莫有不從，是她領軍破敵制勝最重要因素。冼夫人帥軍作戰深得諸葛武侯兵法『師出以律，失律則凶』的法則。

對嶺南穩定發展　奉獻巨大的心力

冼夫人掌嶺南超過五十年，對嶺南的穩定和發展，奉獻出巨大的心力，這不是僅靠武功蓋世，就能辦到的。文化、經濟上的配合，才能讓嶺南成長進步，富庶、安定。早在未出嫁前，冼夫人就展現出其異於常人的聰穎，首先移風易俗，去俚族逞強好鬥的性格，更勸其兄棄恃強凌弱，行輯和諸部落，促進俚、僚等族，與漢人的和睦相處，達到「使民從禮」。當她嫁與馮家，俚、漢聯姻，就打破當時許多禁忌；婚後，一向不受法律約束的俚族，同樣在她的教化之下，「政令有序，人莫敢違。」

最重要的，冼夫人在嶺南，講信修睦，尚義、崇禮，她提出了以「善」為宗旨的「仁愛」施政主張。在俚族社會，弘揚儒學，設私塾，推行四維、八德、三綱、五常等中華傳統文化。自是隋唐以後，漸習華風，汲引文華，才賢輩出，登題科甲，彬彬然埒於中土。經濟上，習漢人稼穡生產技術，化滄海為桑田，加強農業、手工業，紡織、陶瓷、鑄銅、造船等，均有進步發展。秦漢以來，海南島、交趾（今越南）等，仍屬蠻荒世界，冼夫人請朝廷設州置縣，選派官員管理，不過數十年，使原本閉塞落後之地，文化、經濟有了很大的轉變。冼夫人曾多次南巡各地，不是單純武功顯耀，宣揚政令；促進地方繁榮，灌溉中華文化，才是她最終目的。是故，嶺南各地感念冼夫人，對她無限崇敬，到處都有「冼夫人廟」。

宋朝蘇軾，他的「詠冼廟」，幾乎將冼夫人一生功績都寫在詩上了。

馮冼古烈婦，翁媼國於茲。
三世更險易，一心無磷緇。
錦傘平積亂，屢渠破除疑。
廟貌空復存，碑版漫無辭。
我欲作銘志，慰此父老思。

遺民不可問，僂句莫予欺。
犦牲菌雞卜，我當一訪之。
銅鼓壺蘆笙，歌此迎送詩。

詩中「犦牲菌雞卜，我當一訪之。」，「犦牲菌」按犦即犎牛，背上隆起如駱駝的牛。《韻會》犦，犎略，此獸抵觸百獸，無敢當者，故金吾仗刻犦牛於槊首。《蘇軾潮州韓文公廟碑》犦犦牲菌雞卜，我當一訪之。暴犦牲雞卜羞我觴。「雞卜」，《史記封禪書》祠天神上帝百鬼，而以雞卜。《漢書郊祀志》迺命粵巫，立粵祝祠，安臺無壇，亦祠天神帝百鬼，而以雞卜，上信之，粵祠雞卜，自此始用。

廣東古代歷史名人，冼夫人是少數土生土長，具有影響力，功績顯赫人物。在傳統男女不平等環境下，不讓鬚眉的受三朝皇帝的封賞。最後更掌管六州兵馬，有生殺大權的「誥命夫人」，寫下其輝煌的一頁歷史。兩廣交界、海南島、越南等地，據聞「冼夫人廟」，超過二百間以上，就歷史人物來說，亦相當罕見。

原載於《廣東文獻》三十八卷三期

我對「冼夫人精神」的領悟

麥瑞台

一、前　言：請兩岸高雷鄉親支持中壢會館增建冼太祠之倡議書

維我粵人前仆後繼追隨國父革命，歷經十次失敗之起義終能推翻滿清，此一「化艱險為祥和」是我粵省同胞的共同特質，不只是能高度的弘揚於國家或世潮中，更能踏實的改善地方與田疇間人民的生活；自古迄今頗多先例當可激勵我旅台鄉親，本此「化艱險為祥和」的粵人特質，再增添上粵西南的高雷「艱苦奮進」之開創作為，終能成就出如今粵台兩省經濟的盛況：粵省稅收上繳中央已是全國第一。

回溯至西元前二一〇年之際，秦始皇派三十萬軍民遷徙嶺南的交趾郡，即我粵人先移民之始，後繼之歷朝歷代粵人先祖貢獻於華夏文化者不絕如縷，迨至元兵滅宋更經明亡，益加彰顯我粵人之愛國志節；尤其清末西艦東凌亞洲各國，腐敗的滿清雖係異族統治，然國父為求華夏文明之弘揚與國族獨立，首創民族、民權、民生的三民主義，致力革命建立民國；諸如黃花崗七十二烈士敢不說是我粵省先賢？其他追隨國父「天下為公」的胡漢民、陸浩東、陳少白等元勳皆為我粵人先賢，如此足堪我輩效法者皆源自於冼太精神。

高雷地區，僻處粵之西南，山多田少鮮有沃土，養成我民風之耿介樸實、守信踐義；此因何而形塑？乃因歷代先人惕勵奮進、沐浴薰化所致！我輩旅台高雷後人秉此精神，將於二〇一〇開始推動歷史性計劃：第九屆董事會於七月與廣東省僑聯協議為宏揚高雷文化，合作於中壢高雷會館館樓上增建創設冼太祠。請僑聯、茂名市在軟硬設施上給予全面支援，財團法人廣東高雷會館決盡全力來落實之，更為兩岸合作開創新局。

冼太夫人是我「中華巾幗英雄第一人」，歷經梁、陳、隋三朝代，戮力領導高雷地區人民改善生活、效忠政府，冼太夫人平定地方叛亂十餘次，甚至率軍北上穩定廣州政局，勦平逆賊；愛國愛民之志行載諸青史，如《隋書．列女．譙國夫人》與《資治通鑑》等彰彰史實。冼太夫人為我粵省、高雷地區奠定厚實基礎，促進了社會、文化、政治、經濟之宏基，我們應趁此機會善盡旅台後人之責任，來促進兩岸的和諧與繁榮。就應從兩岸合作於增建冼太祠開始做起！

如今為紀念此位歷史上的偉大女性，惕勵我高雷人以高雷精神，將恭建《冼太祠》於中壢高雷會館館樓頂，做為首創以策劃將來能與湄州的媽祖共榮於台灣，彰顯女性的偉大，面對兩位已神格化的歷史上偉大女性，我輩旅台高雷人除了自己應抓著歷史機遇，更該號召高雷當地鄉親全力助我財團法人廣東高雷會館，合作於中壢完成復興我粵省與高雷之精神的此一歷史使命。

冼太夫人，公元五二二生於南北朝，公元六〇二卒於隋仁壽二年，至今逾一四八八年，仍深得粵、瓊、桂三省人民的推崇，她洞察奸險，親臨前線，足智多謀，指揮三軍，智勇雙全的赫赫戰功，僅漢之霍去病與唐之郭子儀可比籌，除了是卓越軍事家之外，她更是傑出的政治家；最難得的是她為世居嶺南俚族領袖，身處南北朝、隋唐之際的紛擾，她仍一心認同中央、堅持漢化政策、愈老彌堅化育子孫而影響深遠，符合當前兩岸整合與東亞洲共同體的發展之需求。

二、「冼太夫人精神」與二三高梁舊事

一九六一年一月十四日北京副市長吳晗於《光明日報》為文表彰冼太夫人：「可證之《隋書》《資治通鑑》，北宋佘賽花、南宋梁紅玉是她的追隨者」，受到周恩來總理推崇為「我國史上第一位巾幗英雄」；冼太辭世後由夫人孫馮盎領導，持續效忠隋、唐朝中央，公元六八七年馮盎之孫馮君衡，接掌高州刺史時未得朝廷正式敕封竟依例執權柄，導致武則天派李千里為將，率五千鐵騎以敉平叛變對待之，致其子馮元一受宮刑為宦更名為高力士，掌權後御封為「上柱國」而家族獲得平反，千餘年來桂、粵兩省與瓊島民間崇拜未曾稍弱，仍持續不挫。

縱觀冼夫人一生就是「愛國愛民」，「愛國」是以民族團結為核心的凝聚於高梁古國；「愛民」是以改造社會為核心，兩者皆聚攏於「忠孝兩全、仁民愛物」的儒家文化，冼夫人自幼隨張融為師接受儒家洗禮，即儒家思想即冼夫人精神，也是「冼太文化」的核心與精髓

所在，跟所有偉人一樣，「愛國」之前自然是先做好了「愛民」，冼夫人一生行誼率皆起源於愛人、愛民。

冼太夫人卒於隋仁壽二年，係馮盎繼承領導曾受皇命率高州兵北征高麗，旋因天下起義反隋而趕赴長安，會合長子智載同返高梁。貞觀七年擁護唐朝中央的馮智載受封為春州刺史，十二月奉旨入京為太皇李淵壽，曾與突厥吉利可汗共舞劍而誌於《唐史》曰：「胡越一體，古未有也。」旋受魏尉少卿，累遷武左衛將軍逝世於六九七年，刻石像於高宗乾凌。其子馮君衡繼位未等到聖旨行使職權，其夫人麥氏因其子高力士（馮元一）顯貴後受封越國夫人。

冼氏族譜說：「冼氏之先人源出於沈子國，周之苗裔。……因秦法嚴，改為今姓，始皇三十三年，遣趙佗將謫卒五十萬人戍五嶺，冼氏往投其帳，為入粵之祖。」其他嶺南姓氏，如麥氏等亦同；至於馮氏族譜說：「粵省馮氏之先人源自北燕太興王馮弘三子馮業……，駐於南朝劉宋，劉宋亡於魏時，奉父命率三百族人浮海南下，投歸劉宋文帝，留居番禺新會。三世馮融任官於梁朝，再遷官至高涼三州太守。……馮融之子馮寶繼承之，娶冼氏英為夫人。」冼英即是冼太夫人。冼太夫人於隋開皇十年（公元五八九）奉詔親率大軍，會同隋師北征廣州，公元六〇一年粵省西南越族各部友謀叛，冼太夫人手捧聖旨御黃傘騎馬宣慰各部，皆彌平後剩瓊島一地故渡海宣示，公元六〇二以八一高齡於任務完成後逝世，依俚俗而歸葬於電白丁村娘家。

《辭海》記述俚人說：俚人乃古越族之一，分佈於漢、隋唐時的桂、粵，海南省黎人源自俚人。依俚族之習俗出嫁女子死後須歸葬於娘家，冼太夫人因功勳而建娘娘廟祭祀；二〇一〇年七月八日赴電白縣山兜丁村拜謁冼太夫人娘娘廟，撫摸隋時留下之石刻香爐與「五代牆（由唐、宋、元、明、清的殘牆石所砌建）」，讓我瞬間神往而墜入了時光隧道中，翻越了唐、宋、元、明、清五代的嶺南莽野，前瞻到一些應以儒商文化來整合東協的微光。

冼夫人文化底蘊深厚、層面寬廣，表現形式多元多樣，我於二〇〇九年於高雷會館董事會首倡；應建冼太祠於會館三樓以弘揚高雷文化與冼太精神。通過之後，二〇〇八年七月七日於茂名學院進行研討會有兩篇相關論文，二〇一〇年七月七日於茂名花園酒店的「新口岸廳」，與「廣東冼夫人五化與研究基地」副主任陳元福教授、「廣東冼夫人文化與研究基地」理事梁沛老師交換意見，進行對「冼夫人文化與研究在台灣」之主題探討兩小時，領略到如《冼夫人文化全書》等出版專著、研討會及其論文，甚至戲曲、影視皆普遍推廣，也獲茂名台辦劉國珍局長贈予光碟；尤其自一九九六年一月十日高州市舉辦「冼夫人文化節」，另外每年於農曆十一月廿四日起的誕辰慶典活動，從高州、電白到海南島皆沸騰全粵西。報紙、電視等媒體也舉辦相關活動，發揚出慎終追遠、團結統一、人文關懷、習俗文化的特色，徹底呈現出高雷文化之特徵。

三、結　論：面對東盟共同體看高雷文化與地理區位之優勢

元朝治華漠視炎黃文化，更讓支流的冼夫人文化荒置於高雷地區，迨明朝洪武（一三六

八—一三九八）初年，明太祖敕封冼夫人為高涼郡夫人，高州府治城東門外冼太廟香火鼎盛，冼夫人在古高涼國練兵的長坡鎮之遺址，民間留下的冼太祠香火旺而擴建，每年初一晨「搶頭香，保平安」仍高雷地區最大盛事。蓋華人建廟以香祀表達對恩澤黎民百姓者之尊崇，已是傳統文化的重要核心之一；即使貶官潮州的蘇東坡於潮州亦有蘇祠的香火祭祀，東坡先生得罪當道，於北宋哲宗的紹聖四年（一〇九七）再貶至海南儋州，從其《祭鱷魚文》與西湖蘇堤之修築而知他是「愛民」好官。當他遷貶到儋州的路途中，經過雷白官道見路旁百姓祭拜著冼太的「娘娘廟」香火鼎盛，相當於已之貶官心情便賦詩誌之曰：

　馮冼古烈婦，翁媼國於兹。
策勳梁武後，開府隋文時。
三世更險易，一心無磷緇。
錦繖平積亂，犀渠破餘疑。
廟貌空復存，碑板漫無辭。
我欲作銘誌，慰此父母詩。
遺民不可問，僂句莫余欺。
爆牲菌雞卜，我當一訪之。
銅鼓葫蘆笙，歌此迎送詩。

（〈題冼墓詩〉，中華書局《蘇軾詩集》第七冊）二〇一〇年四月二日參加海南大學舉辦的《博鰲論壇》，曾訪東坡書院，院誌東坡先生獲赦於宋徽宗元符三年（公元一一〇〇），其北歸也非「一步到位」而是廉州、舒州、永州、常州的「一波三折」，於一一〇一年七月死於常州。除了蘇軾的詩，隋唐建的娘娘廟於隋時便有規模，公元六八九被毀，高力士當權後平反修復。更可自清嘉慶知縣崔翼周《譙國夫人廟碑文》來驗證之，錄文如下：

洗夫人，女中杰。抗喬岳，負神韜，朝南北，貞一操，藝犄角，紺禱饗，敉天綱，安三朝，鏤太常，五嶺高，高涼下，浮山陽，張錦繖，靖狼氛，勳高銈節光。唐宋來廟貌古，石獅蒼，東坡謁，銘志缺，口碑逾切。嶺雲重，英風烈，虹開玉照光岳邑。撰此銘，補斯碑，夫人奕奕況奇杰。

（轉錄自道光《高州府誌》）

我一高雷旅台第二代，年逾半百後立志於「再修博士於粵省」，二〇〇八年組團返鄉始能確認故鄉高雷於公元五五〇年即有麥氏先祖與馮洗英杰並列政壇，從事於福國利民、安邦定國之大業，乃效法鄉先賢，盡已薄力來倡議籌建，並申言處今知識經濟時代，依循國父的「商戰思維」與《大亞洲主義》理想，借海洋式儒商文化來弘揚洗夫人文化與炎黃文化，促成亞洲共同體的一體化進程，進而實現平等的「全球化」。

廣東是嶺南地域的基本空間，粵省文化有其自有風格，特色是以開放、兼容、創新、耐勞為特色，包涵著廣府文化、客家文化、潮汕文化與少數民四族文化，粵省的高雷地區則以洗夫人文化為代表，是俚族漢化的文化，是龍蚌混融的二元文化。這般的高雷文化是以傑出名人為代表的，是一種區域與人物合一的文化，冼夫人文化與炎黃文化皆是以人物為主體的文化，是炎黃為先、主，冼太為輔、從的對應關係。

中國人在炎黃文化薰陶下，對故人如黃帝、孔子，又如關公、岳飛等，皆被立廟以祀，但晚遲於冼太六〇〇年媽祖，在海外立祀恐已逾四千，僅台灣一島就逾千所，冼太竟無一祠在海外，尤其台灣是近距離的海島，台灣面積稍大於瓊島更該如瓊省般多設冼太祠，進而廣汎佈設於東南亞地區，即須以文化消解政治的對立，讓亞洲一體化更易形成，來早日實現亞洲區域的整合及兩岸的統合，促成、落實「平等的全球化」之實現。

參考書目

鄭顯國，冼太夫人全史，中國文史出版社，二〇〇六年一月。
蔡智文，冼太夫人研究。國際炎黃文化出版社，二〇〇二年。
吳兆奇等，冼夫人文化全書，中山大學出版社，二〇〇九年九月。
廣東炎黃文化研究會等，冼夫人史料文物輯要，中華書局出版，二〇〇一年五月。

原載於《廣東文獻》第三十八卷四期

唐代

六祖傳燈至中山建國

嶺南學脈自六組白沙甘泉九江至中山先生的一貫

馮炳奎

一、嶺南學脈的背景

廣州越秀山的五層樓，有一副長聯：『千萬尺危樓獨存，問誰摘斗摩星，目空今古；五百年故侯安在，使我憑欄按劍，淚灑英雄。』真是寫盡了嶺南人的氣概。到而今，久矣乎血淋珠海，夢斷白雲。莽莽神州，更傷心嶺南的故土！

原來嶺南地勢雄偉開闊。趙佗所謂負山險，阻南海東起大庾、騎田、盟渚、都龐、越城五嶺大山，自福建至廣東西，南向延宛著廣大的丘陵與平原，分佈東西北三江，直伸至雷州半島與海南島。又東邊更展開了菲律濱，西邊又伸出一個中南半島，面臨著一個極大汪洋的中國南海，管領著南洋群島的爪哇蘇門答拉與婆羅洲。這個地帶，他們叫做嶺南。

這地帶的中心，自然是東西北三江的流域。這三江又崛起三座名山，由北江伸出來，有南海縣的西樵山，是道家的勝地；由西江流下來，又有高要的鼎湖山，是佛家的勝地，中原的文化都有了，這三江又交通了嶺北的中原。

何況印度佛教的南支，必經嶺南而入中原，為達摩，如真諦。開闢了禪宗的達摩，久居嶺南而北上；攝論宗的真諦，主張大來的真常惟心，引起了華嚴宗的成立，由嶺南北上而回，久居嶺南而逝世，至于西洋文化，更由嶺南而入，十六世紀的利瑪竇與澳門；十九世紀的鴉片戰爭與香港。是則印度文化與西洋文化與中國文化合流之地，又先在嶺南。

山川出入，有雄奇的環境，自然有傑出的人才，有傑出的人才，自然更有偉大的文化，高深的學術。要明嶺南學術，所謂嶺學，必先了解嶺南的人民。『日啖荔枝三百顆，不妨長作嶺南人。這是蘇東坡的滿腹牢騷語，其實嶺南人，也不過中華民族最尖端的民系而已。所謂尖端，是指中華民族在嶺南的混血。天演公例，混血成優而已。男女同姓，其生不蕃，左傳這句說話，早已反面證明，混血成優的道理。

先說嶺南人的混血。嶺南人由中原而來，在中原已經混合了五胡突獗蒙古女貞諸民族，今日所謂漢滿蒙回藏諸民系。由於避難、遷徙、放逐、流亡、遊宦、遊牧，是滿懷悲憤有作為的人群，又因為面海；交通了南洋西亞以至歐美，尤其是大食、阿拉伯、印度諸民族，嶺南為其經商集散之地，即所謂崑崙奴者，是非洲之黑奴，亦必經嶺南轉美洲所遺留。是即來者都是冒險的人物。尤是嶺南原來的土著，固亦然為中華民族的一宗支，當時所謂百越，也是苦幹的人物。你看史記所載的秦始皇以五十萬大軍來征，殺到他們片甲不留，連統帥的屠睢，亦不能免！你又看中原的趙佗治粵，須要自稱蠻夷大長，不敢正視。這就是中華民族各宗支，甚至外來的混血。始于漢，中于唐，成熟于明朝，極盛于清末。無怪乎近百年來，他們的政治、學術，幾乎為中國文化的主流，其經濟力量，由華僑的努力，直達于南海群島，甚至于全世界，非偶然也。

次說嶺南人的特性與嶺南學派，嶺南人的性格，是反抗力特別大，創造性特別強。見拙著中國文化與嶺南文化。所謂特別大，也不過不怕困難，如青年的活躍而已。然而這青年民系，有自反而縮雖千萬人吾往矣的氣概。因此反抗力特別大。所謂反抗，是反抗不合理以求真合理，因此創造性特別強。所謂創造亦非自無而有。不過就種種材料，而成一新東西；或因原有的東西，因時代的需要，疏遠而明而已。千數百年嶺南的歷史，是反抗與創造的紀錄，前舉幾個代表的學者：如禪宗六祖的慧能、陳白沙、湛甘泉、朱九江以至國父孫中山，都是一貫的嶺南學脈。

六祖反抗佛教的傳統統形式，而創造中國自己的禪宗；白沙反抗朱子，而創造常若有物的儒家心體；甘泉反抗王陽明；而創造隨處體認天理的儒家圓教——圓教借用佛家名詞。說明其學雖與前代圓通若為一整體——九江反抗清代的樸學，而創造人格之學；中山反帝、反清，而創造三民主義，以建民國以進大同。所創雖不同，而創造的學說，是中國的，是適合中國的，這又是他們的一貫。

二、六祖發現人類的心體

六祖惠能，是廣東西江的新興人，對于佛教真是一個大革命！一切偶像不要，一切傳統的經典不要，一切傳統的方法不要，甚至要學佛的念經都不要，引起後來的呵佛罵祖，何止罵祖，在一個和尚丹霞簡直把木佛燒壞了！是有名所謂丹霞燒木佛，這是嶺南人抵抗力特別大的開始，然而他要甚麼呢？他要人類的本來面目，找到人類的本來面目，即是成佛，這是他對佛學的一個最偉大創造。

甚麼是本來面目呢？先說一段故事，惠能到黃梅向五祖求道，五祖識得他是個佛器，經過考驗後，便將衣鉢傳給他，並且要他趕快回廣東，這衣鉢是一代宗師的信物。大家都想要的，門徒中有個將軍階級的勇士惠明，追到大庾嶺，惠能見他追到，便將衣鉢擺在石頭上說：這衣鉢是表示一種證悟的信物，不是武力可以爭奪的，你如果證悟，就拿去吧！惠明改口說：我是為求法而來的。惠能便說：既然你為求法而來，那末希望你先拋棄一切外緣，斷絕一切思念，我便為你說法，過了一會，惠能接著說，不要想到善，也不要想到惡。就在這個時候，請問你什麼是你的本來面目？惠明聽了這話，就立刻大悟，這一問，使惠明覺得現成的經教，與祖師的訓言所未有的，拜謝而去。

上面這一段故事：所謂本來面目，是求佛的目的，所謂不思善，不思惡，是求佛的方法，甚麼是本來面目呢？是人類的自性。是人類的本性是這樣的。就是本來面目。六祖所說何期自性，本自清淨，何期自性本不生滅，何期自性，本自具足，何其自性，本無動搖，何期自性能生萬法。這有應的六自性句，你看他所說的自性，所說圓性的本，就是說明求佛的目的。即本來面目。然而我們要追問，這個自性是怎樣的呢？是明心以後所見的性。那末好像明心來見性，其實明心就是見性，因為所明的心，是金剛經所謂無所住而生其心的心，怎樣無所住而生的心，是方法問題，留在下段說明，實即是自心的自覺，心既明了，即體現了人類空寂的自性，所以明心就可以見性。又因為心是念念不住的無相的，性是空寂的，亦無相的，明心是明這個心，見性是見這個性。所以他標明我的學問，以無相為體，總而言之，無非是說明人心性，即自性的本體，人類的本來面目，是求佛的目的，而且，這個自性，是覺得自己，好像是動的，覺的佛，不覺是凡夫，在人類心中自然的流露，能超脫了佛家一般看心呀！看不動呀與及看靜呀，六祖在人心中直下頓悟了本心，見性成佛，祇在迷覺之間。學佛來幹甚麼呢？祇在解脫被執而已，在心能破執解脫，所謂即心是佛，簡易直捷了當，這就是六祖對佛學的一大發現。

至于不思善不思惡，為甚麼是求佛的方法呢？這就是六祖標明的無念與無住，與上面無相為體的三無，所謂無念為宗，無住為本。宗者方向，本者根本。用言語來說的方便，首先向無念，即是不思善，不思惡。即在不思善不思惡當中，思善思惡，是有念，不思善惡，是無念。繼而同時向無住。無住即人心的行雲流水中而無念無住對心言，無念對善惡言。即是以無所住而生其心，來體現那人類的空寂的本性，是明心見性的方法。而最重要的在不斷的身體力行，迷則凡夫，覺即誠佛所以無念為宗，向這方面修養，無住為本，記得的無住，不要忘記，所以又說無住為本。無念無住是明心見性的方法，無相是此心此性的本體；不思善不思惡，是六祖第二第三的標明無念為宗，無住為本的方法，也是六祖對求佛方法的一大發明。

六祖所發明的後人叫為祖師禪，開後來的臨濟義言的臨濟宗，溈山仰山的沽仰宗，溈山本寂的曹汨宗，雲門義偃的雲門宗，法眼文益的法眼宗，或則捧喝，或則參話實，或燒木佛，磨石成鏡的比喻，都是指導你向自己本身上用功，成為一風靡全回的祖師禪，既別于達摩的如來禪，如來禪屬如來藏系統有形上哀味的而祖師禪之實實在在人人可行的。至于神秀的時時勤拂拭莫使惹塵埃，簡直將本心圍堵起來，而六祖的無相，是本來無一物的，何處惹拂拭塵埃呢，更別于神秀的禪修了。所以六祖是禪宗的開創，不必是由達摩而來，而且更開了嶺南的學風，無六祖惠能的創造，更無陳白沙、湛甘泉的創造了。

三、陳白沙發現儒家的心體

六祖惠能歿後六百年而有陳白沙。惠能時代，是嶺南民系正在混血時代，白沙時代，是嶺南民系成熟時代，白沙名憲章，是西江下流的新會縣人。宗明理學，是由佛家禪宗，轉進為儒家的理學，是真是轉進，不是轉退，不是佛學，而是儒家，怎樣轉進，後面乃說個明白，先說轉進之跡，是由周敦頤、張載、程明道，已逐漸逆流而上至易傳中庸，以圖至孔孟，一到伊川朱子格物，便走橫了路，遂有朱陸異同，尤其是朱子雖然有套一套自己的東西，究竟不是孔孟的遺產，到了陳白沙才真正找出了，孔子七十而從心所欲的心，孟子四十不動心的儒家心體來。所以嶺南的反抗已成熟，首先反抗不是孔孟正宗的朱子。為什麼不是正宗，因為朱子由外面所格的物而來，雖然豁然貫通為心的全體大用，而不是心性理的一貫，白沙的心體貫通了。

又奇怪了，當日白沙北上，祭酒邴讓請他和楊龜山今日不再得的詩，不是說吾道有宗主，千秋朱紫陽（朱子）嗎？這是你們的宗主，甚至是千秋楊龜山的宗主，龜山是伊川的學生，詩後面明明白白地說明『把握在方寸』，不是說明他的心體？我們看到白沙全集，祇說鳶飛魚躍的心體，幾曾有朱子格物的意味呢？所以我們說白沙的反抗，是反抗朱子。

白沙反抗朱子，發明了甚麼呢？就是儒家的心體，首先說明心體是什麼？次言白沙的心體，最後，說明六祖佛家的心體，怎樣變成儒家的心體呢？實在吾人的本心，顯現了宇宙之本體，是名為心體，我們要用文字說明其可能，曰虛靜，曰明覺。所謂虛寂，是深徹無跡，清靜無滯。更淺而言之：無形狀無聲臭，無方所，之謂虛；不擾亂，不器動，不污染，謂之寂。所以能生化而神不測。所謂明覺，是無虛妄分別，照體而獨立，無虛妄而分別，是無知；照體而獨立，為眾處之源故無不知，更淺而言之，無幽不燭，遠離昏闇，之謂明，才動即知，本無惑亂之謂覺。這虛寂明覺的心體，近代大哲熊十力先生，在新唯識論中，已說得很明白。

次言白沙的心體，他說隱然呈露，常若有物，你表他說隱然，流常若，常若有物，並非有物，一方面好像無物，一方面隱然呈露，是說這心體的虛寂而明覺；是心體的存在。又說至無而動；是狀心體的虛寂，至近而神，是狀心體的明覺，是狀邪心體的生生。以上說心體，有體自然有用，所謂藏而後發，形而斯存是發為指道行動，用了。所謂心與理合一，指導其行動。宇宙本體之論性，心體之謂心，指導合理行動之謂理，所以白沙的心即性即理而言心體，這是白沙的心體，這就是易傳的寂然不動，感而遂通的儒家本體。

再其次，由佛家六祖的心體，白沙怎樣變為儒家的心體呢？我們常說：佛家的心體，是無記。陽明所謂無善無惡心之體。是真，道家的心體，是喪我，莊子所謂離神去智姑射仙人的境界，是美，以真體道，則顯現的明暗不同，如佛家天台宗的一心三觀，不易捉摸，以美體造，則涵混融通好像成為固定的一體。有失於靜。儒家的心體，是生生，是生生不已新新不息的生生。易繫所謂生生之謂易，孔子川上逝者如斯不捨晝夜之嘆。生生即條理，有秩序。是善，易繫所謂一陰一陽之謂道。繼之者善也。一陰一陽是生生，有秩序，有條理，所以說，繼之者為善，是善，佛家之真，道家之美，不若儒家之善的有把握不凝滯，白沙靜中養出端倪，得毋從道家的靜，開始由六祖佛家的本心，自靜而動，本虛形實，似無而有，而得到儒家生生不已新新不息的端倪，開出儒家的善端，而名之為自然，形之為鳶飛魚躍，以形容儒家的心體，白沙遂由六祖自性，而變為儒家生生不息的心體吧？蓋由靜而動去了佛家的不可捉摸，而證出儒家的生生而已。

白沙反對朱子，而創造儒家的心體。自成一個體系，是佛法東來，由理學而轉到儒心學，是四到儒家的一個結穴。他序其學生張延實之學：『以自然為宗，以忘己為大，以無欲為至。即心觀妙，以揆聖人之用。其觀于天地，日月晦明，山川流峙，四時所以運行，萬物所以化生，無非在和之極，而思握其樞機，端其銜綏，行乎日用事物之中，以與之無窮。』，由儒家的心體，變為大用，指導人生的整個情形，雖序其學生之學，其實夫子自道也。

四、湛甘泉因儒家的心體以完成儒學的圓教

說到湛甘泉，甘泉名若水，是白沙的大弟子東江下游的增城縣人。他的學問，真不容易了解。因為他話頭很多，不容易聯貫起來。也因為話頭太多而俱圓滿，其特色，而是整個即的圓的動的自成為一套。又是實在的，人人可做得到的並非高學的，在佛學判教中，有天台宗是佛的藏通別圓四種判法。圓是最圓滿無盡，圓融無礙的，天台宗是佛的圓教，我們說湛甘泉是中國儒學的圓教。湛甘泉的哲學是圓的，在儒家孟子所說的集大成，是指孔子，集堯舜禹湯文武周公的大成。湛甘泉，是集中國儒家哲學的大成，集大成不是集貨店，而自有其孟子所說的「條理」，是蜜蜂的辦法，而不是螞蟻的搜集，所有儒家的話頭圓融無礙所以說他是圓教。一般用科學方法的哲學家，有假設、有對象、有實行，是靜的。而湛甘泉的哲學，都又是動的。

至於怎樣由圓的而自成一套呢？先說在整個中國哲學來說：是集孔孟易庸程朱陸象山六祖惠能陳白沙的大成；在宋明理學來說；得到一個圓滿的結果。這又奇了，在明代心學，他

以後不是很多哲學家嗎？無論擁王（陽明）的反王的，如東林、如蕺山、如顧炎武是反王的，陽明弟子及其餘總是擁王的，都是就陽明一套為對象，而不是以甘泉的圓教為對象。可以說：至朱九江乃承其系統。至王明陽及其學派，祇不過是儒家心學的異軍突起而已，所謂異軍突起，留在後面乃說，湛甘泉，一般之覺得他許多老話頭，敬啊！心啊！天理啊！慎獨啊！集義啊！格物啊！勿忘勿助啊！戒慎恐懼啊！似乎許許多多的話頭，似乎一片陳言，其實一個敬字，即始敬終敬。能敬是心所敬是天理，敬的本身是慎獨，敬的行動是集義。格物是格此，勿忘勿助，戒慎恐懼，是勿忘勿助此；戒慎此，恐懼此，正是其融會貫通，整個儒學的圓滿，動的表現出來，此即明代江門學派，即陳湛學派，與顯赫的姚江學派即陽明學派，當時是並駕齊驅的。因為他受了姚江學派，程朱學派兩面的夾攻，而嶺學作風，暗修獨行，不爭取宣傳，遂成金陵王氣黯然而收，現在治中國哲學者，幾不知有湛甘泉的了！

至于甘泉的一套，他發明了什麼呢？天理。不，不夠的。是隨處體認天理。是整個動的一套，其用功的本身，即所用功的結果。是能與所合一。如果分析來說：這天理似即是程明道所謂自家體貼出來的天理，是一個大頭腦，要誠敬以存之，好像另外有個東西。不夠的，而甘泉的天理，固由明道來，然而這天理，即是體認的自己，不是體認的對象。所以甘泉說：天理只是吾心中之體。不屬有無，不落方所。所以他的天理不僅包括他老師白沙的心體，並且包括一切心學家所體認的對象，通通在他的心中。所以他又說：心與事應，然後天理見焉，天理非在外也。

什麼是體認呢？就是心與事應。所說的心，不僅是白沙的心體，而擴充為宇宙無私的心。所以他說：心性合一。這無私之心，用敬使它永遠無私而向上。這無私而向上的心，與整個生活合起來，一生不斷的生活，即一生不斷的與事應，而得真如處，無時間無方所都是，所以說隨處體認天理。而天理流行，行真所無事，其所行之本身即是天理、圓的、動的。這無私向上的流行，即孟子的勿忘勿助，中庸的戒慎恐懼，然而有忘有助初要戒要恐，而甘泉無私之心，祇是用始敬終敬，不斷用功融合無間。這敬字很重要，為中國傳統憂患意識而來，心學家把它忘了，理學家如朱子用了而果權用力，甘泉自然運用，所以用始敬終敬。因此甘泉用在體認之間，即是天理，無「能」與「所」的分別。所以甘泉的體認天理，要隨處。如上所說的許多話頭，是儒家集大成的工夫，不是一項項的，而是動的，與生命永遠在動的。

再用現在的話簡要來說：什麼是體認呢？是不斷提起無私向上的心情來用功，怎樣用功呢，用敬，敬是什麼？是始終的戒慎恐懼，是憂患心情的，不是恐懼心情。恐懼是心跳動，憂患心情，心不跳的，敬是積極的充沛存在。什麼是天理呢？天理可以說是一種心情，亦即是宇宙之心，人心是有私的，宇宙是無私的，人的心體與宇宙無私的心體，擴大妙合而無私，即是宇宙本體，由心中體現出來在體認中鳶飛魚躍的心情是其體現，甘泉亦謂之中，在甘泉心性圖說，所謂心中立而利發焉，所以說天理是隨處不斷體認的境界。

再說甘泉的圓教，是合中國各種傳統哲學方法，而圓滿其為一體。如前所說過孟子勿忘勿助，然而人們有助有忘之時；孟子必有事焉，而事似未有所指，其實指集義所謂集義所生非義襲而取之也，是必有事焉得爭，實即是隨處體認天理，至中庸已發未發的中與和，而甘泉已發未發合一。易傳寂感似分而甘泉寂感合一。程朱的敬，是為對象所列系一步一步的敬，而甘泉則始敬終敬的一貫的永敬，是行明道的天理，永敬以代識仁則非全明道的天理。因為明道對識的天理，甘泉天理與體認為一，是白沙的心體，而心體充擴充為宇宙之心，非全為白沙的心體，而是由禪宗六祖惠能的念流長存而來。至于陸象山心即理，其實祗是理在心；陽明心即理，其實良知是心的作用，不僅是嶺南學派的一貫，而實在創造了孔子七十從心所欲不踰矩的心體與白沙相似而實在一樣，不過甘泉更為圓滿的說出而已。

然而為什麼反抗陽明呢？他與陽明的學問是同源；在反論是同道。同時又同是明代有為有守的政治家，而且是摯友。而陽明的良知，更亦有他的一套。良知指導我們去做，是良知有立法之能；我們做得好不好，又有良知來判斷，是良知有司法之功；一切宇宙生成是良知，所謂無聲無臭獨知時，即是乾坤萬有機，是良知又有創生宇宙之力。然而上面已說到；良知不是心的本體，其心體為無善無惡，不是本體出來，而其用自然不定，這腔子裏的良知，雖極高明，是滑滾滾的露水明珠，自圓轉無滯，然而他自己及其高足，自無問題，假如學生拿捉不穩，馬上就會墜下去！後來學者稱良知為「宜玄而蕩」你看泰州以後的一脈就要出事！束書不觀，遊談無根，顧炎武稱為中國第二次清讀，第一次清讀讀談老莊同慨！至東林及顧炎武費了很大力量才反轉過來。而甘泉當時就指出。所以對摯友在學術方面，不惜當面指正，又用書面，你看甘泉答王都憲（陽明）論格物書，怎樣說其四不可，然陽明終于不顧，而甘泉終要反對。

甘泉反抗與創造，是圓融的，是平實的，是中國的傳統的，終引起朱九江在中國傳統內聖外王中而顯著于內聖，中山先生在中國傳統內聖外王中，而顯著于外王因為甘泉為嶺學中心而承先啟後，因此特別的詳述。

五、宋九江創復儒家的人格

又是朱九江時代。九江名次琦，學者稱九江先生。他是嶺南東江下游的南海縣九江鄉人。已距甘泉歿後二百五十餘年了。這二百五十年中，在中國哲學史上是王學（王陽明），反王學，以至樸學時代，王學與反王學，已見前述，至樸學時代，是滿清入關，代明統治中原。一方面是阻塞了顧炎武黃梨洲等，費了九牛二虎之力，轉王學而為中華民族建設的實學，然而滿清政權，以其有害于其自己，用武力壓迫，開文字獄以阻塞這種學風；一方面也是用這樣方法，逼中華志士走上樸學的牛角尖。是毀滅了中華文化的正統思想，更是毀滅了士大夫向上的人格！使中原文化，板蕩，支離破碎於五經諸子之中，消磨歲月于版本書刊之上。這就是中華文化的淪亡！是嶺南學脈反抗與創造的學風所不許的，你看，白沙的弟子李大厓，明白的呼出了「莫謂老慵無著述，真儒不是鄭康成」，因為樸學，以鄭康成為中心。九江反抗甚麼呢？就是反抗這個時代。

為什麼九江這個時代來反抗呢，因為樸學嶺南向不要的，你看九江以前嶺南有設一個樸學家，而這個時代，樸學來了。我們看九江反抗之實，自阮元督粵，帶了樸學到嶺南以後，建立樸學化的學海堂書院，徵九江為山長（校長）據說繼續徵了二十餘年而不就，開嶺南學者鄉居講學之風，所謂鄉居講學，是講孔孟之學，是人格之學，是儒學而不是樸學。我們看他弟子簡竹居所表現，就可知了，因為嶺南自白沙以來，淡聲華、薄榮利，暗修獨行的學風，不要風花雪月的文章，不要沉緬于中原的考據。所以黎二樵拒見文采風流來粵的老友袁子才；朱九江更要牽起反考據的大旆了。

九江創造了什麼呢？是創造中華民族的人格！他要躬行實踐，活潑有為的中華民族的人格，是人格的創造！久矣乎，磨湛考證，零簡斷編，沉醉于消磨人格的火坑，何止是草木榮華之飄風，鳥獸好音之過耳，向來所不要的，這時候已逼到嶺南了，皇清經解，已在嶺南出版，江藩的漢學師承記，又在嶺南出版了，九江站起來！這南方之強，他要敦行孝弟，他要崇尚名節，他要變化氣質，他要檢攝威儀。敦行孝弟，是孔子的行仁；崇尚名節，是孟子的取義，變化氣質，檢攝威儀，是儒家禮樂的效用。完全是孔孟的正宗；中國傳統文化，亡于中原者而存于嶺南不變，中原染而嶺南不染；中原走錯了路，而嶺南為之改變，九江這一種文化革命精神，自然會引起，孫中山的順乎天而應乎人的革命。

我們看九江行仁取義的行動，處處表現他的人格。十八歲時赴試，人有以重金請其代作無意義失人格的「維筍及蒲」的賦，不納；北行乏資，富人溫氏贈以鉅金程儀，不要；考進士未完卷而時間已到，同鄉有力者追令續完以成狀元及第之名，依限即出而不顧，所以動則有宰山西襄陵縣的驚人政績；靜則五十一歲以後，不入城市。離棼遠俗，保其幽潔，律己之嚴正是創己之大，我們談佛學史，廬山慧遠三十年不出虎溪橋，不名其故，觀九江行動，才知律己創己之偉大，受金，孟子所謂，是貨之也，不守法，「孟子謂胡不信道，工不信度，君子犯義，小人犯刑，國之所存者幸也」，尤其特出者，九江著作等身，而歿前焚稿，人以為怪，不知嶺南自白沙以來，不注重于知識，而注重于人格行動，假如無德性之知，徒有感性之知識，是有害于人格，馬克斯資本論，何嘗無知識呢，然而引起共產的大禍，有知識、無人格，將如崔與之所謂毋以學術教天下後世。這一種啟發，自然引起孫中山的行易知難的哲學。

六、孫中山建國進大同

說到國父孫中山先生，大家都知他是反抗滿清及國際帝國主義，而創立中華民國，反清反帝，不用說了。即西洋單一的民族主義，民權主義以及社會主義亦不要。因不是全盤的西化，也不是中西文化的折衷，是站中國，四面八方找材料，而是一種偉大的創造。就三民主義來說：也不僅是三個主義合起來的一個創造，而且是三個主義各個亦是一個創造。不過合起來，又是一個創造而已，是創造的極致，是中國文化到了嶺南的特別創造，是嶺南人一貫的創造力特別強，達到最高峰的創造，是以中國文化為中心，是中國自己的。

孫先生的民族主義，不是西洋的民族主義，而是創造中國自己的民族主義，你看西洋民族主義，是單純的，僅是血統的，現在西洋有一個民族，建立幾個國家，亦有幾個民族，建立一個國家，因此民族與國家分離；孫先生的民族主義是合民族、國家，文化而為一的，因為中國民族到滿清時代已喪失殆盡，所以他創造的民族主義；一方面本中國文化的傳統精神，是朱九江的精神，答馬林的中國革命原動力，是根據堯舜禹湯文武周孔的道統，是內聖；一方面把握中國文化中心的忠孝仁愛信義和平，以為修齊治平之實，是外王，更以反抗帝國主義用世界主義來鬆懈中國革命，侵略中國的政策，為一個整個的創造，這就是孫先生的民族主義的創造。

至于民權主義呢？一般人以為對于選舉罷免、創制、複決的人民四權，是採用西洋的，而政府行政、立法、司法、考試、監察政府五權乃是創造。不知人民四權、政府五權，通通是孫先生的創造，是根據中國歷史資料，以人民有權，政府有能力權能分立為中心的創造。先就政府有能的五權來說：固然根據中國歷史固有制度，如唐代三個宰相，其權限已包今日各國議會職權，以及諫官對皇帝，御史對宰相，和中國的歷史的考試制度，西洋的四權，其制度在政府之外，而民權主義的人民四權，卻在政府之中，相反而相成的創造，就與西洋的四權不同，即在權能分立來說，亦是中國傳統中自漢已有的君權與相的分開，使皇帝與宰相，俱不能專制。所以民權主義，亦完全孫先生根據中外歷史資料，以中國歷史制度為中心的創造，他自己不是說過嗎？西洋的民權不能解決中國的民權問題。更明白他採用西洋文化功是用來批評態度的。

更說到民生主義，不是一種突出的創造。其要目為平均地權與節制資本，以及衣食住行樂育的民生問題的整個解決。平均地權，是根據中國原有土地問題的總解決。原有問題如西周的井田，王莽的公田，北魏的均田，唐代的租庸調，用和平互助方法來解決，即今日台灣省的辦法，而不是打倒大地主，是一種創造。至于節制資本，是集中國固有的均無貧的均富，不是西洋社會主義的均貧，亦用和平方法，而不是打倒資本家，亦是一種創造。所謂和平方法，即中國原有的社會教化以養成藝術道德的生活境界，使人民的衣食住行樂育的民生，得到一個總解決，更是一個偉大的創造，這就是民生主義的創造。

三民主義，是三個主義的創造，而三個主義合起來——又是一個大創造，這個創造，什麼呢？以建民國，以進大同。三民主義怎樣進大同呢？民族問題解決，外無戰爭；民生問題解決，人無嫉妒；各盡所能，各取所值，民權問題由解決而超昇為無為而治。由于人與人之間，從教育得其解決，有自由平等寶貴尊嚴的人民，斯有富強康樂的互助社會。這是中國傳統所日夜夢想的政治之，而後禮運大同天下為公的一段描寫，才能接得上去。這不是柏拉圖的理想國的小國寡民，兒童公育，更不是康有為的大同書，租妻共產；也不是西洋社會主義中的烏托邦，是由三民主義一步步的可以實現的，你看舉世滔滔，由自私功利主義所發生出來的世界大戰，第一次、第二次，不久可能發生的第三次，如果回天反本，由三民主義所開出來的大同世界，才可以免于戰爭，這是何等的偉大創造呢！

七、總　結

以上說六祖慧能、陳白沙、湛甘泉、朱九江、孫中山。這五位的嶺南大思想家，有抵抗即有創造，所抵抗即為其創的對象，其所創造的目標雖不同，而其創造的精神則一。你看繼六祖惠能所創造的自性，進一步為陳白沙的儒家心體，甘泉繼白沙，創成儒家的「圓教」，又進一步由圓教開出隨處體認天理的隨處而變為行動，九江是儒學的內聖外王而表現在外王，在人格在行動，自然引起，以知難行易為基礎的三民主義，以建民國以進大同。都是一貫的，中國的，能實現的，都是斟酌反抗以為創造，有鮮明的對象，有開明的創新，這就是嶺南學派。

為什麼不說陳蘭甫、康有為、梁啟超呢？陳蘭甫的學問雖有嶺南氣息，究根基是樸學；康有為大同書，租妻共鐽如上述在嶺南學脈是師也過；梁啟超的學問雖影響全國，可是以今日之我批評昔日之我，無中心，在嶺南學脈中，是商也不及。

然而嶺南一脈所創造，固表現于嶺南，其實由中國文化自中原而來，但是中原變而嶺南不變，即是中華民族精神，吾人不應因嶺南自我陶醉，今日神州陸沈，痛懷五嶺，悵望中原，中華文化，殆收窒息；然而野火燒不盡，春風吹又生，五層樓的雄風，由中原而嶺南，今日又由嶺南而台灣而海外，永遠的抵抗改造，斯有永遠的創造與革新！中國文化斷然有復興的一日，這嶺南學脈，是筆者早年的意見，今日研究中國思想史，回頭一望，似亦未見其大誤，是否這樣吧！還望讀者的指教了。

原載於《廣東文獻》十卷一期

宋代

文才武略的宋代名臣余靖

歐美

余靖字道安，因其故鄉曲江城西有武水流經其下，故又號武溪。薨後諡曰「襄」，後世稱之忠襄公。他的祖先原屬閩人，到了他的曾祖余從這一代，正值殘唐五代之季，十國互相攻伐，動亂頻頻。為了逃避戰亂，輾轉流亡到粵北的重鎮韶州，見山水雄奇秀麗，遂安居落藉府治的曲江縣。

曲江雖僻處嶺表，但在有唐一代，曾出了一位文章功業彪炳的張文獻公九齡。文獻公是有聲於唐的名相，也是嶺南第一個得入朝為相的偉大人物，曲江乃因此而有「嶺南文化發祥地」的美譽。文獻公薨後約二百六十年，又出了這一位宋代名臣余忠襄公靖。

余忠襄公生於宋真宗咸平初年，若果以他歿於英宗治平元年（公元一〇六四年），享壽六十有五來推算，應該是出生在真宗的咸平三年（公元一〇〇〇年）。惟在「宋史本傳」及歐陽修撰作的「襄公余靖神道碑」等，均未記述他的出生年月。他自少不事羈檢，博學強記，對於歷代史記，雜家小說，陰陽律曆以及浮屠老子的書籍，都喜歡閱覽，故無所不通，以文學稱鄉里。為人質直剛勁而不固執，講話重信實，一喜一怒很少形諸於色。

仁宗的天聖二年（公元一〇二四年），舉進士第，那時忠襄公纔廿五歲。奉派為贛縣（今屬江西省）尉，主理緝捕盜賊，查察奸宄。旋以試書拔萃改將作監丞，掌修作宗廟路寢宮室陵園土木之事。遷知新建縣，（屬江西省，與省會南昌縣同城而治，轄境在南昌的西北。）再遷秘書丞，奉命與王洙勘司馬遷的史記、班固的漢書、范曄的後漢書三史。建言班固的漢書有舛誤的地方，擢升集賢院校理。這時適天章閣待制知開封府范仲淹，因直言忤宰相呂夷簡，被貶饒州（今江西省鄱陽縣）。朝廷又下令不許百官越職言事。忠襄公與館閣校勘歐陽修，太子中允尹洙幾個剛直的人，都替范文正公仲淹不平，各上疏仗義執言為范辯護。忠襄公說：「范仲淹以刺譏大臣，重加譴謫，倘他的話未合聖上的意見，在陛下的聽與不聽啊！怎能加罪於他呢？漢代汲黯在朝廷進諫，以平津侯公孫弘為多詐；吳國的張昭論將，認為魯肅粗疏。漢武帝及吳主孫權熟聞訾毀，兩用無猜，豈損令德。陛下自親政以來，屢逐言事者。這是鉗天下之石，恐怕以後沒人敢諫諍了。」疏入遂落職，被貶去監筠州（今江西省高安縣）的酒稅。這次事件被貶者共四人，除范仲淹和忠襄公外，還有歐陽修與尹洙。當時另一館閣校勘蔡襄曾為此寫了一首「四賢一不肖」詩，以稱譽范、余、歐陽、尹四賢，而譏諷被歐陽修辱罵為「不知人間有羞恥事」的不敢主持正義說話，反而顛倒是非的諫官高若訥了這一不肖。當時這首詩轟動一時，汴京開封人士，對這首詩爭相傳抄，那些鬻書的人或書店因此而獲得一筆意外的大收入；甚至契丹使者，也買了歸國。忠襄公因這次事件更是知名了。這年為仁宗景祐三年（公元一〇三六年），公年卅七歲。

不久徙監泰州（今江穌省泰縣）稅。過了數年，仁宗感悟，康定元年（公元一〇四〇年），又復用范仲淹為陝西經略安撫使，而因之被斥貶者都獲召還，惟忠襄公為了就近省親，乞知與他故鄉鄰近不遠的英州（今廣東省英德縣）。後遷太常博士，旋丁母憂，服除復為集賢院校理，同知太常禮院。

景祐至慶曆之間（公元一〇三四——一〇四八年），天下怠於久安，官吏習染因循多失職；同時因西夏的趙元昊叛，師出久無功，弄得官窮民困。仁宗皇帝乃想振作，銳意革除天下頹弊，增置諫官四員，使論得失，擢公為右正言。與歐陽修、王素、蔡襄稱為四諫。忠襄公感激奮勵，遇事輒言。那時四方盜賊竊發，州郡多不能制。忠襄公認為「朝廷威制天下在賞罰，今官吏弛事，以致群盜蜂起；大臣又齷齪守常，不立法禁，這實在是國家的大憂。朝廷應要嚴行捕賊賞罰，及定為賊劫質亡失器甲除名追官之法。」由於他的敢言，不畏權勢，那些奸諛權倖之輩，莫不屏息畏之。這對國家有很大的補益，可是在他自己卻招致日後不少尤怨。

慶曆四年（公元一〇四四年），西夏國王趙元昊復遣使來上表請和，正將加封冊，而契丹出兵臨西境，並遣使來說：「他們出兵是為中國討賊，請停止與西夏言和。」朝廷正憂慮不知如何決定。如果依從契丹的話，便重絕夏人，這樣與西夏的兵爭便會無法停息；倘若不聽，可能生事北邊，因此議論不決。獨忠襄公認為契丹挾詐。蓋中國和西夏交兵不停，這是契丹最歡喜不過的，一旦雙方息兵，中國便得以休養生息圖強，這非契丹之利，所以這次出兵西境阻撓言和，故不可聽從的。仁宗雖認為他說的很有理，但仍然留著對西夏的冊封不發，而一面派忠襄公往報契丹。當他出使契丹辭朝的那天，以所奏事書於笏上，各舉一事為目，凡數十事，仁宗見了，乃命逐條盡奏，直至日西斜纔罷。他率領十餘騎馳出居庸關，會契丹王於九十九泉。他從容坐帳中，施展他的辯才，辯折往還數十，終而屈服其議，取得契丹方面的要領而回汴京。至此朝廷始發西夏封冊。宋、夏兵爭既解，而北地邊疆亦靖。這年仁宗以忠襄公知制誥史館修撰。

翌年，契丹自行出兵攻西夏，並遣使來告捷，仁宗又派忠襄公往報。他三使契丹，與契丹國主情益親；且對契丹語亦漸熟習。一日國主盛宴款待，笑對忠襄公說：「卿若能以北語作詩，朕當為卿痛飲」。他即答道：

夜宴既罷拜洗（受賜的意思）
兩朝厥荷（通好）情斡勒；（厚重之意）
微臣稚魯（拜舞也）祝荐統，（福佑之意）
聖壽鐵擺（嵩高也）俱可忒。（無極之意）

國主喜極歡笑，為之舉觴豪飲。忠襄公回國後，御史王平等，以他曾以番語作詩，有失使者體，提出對他彈劾，因此出知吉州（今江西省吉安縣）。忠襄公做諫官時，曾劾奏太常博士茹孝標不孝，匿報母喪，喪服未除便入京冒哀求仕，茹因此獲罪。故茹內心十分痛恨忠襄公，因聽聞忠襄公少時詐匿應舉嘗犯刑，乃親到忠襄故鄉韶州，購求其案。原來忠襄公本名希古，舉進士時，未預先辦妥解薦手續，曲江主薄（相當於現在的縣政府主任秘書）王仝為他關照，致于觸知韶州者舉制科，知州獲悉，認為他們未免兒戲，乃按其罪，王仝違法停職，希古杖臂二十。王仝從此不復仕進，閒居處州（今浙江省麗水縣）。希古更名靖，取他州解及第。後來忠襄公官位日高，王仝多次來信向他求貸，雖曾予以接濟，惟欲海難填，且忠襄公為官清廉，不能應其求。茹孝標前赴韶既查得案中內情，現見忠襄公失勢，剛巧這時對范仲淹這派正直人士時加攻擊的錢子飛為諫官。茹乃將其事告子飛，子飛即向上奏聞，朝廷下詔處州逮王仝。忠襄公暗中使人通知王仝避往他處，王仝說因窮無法出走。忠襄公遂置銀百兩於茶筐內，託人送去，所託者奇怪筐內如此重，開視竊去銀兩，祇送茶與王仝，仝誤公無情而大怒。詔下處州，勘官囑仝對說：「當日接坐者余希古，今不知何在？」但王仝不從，對說當日的余希古，即今日的余靖。又忠襄公初及第歸鄉，當日曾問他的州吏特來拜候道歉，忠襄公因事一時未暇接見，州吏恨極，乃取該案卷宗裹以緹油，高懸在樑上。州吏病危垂死時，特囑咐他的兒子說：「這是方今達官的案件，他日朝廷必來尋求，務須慎密保存。」等到茹孝標抵韶求其案，以為事在十年前，一定散失不在了，孝標訪到州吏的兒子，竟尋獲了。（見宋司馬光流水紀聞）忠襄公為了這件事很是不安，求歸鄉侍養，朝廷乃改將作少監，分司南京。他怡然還居曲江，杜門謝賓客，絕人事，祇時與友好遊山玩水，我們從他的：

> 年少登科今白頭，不才多病分歸休；

深恩未報雲天施，弱質易驚蒲柳秋。
進退無機常蹭蹬，窮通知命自夷猶；
相迎莫問市朝事，綠水青山是勝遊。

在這首詩中便知道他當時的生活了。他過著這樣悠閒的生活，凡六年之久。仁宗時常懷念起他，幾次想起用他，都被不喜他的大臣所破壞，但遷光祿寺少卿於家。不久授左神武軍大將軍雅州刺史壽州兵馬鈐轄，辭不就。皇祐二年（公元一〇五〇年），天子祀明堂（太廟），廣佈恩惠，遷衛尉卿，知虔州（今江西省贛縣），丁父憂去官。

這年廣源州蠻酋儂智高叛命，僭稱南天國，自稱皇帝，改元景瑞。廣源州地近交趾國（今北越地方），唐代末年交趾強盛，併有此州。州東昆連儻猶州，也屬交趾。知州儂全福被交趾人殺死，他的妻子阿儂改嫁商人，生子名智高，冒姓儂。智高稍長，至十餘歲時，恨有二父，乃將商人殺害，後與母佔據儻猶州，交趾興兵進攻，俘獲智高母子，見智高狀貌雄偉，把他赦宥；且命他知廣源州，惟智高對交趾人仍極怨恨，秘密召集部曲，襲攻安德州；一面入貢中國，自願內附。宋近以交趾偏處南隅，自黎桓自封後，更歷二傳，一向稱臣進貢，故不願收納智高，致結怨交趾，乃卻還貢使，智高復奉全函書，力請投誠，仍不接納見報。智高惱羞成怒，竟入窺中國，與宋爭衡。適有廣州進士黃師宓者，鬱鬱不得志，遂投附智高，願為謀士，先勸智高屯儲糧食，用殘舊衣物與中國邊民換取粟米。邕州（今廣西省南寧縣）境地與廣源州相近，邕人多輸運粟米出境，與智高交易。知州陳珙差派人員前往詰問，智高祇說是：「蠻峒饑荒，恐部中離散，反來擾亂邊境，所以要易粟賑饑，免得發生暴動」云云。陳琪信以為真，毫不加以注意防備。儂智高又用黃師宓的奸計，放火自焚房屋，並召集部眾說道：「我們生平積聚，現已被火毀盡，今祇有進取邕州和廣州，纔可謀得生幾，否則大家便有一同束手待斃了！」部眾聽了，個個磨拳擦掌，異口同聲高呼：「我們願聽命！」智高即率眾五千，沿左江而下，攻邕州的橫江砦，守將張日新戰死。進抵邕州，知州陳琪不知所為，遂被智高一鼓攻入，將陳琪縛住，司戶孔宗旦、都監張立，皆罵賊遇害，跟著智高便自稱為帝。

那時嶺表承平日久，久不被兵，軍同虛設。智高所至，勢如破竹，沿潯江、西江東下，連陷橫（今廣西省橫縣）、貴（今廣西省貴縣）、龔（今廣西省桂平縣）、藤（今廣西省藤縣）、梧（今廣西省蒼梧縣）、封（今廣東省封川縣）、康（今廣東省德慶縣）、端（今廣東省高要縣）八州。守臣相率逃遁，祇有知封州曹覲、知康州趙師旦，出戰陣亡。智高率眾進圍廣州，知州魏瓘，鼓勵兵民，登城死守五十餘日。後得知英州蘇緘及轉運使王罕，先後往援，城纔得不陷賊手。警報傳至汴京，大為震動。仁宗即就喪起用忠襄公為秘書監，知潭州（今湖南省長沙），即日疾馳在道，改知桂州（今廣西省），經制廣南西路經略安撫使。忠襄公上奏：「賊在東而徙臣西，非臣志也。」仁宗嘉許他，即下詔公經制廣州。智高因無法攻下廣州，不久復西走邕州。自從智高初反，交趾國即請出兵討賊，忠襄公請下旨允行，詔不許。公認為智高係交趾叛徒，宜聽出兵，勿阻其善意，累上疏論之，都未獲報。至是公曰：「邕州和交趾接境，今不接納其會兵討賊好意，定必忿恨，反而助賊，那就更糟了。」乃俟機趨交趾會兵；並一面募儂、黃諸姓酋豪，給以職位及與他們誓約以羈縻之，使聽節制。但也有人懷疑這些蠻酋不可用，惟公認為祇要他們不與智高合作便足了。等到智高入邕州，果無外援。既而朝廷遣狄青、孫沔揮兵南下共討賊。

皇祐五年（公元一〇五三年）的新春，宣撫使狄青按兵止賓州（今廣西省賓陽縣）營外，仍飭行慶賀新春禮，且傳令休息十天，賊中派來的間諜，暗報智高。誰知道過了一天，狄青自將前軍，麾兵先發，孫沔為次軍，忠襄公為後軍，相機並進，進次崑崙關，關在邕州東北崑崙山上，居高臨下，形勢險要。智高安居邕州，尚未聞悉，過了兩三日，派出偵騎來窺探。剛巧這天是農曆正月十四日上元節前夕，官軍各營寨，張燈結彩，盡歡宴飲，賊探據實回報。狄青故意張筵夜飲，次日再飲到二鼓，狄青忽說不適，起座入內，改易軍裝，從帳後潛出，率少許部眾，乘夜渡關。關當邕州和賓州交界，最關衝要。狄青偷越關外，直趨歸仁舖列陣，靜待後軍。翌晨余、孫兩軍趕到，會合狄軍把敵兵打得拚命亂竄，斬首數千級，生擒五六百，追擊五十餘里。隨又乘勝進邕州。智高自知大勢已去，貪夜縱火焚城逃遁入蠻峒。

邕州既平，忠襄公請終父喪，仁宗不許。諸將班師，朝廷以儂智高尚在，留公於廣西，委以辦理平儂後事，遷給事中。諫官御史都上疏言功多而賞薄，再遷工部侍郎。智高的母親阿儂、弟智光、姪繼宗逃至特磨道，忠襄公遣將把她們追獲，解京伏法；智高竄到雲南的大理，不久死去，公輒轉索取，纔函首入獻。公留廣西逾年，撫緝完復，嶺海昇平，再拜集賢院學士。後來，徙知潭州，又徙青州（今山東省益都縣），再遷吏部侍郎。

到了嘉祐五年（公元一〇六〇年）交趾入侵邕州，殺了五名巡檢。仁宗深知忠襄公有恩信著於嶺表，且為交趾人最敬畏者。乃驛詔派為廣西體量安撫使，盡調荊湖兵馬隨從公出發入廣西。公那年已屆六十有一，抵桂後，即移檄交趾，召其用事臣費嘉祐加以詰責，費嘉祐惶恐對曰：「種落犯邊，罪當萬死；願意回去擒取首惡獻來治罪。」旋即押解五人，送至欽州（今廣東省欽縣），斬於界上。當公班師還朝那天，邕人遮道挽留。明年以尚書左丞知廣州。英宗即位，治平元年（公元一〇六四年），遷工部尚書，乃自嶺南入朝京師，六月途至金陵（今江蘇省江寧縣，亦即今之南京）。染病不治而卒，享壽六十五歲。天子聞訃惻然，輟視朝一日。三司使蔡襄為公上疏特贈刑部尚書，諡曰「襄」。

忠襄公為官清廉，生平經制五管，前後為帥十年，有「不載南海一物」的美譽；凡治六州，所至有恩惠，為百姓所愛戴。自少喜愛讀書，雖在兵間，亦手不釋卷。其才長於應變，處事鎮定而機警；為文也不固執一體，當他年少初舉進士時，那時詩文的作風，喜用冷僻典故，注重音調和辭藻的華麗，講究形式而忽略內容。蓋宋初接唐及五代末流，文章專以聲駢對偶為工，剽剝故事，彫刻破碎，如楊億、劉筠等之詩，宗法李商隱，與同時各人唱和的詩，合為一集，叫做「西崑酬唱集」，後進學者爭相倣效，故屬於這類的詩文，遂稱為「西崑體」。後來歐陽修做主考時，提倡革新文學，主張詩文以復古為解放，注重文字的內容，而不重視文章的形式，推翻了「西崑體」。忠襄公亦隨之變體，棄華取質，故他的詩文與歐陽修、蔡襄等諸人齊名。當時公卿士大夫的碑碣銘誌，亭館記引，道釋觀寺撰述，若果得不到忠襄公為文寫文，便視為不孝，其名也不能傳諸四方。公薨後，他的哲嗣仲荀員外郎，將公所作詩文輯成武溪集二十卷，其中詩二卷，序文一卷，論文一卷，記銘五卷，制誥二卷，判詞二卷，狀表三卷，啟事一卷，雜文一卷，慕誌二卷。另有奏議五卷，早已散佚，今人黃慈博從群籍中，輯成二卷。

忠襄公娶妻林氏，封魯郡夫人；子三，長伯莊，為殿丞早卒、次仲荀，為屯田郎外郎，季叔英，大理寺評事；女六人，長適職方員外郎郭思愈、次適屯田員外郎孫邵、三適宿州觀察使周態、四適秘書郎章惇裕、五適越州上虞縣主薄張元淳、六女在忠襄公逝世時年尚幼。孫男七人，嗣功、嗣昌，都為大理寺評事，嗣隆太常奉禮，嗣徽、嗣光、嗣立、嗣京年少未仕；孫女有五人。公病逝金陵的明年，還葬故鄉曲江縣龍歸鄉的沐溪村成家山。該處距曲江城西四十華里，有韶連公路經其前入乳源縣達連縣通往廣西。

筆者於民國廿七年（西元一九三八年）冬，抗戰初期，因日寇陷廣州，粵北緊張；且日軍飛機，時炸韶關（曲江城），家人避亂龍歸鄉的社主村。時筆者服務於連縣一家銀行，為探父病旋鄉，曾順道往遊忠襄公墓。墓的附近沐溪村，村民多姓余，皆以務農為主，據說是公的後裔。

曲江縣城的風采路，（韶州府的孔廟位於該路，故以前叫做府學宮街。）有風采樓，係為紀念忠襄公而建，原樓建於明代，民國十七年（公元一九二八年）因開築馬路被拆毀，由余姓海內外暨地方人氏籌款於原址重建，建築巍峨堂皇。明代廣東大儒白沙陳獻章，曾為原樓作「韶州風采樓記」：

「宋仁宗朝，除四諫官，其一人，忠襄公是也。蔡君謨（襄）詩云：『必有謀猷裨帝右，更加風采動朝端。』弘治十年（公元一四九七年），韶守錢君鏞始作風采樓，與唐張文獻風度樓相望。襄公十八世孫英，走白沙徵文以表之。自夫開闢達唐宋，至今不知其千百年，吾瞻於前，泰山北斗，曲江（指曲江公張九齡）一人而已耳。吾瞻於後，泰山北斗，公與菊波（指增城崔與之）二人而已耳。噫！士生於嶺表，歷茲年代之久，何其寥寥也？然則公風采在人，爭先覩之為快，若鳳凰芝草，不恒有於世也可知矣。如公之才德，行公之志，所謂障百川而東之，迴狂瀾顧既倒，公固有之，公之有益於人國也大矣。雖然，一諫官豈能盡公哉。顏淵問為邦，孔子斟酌三代之禮樂告之。顏淵，處士也，何與子斯理耶。居陋巷以致其誠；飲一瓢以求其志，不遷不貳以進於聖人，用則行，舍則藏，微顏子，則夫子作春秋之旨不明於後世矣，以後之求聖人者，顏子其的乎。時乎顯則顯矣，時乎晦則晦矣。語默出處惟時，夫豈苟哉！英乎勉之，毋曰忠襄可為也，聖人不可為也。

大明弘治十年歲次丁巳季冬，賜進士翰林院檢討，白沙陳獻章拜撰。」

忠襄公的故宅，即現在曲江縣城風度中路東面的一條小橫街余相巷的余丞相祠。祠建於宋英宗治平中（約在公元一〇六六年），祠後為現在的抗日東路（從前叫弓箭街），為當年韶州知府呂構建以祀公者，距今已有九百多年了。

曲江故老相傳：「忠襄公是死後封相的。在公薨後尚未大殮時，天子親臨弔唁，見了戈遺容，便說『死相』。那時跪在地上的忠襄公孝賢孫，誤為天子追封公為相，當即一同齊呼：『叩謝龍恩！』因聖旨口既已說出了，未便改變，於是天子乃下詔追封公為丞相云云。」這傳說實為後人附會之說。蓋忠襄公病逝於金陵入朝途次。金陵距宋代京師汴京開封遙遠，以天子之尊，怎會駕幸那遠道的金陵弔信呢？而且公自嶺南入京朝見天子，當不會攜同兒孫多人前往的。據歐陽修的「襄公余靖神道碑」云：

「公諱靖，字安道，號武溪。韶州誌『武水在府城下』。因以爲號。官至朝散大夫，守工部尚書，充集賢院學士，知廣州軍州事，兼廣南東路兵馬都鈐轄按察使，左少師，柱國始興郡開黃公。食邑二千六百户，食實封二百户，賜紫金魚袋，贈刑部尚書。治平元年，自廣朝京師，六月癸亥，以病薨於金陵，天子惻然，輟視朝一日，賻以粟帛，贈刑部尚書，謚曰襄……。」

又據宋史本傳云：「靖嘗夢神人告以所終官而死秦亭，故靖常畏西行。及卒，則江寧府秦淮亭也。」

原載於《廣東文獻》六卷二期

明代

丘瓊山之著述與思想

王萬福

一、前言

明弘治年間，以「大學衍義補」一書知名於世之瓊山丘濬，為中明初期唯一闡揚正統儒學之大儒，其著述思想，對儒家之貢獻以及當時政治學風，禮俗綱常影響甚大。明代學術，原繼宋元之餘緒，初期諸儒，如吳與弼、胡居仁、薛瑄、婁諒、現三原、陳獻章等，莫不摭揚理學，各立門派，然其研極精微，居敬主靜，不外沿襲宋人朱陸異同餘波，重踏談理性之後路，不補實際。當時，實際以聖賢經世之學，扶持世教，轉移士習，改革朝政，發揚儒家剛毅進取積極濟世之精神者，當推丘瓊山。

二、傳略與學風

丘瓊山諱濬（一四一九—一四九七）字仲深，學者稱為瓊臺先生，亦稱瓊山先生，海南瓊山縣人，少孤，母李氏訓之，稍長益苦學，博極群書，舉景泰引戌進士，選庶吉士，時入翰林者十八人，瓊山為首，被命預修寰宇通志，通志成，授編修，時兩廣用兵，經年不息，瓊山奏記大學士李賢，條陳機宜，纚纚數千言，疏上，英宗嘉嘆，錄示所司，率用其策以破賊，由於名重公卿間。自景泰以迄天順、成化、弘治四朝，四十年間，歷官翰林院編修，經筵講官，侍講，侍講學士，翰林學院士，禮部侍郎，由是盡覽中秘蘊藏，益以淹博見稱。成化中，長太學十餘年，諄諄以聖賢經世之學訓士，師表尊嚴，海內稱許。弘治初晉禮部尚書，四年以禮部尚書兼文淵閣大學士入閣輔政。時太監李廣，漸進左道，瓊山側疏陳二十二事，請求修德以立本，清心以應務，謹好尚，節財賄，公任用，禁私謁，崇儒術，遠異端，蓋廣所欲請於上，而瓊山先為之發者也，先後疏幾萬餘言，孝宗深為嘉納（明史紀事本末二十三章及何喬遠丘文莊傳），七年轉戶部尚書兼武英殿大學士，綜理朝政，在位勤政之餘，著書垂訓，以身致太平為已任，以經術為天下倡，士習官常，復趨醇正。八年春卒於位，贈特進左柱國太保太傅，謚「文莊」，明史本傳稱：「濬性廉介，立朝常以寬大啟上心，忠厚變士習，時經生文尚險怪，濬主鄉會試及為祭酒時尤諄切告誡，返文體於正。」其立朝風節，可見一斑。有明一代，王室暴戾，閹侍弄權，加以八股取士，學風衰頹，瓊山生於斯時，既歷土木之變，復經于謙之獄，深感儒道式微，綱常不振，四海困窮，朝政不修，乃挺身衛道，冀以經世實用，不務空談，上宗紫陽，旁及永嘉，融理性事功之學於一爐，所著有大學衍義補，世史正綱，朱子學的，家禮儀節，瓊臺會稿，暨戲曲數種。與修之官書文獻有寰宇通志，大明一統志，續宋元綱目，英宗實錄，憲宗實錄等數百卷。鑑古綜今，明道匡時，卓然一代經濟自任之儒宗，其潔志特行，苦心孤詣，對孝宗及當時之朝政影響至大。明代諸錄，兩祖暴戾，英憲昏庸，武宗荒淫，世宗愚昧，惟有孝宗英明，君臣相得，存心圖治，谷應泰明史紀事本末特別稱許「弘治君臣」之治績，謂孝宗「恭仁莊敬，虛懷納諫，朝多藎臣，野無兵革」。所謂「弘治君臣」，雖指邱瓊山、劉健、李東陽、馬文升、劉大夏諸臣，然弘治十八年熙洽之朝，實出瓊山當政初期以立其規模，啟其風氣也。晚明萬曆年間，閣臣葉向高，為魏東賢排斥以去，其序「重編瓊臺會稿」時，慨然仰慕瓊山當年立朝之風概，序云：「余濫叨政地，於公不勝高山景行之仰，其為文取明白曉暢，意頗與公同，至於博綜有用，則遠不及公，鄭端簡稱公好議論上下千古，尤熟國家典故政事，可否反覆，與大臣言官爭是非，其然則余之愧云，不獨文矣，不獨文矣」。明辨篤行，以天下為己任，原為儒家根本精神與態度，亦為我國政治思想之主流；此種思想，自孔子集其大成，七十子暨荀孟諸儒，繼承其道，發揚光大，修已安人，利民濟物，孔門四科，德行，政事，言語，文學，一本萬殊，明體達用。數千年來，持危繼絕，一種剛毅進取之精神，勇敢救世之態度充滿民族奮鬥之史頁，是乃正統儒家之本色，亦係中國民族偉大文化精神之所在。瓊山之學，乃係孔門政事之學，兼具言語、文學、德行之長，不攀援佛老，不偏重於心性，淵源於六經，發揮於實政，濟溺匡時，正視現實，有異於中明諸儒避世之風概，其旨趣抱懷，蓋欲闡揚儒家內聖外王之學，明道救時，以收治平之事功，登斯民於衽席，無如當國之年已逾七十，終以衰暮登庸，設施未竟，經濟抱負，謹託之於著述，後世惜之。四百餘年來，明清諸儒，或隨其學風，或囿於門閥，見仁見智，批評不一，惟對其明體達用之經世著作，與夫議論千古記誦淹傳冠絕一時之才華，莫不一致之推崇，如陳仁錫、陳宏謀、則宗其治術；王漁洋、胡應麟、則稱其史識；紀曉嵐，曾國藩、則推許其淵博；顧亭林則獨重其經濟。亭林，明末昆山人，身歷亡國之慘，力倡經世之學，以「好古敏求」，「行已有恥」，訓天下之士。所著日知錄及亭林文集諸書，對中明以後諸儒，頗多非議，惟對於邱瓊山之學術思想及經濟主張，如開海運，闢海埔，設墩臺，立輔鎮等，極為推許（見天下郡國利病書），其言「經學即理學」正與瓊山學旨遙相吻合，為清代經學開風氣之先河。黃梨洲，餘姚人，從學戢山，尊崇陸王，所著明儒學案一書，罪列明儒一百八十餘人，其中所謂「明儒」除康齋、河東、敬齋、三原、楓山諸門桃李之外，其餘多為世宗以後脫屣世事，出入禪宗之隱逸（見陳立夫先生，重編明儒學案導言十）。梁任公先生評為「黨人之見太深」，蓋姚江之學，繼陸子心傳，闡聖賢精義，盛極一時，頗能振奮當時之人心，然末流所趨，出入禪宗，流連忘返」，甚至「任心廢學」，「虛靈廢行」（高攀龍語），已非陽明當年清捆自勵，真知實踐之面目。該書姚江學案共十八章羅列心學門人八十餘位，而於瓊山之學，謹附數語，大儒論學，亦復出入如此，，殊不可解。昔者，王荊公變法圖治更革天下之庶政，宋史評為小人，梁任公作王荊公傳以辯其非，沉冤得以大白，茲乃不揣淺陋，綜合丘瓊山生平著作與思想，撰為本文，藉明一代大儒為學經世之用心，非敢效顰前人，蓋亦孔子各言爾志之意云耳。

三、著作述要

丘瓊山既以經世衛道自任，故其生平著作，便多以改革庶政，維繫儒家道統綱常為中心，茲綜合各書，分別述其概要，並就其所知附以版本，詳其存佚，以示一代大儒，對於學術文化之貢獻：

㈠大學衍義補　一百六十卷　另補前書一卷，目錄三卷，共一六四卷

宋儒真德秀，作大學衍義四十三卷，闡明為治之要為學之本，惟所衍者為格物致知，誠意正心，修身齊家，而治平獨缺。瓊山為闡明聖人大學之旨，乃採集子史經傳有裨治道之言，附以己見，纂述十年，成書一百六十卷，名曰：「大學衍義補」，以補前書之缺。舉凡歷代政教禮俗，典章制度，刑憲銓選，貢賦漕輓，鹽錢曆象，武備邊情，無不元元本本，博採旁徵，並參酌時宜，附以按語，以供輔政之考，成化二十三年書成。由禮部尚書周洪謨等七人，連表推薦之，次年弘治元年。孝宗嗣位，書上，奉旨嘉許，認為「考據精詳，論述賅博，有補政治」，特旨發福建布政司，轉發書坊刊行，是為該書利行之始，該書本旨，在瓊山大學衍義補序中有極詳明之闡述，序云：

「臣惟大學一書，全體大用之學也，原於一人之心，賅夫萬事之理，而關乎億兆人民之生，其本在乎身也，其則在乎家也，其功用極於天地之大也，聖人立之以為教，人君本之以為治，士子業之以為學而用以輔君，是蓋六經之總要，萬世之大典，二帝三皇以來傳心經世

之遺法也。孔子承帝王之傳，以開百世儒教之宗，其所以主教垂世之道，為文二百有五言，凡夫上下古今百千萬年，所以為學為教為治之道，皆不外乎是。曾子親受其教，既總述其言，又分釋其義，以為大學一篇，漢儒什之禮記中，至宋河南程顥兄弟，始表章之，新安宋熹為之章句或句，建安真德秀掇取子史經傳之言而填實之，各因其言，推廣其義，以名曰大學衍義，獻之時君，以立出治之本，以立為治之則，將以垂之後世，以為君天下者之律令格式也。然其所衍者，止於格物致知誠意正心修身齊家，蓋即人君所切近者而言，卻其舉此而措之於國家天下耳。臣竊以謂儒者之學，有體有用，體雖本乎一理，用則散於萬殊，必横之極其精而不亂，然後合四資之盡其大而無餘，是以大學之先，既舉其網領之大，復列其條目之詳，而其條目之中，又各有條理節目焉，其序不可亂，其功不可缺，亦有所不全矣。臣所以不揣愚陋，竊傲真氏所衍之義，而於齊家之下補以治國平天下之要。」又曰：「真氏前書，本之身家以達之天下，臣為此編，則又將以致夫治平之效，以收夫格致誠正修齊之功，因其所餘而推廣之，補其略以成其全，故題其書曰：「大學衍義補」云，非敢並駕前賢，以犯不韙不之罪也。臣嘗讀真氏之序曰，為人君者不可以不知大學，為人臣者，不可以不知大學，為人君而不知大學無以清出治之源，為人臣而不知大學，無以盡正君之法，……故臣之此編，始而學之，則為格物致知之方，終而行之則為治國平天下之要，宮闕高深，不出殿廷，而得以知夫邑邊鄙之情狀，草澤幽遐，不履城闉，而得知夫朝廷官府之要務，非獨舉其要，資出治者以御世撫民之具，亦所以明其義廣正君者，以輔世澤民之術也。」

弘治四年，瓊山以文淵閣大學士參預機密，復奏摘書中可行之事，擬交內閣議行，承旨報可，七年輔戶部尚書兼武英殿大學士，八年春卒於位，衰暮登庸，未能盡行其學，一展抱懷，論者惜之。嗣後歷正德嘉靖萬曆一百年間，明室衰落，朝綱不振，政治腐敗。弘治君臣，精勤謀國之忠況，慨然有感於瓊山當年謀國用世之忠忱，乃撰序重刊大學衍義補一書，頒行海內，作修政之典範。萬曆皇帝序云：

「宋儒真德秀，因為大學衍義，掇取經傳子史之言以實之，顧所衍者止於格致誠正修齊，而治平猶闕，迨我孝宗敬皇帝時，大學士丘濬，乃繼續引伸廣取未備，為大學衍義補，揭治國平天下新民之要，以收明德之功，采古今嘉言善行之遺，以發經傳之旨……成真氏之完書，為孔曾之羽翼，有功於大學不淺，是以孝朝嘉其考據精詳論述該博，有補政治，輔命刊而行之，朕祚踐以來，稽古正學經史諸書，博涉殆遍，卻因體究用，此書尤補衍義之闕，朕將細繹玩味，見諸實行，上遡祖宗聖學之淵源，且欲俾天下家喻戶曉，用臻治平，昭示朕明德新民圖治之致意。」

由於朝廷之重視刊行，各省書坊，廣為刊佈，一時朝野，莫不重視，該書今日在臺版本，國立中央圖書館尚存有以下數種：①弘治元年建寧刊本一百六十卷三十冊。②萬曆二十三年內府刊本一百六十卷四十冊。③建安書林鄭氏宗文堂刊本一百六十卷三十冊。④明閩刊黑口本一百六十卷三十八冊。⑤明刊白口十行本一百六十卷三十四闕。⑥明刊小字本一五九卷十七冊。⑦禎崇壬申長洲陳氏評刊本一百六十卷二十八冊。清人紀昀在四庫全書提要評稱：「濬博崇旁搜，補所未備，兼資體用，實足羽翼而行，且濬學本淹貫，又習知舊典，故所條例元元本本，貫串古今，亦復具有根底，其人雖不足重……其書要不為不用也」。又正德間，增城人湛若水作聖學格物八十卷，其書與衍義補相類，四庫全書提要云：「該書與邱濬大學衍義補相近，惟衍義補多採舊事以為法戒，此書引前言以為講習之助，二書相輔而行，均於治道有裨者也」。

明嘉靖年間大學士葉向高評曰：「三代以後以經國之業為文者，寥寥罕見，而相臣以文經國者尤不多得，至明代而有丘文莊公所著大學衍義補，於治國平天之道纖悉畢俱，皆為參酌前代，折衷時宜，人主行其說，可以萬世而無弊，公又遭逢柄用，當熙洽之，言雖不必盡行，然而黼座之經綸，諸曹之展設，卒不能出所條陳，蓋犂然炳然，其為經國之文，善得周官之意者矣」（重編瓊臺會稿序）。

按儒家之學修已安人，匡時淑世，大學三綱八目，明體達用，旨在發揮其內聖外王之道，從九經政治而進於公羊三世禮運大同之境界，博大高明，舉世無雙。可惜二千年來，漢唐之儒，雜老佛而兼施，宋明學者，侈談空洞之心性，溯聖道之本源，起儒學於衰蹶，講求富國強兵，經世理財，敦教化民之實務，成此一書，作輔政之範典，其忠君愛國濟世抱懷，誠為罕見，該書包羅廣博，自謹機微至成功化，貫串古今，元元本本，所謂科學精神，衛道精神，教世精神，義理之學，均兼而有之，不愧一代之鉅勢，歷代帝王經莚日講，均列為必讀之書。明清名臣陳仁錫、顧亭林、陳宏謀、程伊景、曾國藩等，莫人備極推崇，書中如鹽政之改革，海運之發展，河漕之督修，學風教化之獎勵，井田之折衷，刑罰之省恤，武備邊情之建設，夷落之制禦，尤能切中時弊。今者朝代更迭，制度嬗遷，然往古儒賢為政為學，化民成俗之理，則千古不易。吾人今日面對艱危，展讀遺編，得失成敗，尤不能出其條陳之疇範，惟以該書卷帙太繁，未克詳為闡述，僅附列其細目，以供讀者之參考。

大學衍義補總目（全書十二目一百六十卷）

治國平天下之要一

正朝廷

總論朝廷之政。正綱紀之常。定名分之等。

分賞罰之施。謹號令之頒。廣陳言之啟。

治國平天下之要二

正百官

總論任官之道。定職官之品。頒爵祿之制。

敬大臣之禮。簡侍從之臣。重臺諫之仕。清入任之途，

公銓選之法。崇推薦之道，戒濫用之失。

治國平天下之要三

固邦本

總論固邦本之道，蕃民之生，制民之產。
重民之事，寬民之力，慰民之窮。
恤民之患，擇民之長，除民之害。
分民之牧，問民之瘼。

治國平天下之要四

制 國 用

總論理財之道，貢賦之常，經制之義，市糴之令，銅楮之幣，山澤之利，征榷之課，傳算之籍，鬻算之失。漕挽之宜，屯營之田。

治國平天下之要五

明 禮 樂

總論禮樂之道。禮義之節。樂律之制，王朝之禮，郡國之禮。家鄉之禮。

治國平天下之要六

秩 祭 祀

總論祭祀之理。郊祀天地之禮。宗廟饗祀之禮。
國家常祀之禮。內外郡祀之禮。祭告祈禱之禮。
釋奠先師之祀。

治國平天下之要七

崇　教　化

總論教化之道。設學校以主教。明道學以成教。本經術以為教。一道德以同俗，躬孝悌以敦化。崇師儒以重道。謹好尚以率民。廣教化以變俗。嚴旌別以示勸。舉贈諡以勸忠。

治國平天下之要八

備　規　制

都邑之邑。城池之守。宮闕之居。囿游之設。冕服之章。璽節之制。輿衛之儀。曆象之法。圖籍之儲。權量之謹。寶玉之器。工作之用。章服之辨。胥隸之役。郵傳之置。道塗之備。

治國平天下之要九

慎　刑　憲

總論制刑之義，定律令之制。制刑獄之具。明流贖之意。詳聽斷之法。議當原之辟。順天時之令。謹詳讞之議。伸冤抑之情。慎青災之赦。明復讐之義。簡典獄之官。存欽恤之心。戒縱之失。

治國平天下之要十

嚴 武 備

總論威武之道。軍伍之制。官禁之衛。京輔之此。

郡國之守。本兵之柄。器械之利。牧馬之政。

簡閱之教。將帥之任。出師之律。職陣之法。

察軍之情。遇盜之機。賞功之格。經武之要。

治國平天下之要十一

馭 夷 狄

內夏外夷之理。慎德懷遠之道。譯言賓待之禮。

征討諂和之義。修攘制禦之策。守邊固圉之略。

列屯遺戍之制。四方夷落之情。劫誘窮黷之失。

治國平天下之要十二

成 功 化

神聖功化之極。

補前書一卷。誠意正心之要。

審 機 微

謹理欲之分。察事機之萌動。防姦萌之漸長。炳治亂之幾先。

㈡世史正綱　三十二卷

此書為丘瓊山本朱子綱目與儒家立場，論列歷代正統偏全之著作，史學之價值甚高；明人王世貞，譽為孔子春秋，朱子綱目以後之鉅著，書起自秦瀛庚辰至滅六國，修於明弘治元年戊申之春，共一千六百二十一年。

據瓊山稱：「世史正綱，曷為而作也，著世變也，紀事始也，其事則紀其大者，其義則明夫統之正而已。非道非義功利雖大弗取也」。

他所謂道義正統之旨「在嚴中外之分，立君臣之義，原父子之心」，復申其義曰：「夫中外之分其界限在疆域，中中外外正也，中不中外不外則人類淆。世不可以不正也，君臣之義其體統在朝廷正也。君不君臣不臣，則人紀墮，父不父子不子，則人道乖。家不可以不正也。本家以立國，正國以處世，而一歸於人心。道義之正，則人極以立，天地以位，人類不亂於禽獸，禽獸不敢以侵人」。

又曰：「人之所以為人者，相生相養，名盡其性，各全其命，一順於道義之正而不苟於功利之私，則所謂雍熙太和之世也，人既得其所以為人，物亦得其所以為物，天由是而得以為天，地由是而得以為地，則人君中天地而立，為人物之主者，其責盡矣」。

瓊山所謂道義正統之傳，該書有極嚴格之限制。如曰：「臣非有舜禹之聖，決不可以言禪，君非有桀紂之暴，決不可以言伐，君雖不及太甲，臣非有伊尹之志，決不可以言放，非為天吏，決不可以興問罪之師，非奉天討，決不可以清君側，事雖至於無可奈何，非濟天經，決不可用權宜之策。天冠地覆之分必嚴，水木必源之心必罵，如是則人義立矣」（世史正綱序）。千古君臣大義，民族正氣，國家綱常，莫不淋漓盡致之發揮。

明代建文失位，永樂藉清君側以逞篡奪之謀，中明英宗北狩，復殺于謙而復辟，雖曰一姓之傳，終傷綱常紀雍熙太和之氣，明史對此，尚乏嚴正之筆，此書所謂非奉天討，不得以清君側，大義微言，頗寄諍諫之意，不以專制淫威而輕春秋之旨。

清人王漁洋稱：「丘文莊作世史正綱立論嚴正」，又曰：「唐末朱溫身為篡弒，盡殺昭宗諸子以奪神器，當時潘鎮正義聲討，名正言順者，惟河東耳，通鑑書寇與諸葛武侯寇蜀同，不知溫公劉道原范淳父輩當時有何所見，好惡偏僻一至於此，如非新安綱目，瓊山世史正綱改書為討，則君臣大義，將泯滅於天地之間矣」。其立論嚴正可見一斑。

清室以外夷入主中國，凡有關闡揚民族大義之書，悉遭禁忌，世史正綱以嚴中外華夷之分而遭受毀板，今日在臺可考者，僅有國立中央圖書館所存，明弘治元年刊本三十卷十冊，及明嘉靖癸亥孫應鰲秦中刻本三十卷二十四冊兩部而已。

㈢朱子學的二卷　四庫全書著錄

朱子學的一書，系瓊山廣輯朱子生平闡明聖賢經傳之言，釐訂成編，依楊龜山「學以聖人為的」之意，名為朱子學的，全書分上下二卷，上內分下學、持敬、窮理、精蘊、須看、鞭策、進德、道在、天德、韋齋等十篇，下卷分上達、古者、此學、仁禮、為治、紀綱、聖人、前輩、斯文、道統等十篇，蔡衍銑序稱：「上編自下學以至天德由事而達理，而終之以韋齋，所以紀朱子之生平言行，猶論語之鄉黨也，下編自上達至斯文，由理而斯事，而終之以道統，所以紀濂洛關閩之所由來，猶論語之有堯曰也」。

瓊山自稱：「該書上編耑言敬，下編言仁義，終編序道統」。又曰：「儒者之學，學所以至乎聖人之道也。其要莫先於為人之辨，大學一書為己之學，欲為為己之學，必先效法於人，而用功於己，其用功之要，程子所謂涵養須用敬，進學則在致知是也。以此立志用功，循序積累則知與行俱進，心與理昭融，中外本末，隱顯精粗，一一周全，是則儒者之學矣」（學的後序）。

按朱子平生著述，多為疏註經傳，闡明聖賢之旨，未嘗自為一書，所註四書五經，在元明清三代，均定為士子教科，著之律令，成為民族經典，經數百年而不替，亦為朱子為學精神之四斤在，「朱子學的」，為即繼述朱學之道統，惟世之言朱學者，每以朱子語錄為依歸，不知語錄為門人湊集朱子講學之言而成，其中尚有朱子前年未定之言，據朱子門人黃勉齋文集題晦翁語錄稱：「先生歿其書乃出，紀錄之言未必盡得其本旨」。勉齋為朱子女婿且係入室弟子，所述當非虛構，清人王白田，作朱子年譜，對此亦曾在序文及考異卷四中詳為論及。

紀昀四庫全書朱子學的提要評稱：「濬闡朱子之言以示學者，即仿朱之編「近思錄」及小學之體足矣，何必摹擬論語，使之貌似人聖，況揚雄黃通之僭經，朱子嘗深譏之，是篇豈朱子四斤樂受乎。」觀此當知朱子學的一書，有繼述朱學道統之貢獻。中明以後陸王心學特盛，朱學式微，該書致未廣為流傳，是亦學風嬗變所致也。

㈣家禮儀節八卷　四庫全書著錄

家禮使節為瓊山箋釋，朱子家禮之作。據瓊山稱：「家禮一書原為朱文公因溫公書儀，參以程張之說以成書，實萬世之寶典」，又據黃勉齋文集嘉定丙子書晦庵家禮稱：「文公晚年討論家鄉候國王朝之禮，以復三代之墮典，未及脫稿而先生歿，此百三六之遺恨……趙君師恕，之宰餘姚，乃取是書鋟諸木以廣傳」，後世說者謂家禮非文公所作，殊有失考。據瓊山稱：「家禮一書，因禮文深奧，而其文未易行，是以不揣愚陋，竊取文公家禮本註，約為儀節而易以淺近之言，使人易曉而可行，將以均諸窮鄉僻壤之士」。又曰「禮之在天下，不可一日無也，中國之所以異於殊方，人類之所以異於禽獸，以其有禮也……成周以禮持世，上至王朝以至於士庶人之家，莫不有二體，秦火之厄，所餘無幾，漢魏以來，王朝郡國之禮、雖或有所施行，而民庶之家，則蕩然無餘矣」，夫儒教所以不振者，異端亂之也，異端所以肆行者，以儒者失禮柄也。遂為異教所竊弄而不自覺，陰竊吾喪祭之土苴，以為追薦禱禳之事，而世之士大夫能文章經術者，亦甘心隨其步趨，遵其約束而不以為非，……竊以家禮一書，誠闢邪說，正人心之本也，使禽對之人誦此書，家行此禮，慎終追遠有儀，儒道豈有不振哉」。（家禮儀節序）

可知瓊山家禮使節一書之作，乃為闡儒道，以正禮俗綱常有功世道實非淺鮮。

㈤重編瓊臺會稿　二十四卷　邱爾穀、邱爾懿編訂　四庫全書著錄

瓊臺類稿　五十卷　何喬新編訂

瓊臺會稿 十二卷 鄭廷鵠編訂

丘瓊山生平所作詩文甚富，惟刻本不一，此書二十四，係經四度之整編，初為門人全州蔣冕刻其詩曰吟稿十二卷，何喬新又彙其記序奏合編為類稿五十二卷嘉靖三十二年復由江西提約學副使鄭廷鵠合二稿所載，益以所得寫本，釐為十二卷刻於洪都，名曰瓊臺會稿，萬曆年間，南京禮部尚書定安人王宏誨及瓊山之耳孫丘郜，再度整編曰「重刻瓊臺類稿」七十卷，天啟初，瓊山之七世裔孫，貴縣知縣邱爾穀，鳳易知縣丘爾懿兄弟，選類稿十之二，增會稿十之三，並吟稿合刻，以成此書，曰「重編瓊臺會稿」二十四卷，雖不及類稿之完備，惟淘汰頗嚴，菁華俱在，足以概括瓊山之著作。迨清初，康熙四十七年，分巡雷瓊崖道，陝西人焦映漢，瓊州知府直隸人賈棠，復選輯瓊山部分詩文與海忠判詩文合編為丘海合集十七卷，然其內容篇什，有異於會稿者多矣。四庫全書提要評稱：「濬記誦淹博，冠絕一時，文章爾雅，有明一代，不得不置作者之列。」鄭廷鵠臺會稿序稱：「先生之學，以紫陽為宗，讀書窮理以究極聖賢之精蘊，可謂博矣，然其志以身致太平為已任，故平居著書，必事事判為區劃，判為可行，其立朝不干名勢，介然以清節自勵，非所謂根本盛大，故文章事業，交暢並茂耶。至今，四方之人誦先　生之書，歛容起敬，雖牧豎樵叟，罔不知名，故茲稿誠不可不刻也。」該書在臺版本，有國立中央圖書館所藏，鄭廷鵠洪都刻本瓊臺會稿十二卷六冊，兵爾穀爾懿兄弟啟刻本重編瓊臺會稿二十四卷，十六冊。

㈥瓊臺詩話　二卷　全州蔣冕輯

此書瓊山之門人，正德年間大學士全州蔣冕所編，清乾隆時，國子監學正瓊山縣人王時宇校刻，舉人馮驥聲再校。所選詩話，甚為精彩。

㈦鹽法考略　一卷　錢法纂要　一卷　見沅編廣東通志

按鹽法錢法兩書，即大學衍義補制國用一章中之兩篇，為研究鹽錢制度得失之著述，甚為講經濟者所重視，故有專刻本行世。

㈧平定交南錄

永樂元年安南王陳日焜為黎季犛所殺，復誘害明使及陳氏孫陳添平毀滅儒教，明乃命成國公朱能率師南征，朱能卒，右副將軍張輔代總其兵，六年班師，封英國公。瓊山成是錄時，年已六十六，明室已棄安南，追敘英國公當年南征之戰績，全文約五千言，雖已編入瓊臺會稿十四卷下及丘海合集第七卷。惟明清以來，民間單行本仍不下廿餘種，文章雅麗，為瓊山最精美之古文篇什。歷朝板本細目，見郭廷以中越文化論集，明人選入明朝小說大觀，臺北啟明書局曾有影印本刻行。

㈨戲曲　投筆記　四卷

按丘瓊山所作戲曲，計有五倫全備綱常記（簡稱五倫記）設筆記、舉鼎記、羅囊記等四種。五倫記一曲，據王世貞藝苑巵言評為「道學氣味太澇，不免腐爛」，蓋瓊山為一衛道君子，五倫之作，似為述人倫五常之道，觀其曲中登場人物，如「伍典禮」，典禮之二子，一名「倫全」，一名「倫備」，友人之子名稱「克和」，完全在乎發揮道學訓俗之意。致文藝之評價不高。羅囊記一曲，在胡文煥群音類選中，僅選錄其數齣。舉鼎記亦僅有傳鈔本半部傳世，均無刊本流傳，姑置不論。投筆記一曲，板本最多，歷代所傳，計有富春堂本，世德堂本，羅懋登本，仲雪批評本。或作二卷或作四卷。羅本在民國二十五年，上海世界書局，曾編入鄭編文庫，近日臺北啟明書局改編為世界文學大系。全曲以班超投筆從戎全忠孝為鋠題，計四卷卅九出，情詞激昂壯烈，不論在文藝觀點或民族民學觀點視之，均享極高之評價，按元明名曲，如西廂記，牡丹亭，長生殿，燕子箋等，多係紀述兒女悲歡離合之情。或因情節曲折，或以文詞艷麗見稱，其能以激昂慷慨之筆，敘述民族英雄，開拓疆土，揚威國外，壯烈英勇之事蹟者，不可多得；此中國文學所以仁柔文弱缺少豪邁磅礡之氣，不足激揚民族奮鬪精神，一遇外侮，便蒙挫折，不謂無因。

班超字仲升，漢扶風人，漢明帝永平十六年奉使西域，懷柔外夷，居留西域諸國者二十餘年，先後服匈奴收鄯善、焉耆、龜茲、沙車諸國，使國威遠播，外夷臣服，封定遠候，垂功千古，此種民族英雄偉大事蹟，得投筆記一曲之流傳，千載下讀之，尤足令人興崇敬之忱，誠傑作也。

㈩**史略　二卷　見明黃佐廣東通志**

按是書郡邑志乘，均未著錄，即粵中藏書家，亦無刻本，至清季光緒末，瓊山縣優貢樂昌訓導王國憲乃從袁王各家史鑑中，所有瓊山史評學說手自鈔錄編為二卷。

上列各書為邱瓊山個人私家著述，至於奉旨參修官書文獻尚有以下數種：

㈠寰宇通志　一百一十九卷

見明史藝文志

按景泰甲戌瓊山廷試二甲第一，是科選翰林庶吉士者十八人，瓊山為首，被命與修寰宇通志，大學士高穀為總纂邱瓊山為纂修，七年通志成，高穀普太保瓊山陞授翰林院編修。

㈡大明一統志九十卷

見明史藝文志四庫著錄

按英宗天順二年詔修大明一統志，命李賢為總裁，彭時呂原為副總裁，丘瓊山為纂修，該書內容在瓊山擬進大明一統志表中可見其梗概，表稱：「寰宇記之作於宋，略而未明，大統志之述於元，泛而失實，肆我聖祖，嘗命儒臣，維采錄之有餘，尚編輯之未既，時如有待，事言偶然，恭惟皇帝陛下，聰明先物，神聖自天……光昌祖武，弘連天休，凡聖賢經世之圖，咸留睿覽，於祖宗待成之志。尤軫宸衷，謂此輿地之書，關係甚大，特詔文學之士纂述是司，授成命於九重，考遺編於千古，上及聖經賢傳，下及水志山經，發中秘之所藏，萃外史之逌掌，遍閱累朝之史，旁蒐百氏之言，與夫羽陸宛委奇文，汲家酉陽逸典，玄詮梵藏，小說方言，靡不網羅，舉皆蒐采，綴貫群航籍，約為成書，義類凡例，悉有依據，信疑是非，一加訂正，首辨方州之城，次推星野之分……山川形勝之殊，風俗物產之異，罪徒儒道，而二氏兼收，不獨華風而四夷亦附，所以貢聖道之咸容，示是威於無外，比之前志，允謂全書」，該書四庫全書提要認為蕪什，但包羅廣博，仍不失為明代重要之文獻。

㈢英宗實錄　三百六十一卷

見明史藝文志

按天順八年，詔命詞臣，纂修英宗實錄，瓊山充任纂修，成化三年八月十四日成，陞侍講學士，書起自正統丙辰至復辟後天順甲申，前後共二十二年，中附景泰七年事略。

㈣續修宋元綱目　二十七卷

見明史藝文志

按成化十三年，瓊山丁憂服闋，仍為侍講學士，奉詔續修宋元綱目，書成陞翰林院學士，十六年加禮部侍郎。

㈤憲宗實錄　二百九十三卷

見明史藝文志

按弘治元年詔修憲宗實錄，少傳劉吉尚書徐溥為總裁，少詹汪諧與瓊山為副總裁，瓊山且兼總纂，治四年實錄成，加太子太保，陞文淵閣大學士入閣輔政。英宗憲宗二實錄，為明十三朝實錄之一部份，中央研究院史語研究所存有全書，現任助理研究員吳緝華先生正從事負責校勘中。

四、學術淵源

邱瓊山之學，包羅甚廣，其思想淵源，似頗不一，說者謂其讀書窮理，闡道匡時如朱子，側重事功，實用重行，通變事物似永嘉，議論千言，言政談兵如同甫，天人合德如周子。予以為瓊山之學，似以紫陽為宗，以永嘉為用，融理性功事之學於一爐，以構成其體用兼賅之經世主張，茲分述於后：

㈠丘瓊山與朱子

邱瓊山生平著作：如朱子學的，家禮儀節，均為闡揚朱子之言，作大學衍義補，係補朱學大家真西山之全功、世史正綱論正統偏全係依據朱子綱目以申其義，故中外學者，咸以瓊山為朱子學派。

日本漢學戲家青木正兒在其所作中國文學史概說一書中曾稱：「明成化弘治的丘濬，是以大學衍義補見知於世的朱子學大家，可是他也作了幾種戲曲」。

日本南華問題專家小葉田椁（前臺北帝大教授）曾作海南史稱：「邱濬為一純粹朱子學者，有卓越之經濟才略，為明孝宗朝之賢相」。

鄭廷鵠作瓊臺會稿序稱：「先生之學，以紫陽為宗，讀書窮理，以究極於聖賢之精蘊」。

丘瓊山在瓊臺會稿中，有關論學述言對朱子文公，尤為推崇如云：「竊六經之道，始於伏羲畫卦，歷二帝三皇之世，數千年至孔子而書乃成，孔子歿其微詞奧義幾絕，又歷漢唐宋千數百年之間，至朱子而義乃明。（邱瓊山會試錄序）

『朱子者出，斯道乃大明於甌閩之間，使天下後世，知有聖賢全體大用之學，帝王大中至正之道，萬世行之而無弊者，其功大矣』。（丘瓊山道南書院記）

「朱子承周程之傳，以上接孔孟千載之緒，其所著述，於易有本義，於詩有集傳，於四書有集註章句，於資治通鑑有綱目，其門弟子又編次其並平日與門人答問之語類，宛如孔氏之家法也」。（邱瓊山玉溪師傳錄）

依上文所述，則瓊山之學，靡特以朱子為宗且享極高之評譽，朱學，前人稱其「致廣大，盡精微，綜羅百家」，中心思想，為誠意正心，讀書窮理，明天理人欲之分，主居敬持志之義，（黃勉齋朱子行狀），偏重於內在之修省。而瓊山之學，講究內在修者，如序大學衍義補云：「前書主於理而此則主乎事，文兼雅俗，事集儒吏，其志蓋主於眾人易曉，而今日可行」。又序家禮儀節云：「禮文深奧，而其事未易以行，以不是揣愚陋，竊取文公家禮本註，約為儀節，而易以淺近之言，使人易曉而可行」。

瓊山著書立說，所以主張「易曉可行」蓋在要求實用，表現經世之事功，如稱：

「文德文功，必相為用，學校者文德之所出也，於此明倫，於此講道，於此同風俗，於此造人才，出征則於此受成，振旅則於此獻馘，鄉則於此飲酒，射則於此比耦，凡歲時禮節，帥民讀法之類，咸於此焉行之」。（丘瓊山梧州府廟學記）

「時平則服勞樹蓄，以事其父兄，患至則衛之如手足於頭目，知尊君死長之義，平時則趨事赴功，以奉其長上，臨難則衛之如子弟之於父兄，夫然則學校之設，不但聚生徒以講學，育人才以需用而已」。（丘瓊山高州府學記）

事事判其「易曉可行」，處處注重事功之表現，是乃浙東永嘉學派之宗旨也。

㈡丘瓊山與永嘉學派

與朱子同時同受二程影響之學派，有浙東永嘉學派。永嘉之學，主張將理性制度融於一爐，折衷古制，注重實行，求事功，講實用。其主要學者有葉適，陳傅良、薛季宣。茲舉葉適以代表。

葉適字正則，學者稱水心先生，處南宋偏安之局，主張開邊整兵減賦使民。全祖望稱其「天資高放，學術會總為宋陸二派，而水心斷斷其間，遂成鼎足」，（見宋元學案）其地位與影響，可以想見，葉適之學旨主張：

「盡乎性命，下達乎世俗」，（水心覺齋記）

嘗言：「古聖賢之治天下至矣，其道在於器數，其通變在於事物」。「水心別集五」又言：「正誼不謀利，明道不計功、初看極好、細看全疏漏、古人以利與人，不自居其功、故道義光明、既無功利，則道義乃用之虛語」。

邱瓊山作大學衍義補序，自謂「前書主於理，此書主於事」，「前書為體，此書為用」。其思想體系是「謹幾微至成功化」。所謂「謹幾微」，便是水心所言之「上達乎性命」，亦即朱子理性之學，天理人欲意念之選擇。朱子云：「一念之頃，必詳而察之，無一毫之私欲，以介乎其間」。所謂「成功化」，便是「下達世俗」之事功，從謹幾微至成功化，是欲發揚光大內聖之道，由而著之經國大計，治平功業，正如董仲舒所謂「正心以正朝廷，正朝近以正百官，百官正則四方不敢不正」之意。

宋明諸儒，侈談性命之學，不務天下之庶政，學者病為空談。漢唐學者，斤斤於文武庶政之道，忽略聖賢理性之義。故學者目之為霸術。丘瓊山繼承紫陽朱子理性之學，旁取永嘉諸儒通變事物側重事功之理，融理性事功之學於一爐，明辨篤行，以補歷代儒家偏枯虛浮不實之缺陷。

程朱教人為學之始在「主敬」，謂「涵養須用敬」，水心則主張為學之始在於復禮，謂「復禮而後乃敬」；蓋敬是內在之涵養，限於自身，禮是外在之實行，貫通世務，敬是私人之事，禮是社會之事，故水心為學起點重在外在之實行，正是邱瓊山「易曉可行」淵源之所在。

邱瓊山曾云：「濬生遐方自少有志於禮學，意謂海內文獻所在，其於是禮」，（家禮儀節節序）又云：「孔門教人以仁為先，求仁之安，由禮而入，言禮則敬在其中矣」（朱子學的後序）。敬在禮中，正是永嘉學派有異於程朱之旨趣，朱子之學，不競競於事功，陳同甫學承二程兼言事功，朱子評為「王霸兼施」。永嘉之學，不斤斤於理性，尤在發揚理性之精義，以見之於實務。而邱瓊山則取兩者兼二後有之。後人各囿於學派之成見，是丹非素，評議瓊山之學為不純，究未體會其學術包羅廣博之所在也。

五、思想概觀

丘瓊山之學既包羅廣博，故其思想便係兼容並蓄，源遠流長，朱陸門牆，雖未見其獨到專精，然對於聖賢體用之學，政治經國之計，極能綜括無遺，自成體系，大學衍義補一百六十卷，自謹幾微至成功化，貫融百家之思想，廣徵歷史之法戒，已足見其包涵之偉大，茲特參酌時宜，舉其概要，雖不敢以偏概全，然百川分流，亦可見其浩瀚之一斑也。

㈠哲學思想

①天人合一觀，瓊山之宇宙觀，是「天人合一」，與程子仁者與天地萬物一體之義相師承，如世史正綱序云：

「能承天之意，則能受天之命矣，受天命者必奉天焉，君秉誠以事天，天垂象以示君，必致夫精禋感格之誠，必謹天象緯災祥之故，如是則天人合一矣」

「民之生也性天之理以爲心，形天之氣以爲其身，心有不明，君必明之，俾天之理不爲物所蔽，身有不安，君必安之，俾天之氣不爲物所戕……爲乎民，所以承乎天，承乎天，所以安其位也」。

「人之所以爲人者，相生相養，各全其命，一順於道義之正，而不苟於功利之私，是則所謂熙太和之世也。人既得其所以爲人，物亦得其所以爲物，天由是而得以爲天，地由是而得以爲地，則人君中天而立，爲人物之主者，其責盡矣」。

天人感應，相生相成。構成雍熙太和之世，未免含有宗教之意味，然天人相生之義，仍為儒家思想之重要部份。所謂「儒者之學下學人事而上達於天理」，天理人事互為因果，如云：

刑官民命所繫，一不得其人，則一郡之民有橫罹非命者矣，一人非其命，則感傷天地之和，而召旱暵之災，災仍則歲歉，歉則民不聊其生，是則郡之治教雖總於守，所以輔其治，弼其教，召和氣致豐年，則本於司刑之官也。（邱尯山贈潮州張推官序）

②知行概說，知行之說自古紛紜，傳說答武丁謂，「知易行難」，國父則稱為「知難行易」，王陽明則主張知行合一，丘瓊山則認為先知後行，知行不可分開，如云：

「粵自古聖賢爲學之道，帝王爲治之序，分必先知而後行，知之必明其義，行之必舉其要，是以欲行其要者，必先知其義，苟不知其義之所在，安能得其要行之」。（丘瓊山大學衍義補序）

「以此之立志用功，循序積累，則知與行偕進，心與理交融，中外本末，隱顯精粗，一一周全，是則行者之學矣」。（丘瓊山朱子學的後序）

③「心」「理」「氣」之發微　丘瓊山對心、理、氣，諸說，不妄闡述，然其陳義，頗為精闢，如云：

「夫君子之處世，固不可以有有其心，亦不可以無其心，虛者其應物之要，敬者其守身之本，持是二者，大而天下，遠而異域，無所如而不可矣」。（丘瓊山鏡喻送李景修）

「天地生人，畀氣與理，理具一心，氣充百體，心有所令，體則從之，把握運用，弗假兵威」。（丘瓊山王竑尚書碑銘）

「心之在人，在內而不在外者也，爲主而不爲客者也，命物而不命於物者也」。（尪山心師軒序）

「時日將夕，歸而坐諸軒間，四窓洞開無人，萬籟無聲，歛容端視，至於夜半，俗氣盡消，萬慮盡泯，而清朗之氣，澄澈光朗，但覺靈臺之中，凜凜乎如嚴師在焉，德容尊嚴，冠覆整肅，可敬可畏，謦欬不聞，言動中節，可觀可法，琴瑟在前，不敢逾越，夏楚在側，不敢違犯，頓然悟于寬所以名軒之意也有所自也」。（瓊山于寬師心軒詩序）

「在知後行」、「靈臺有主」，實為丘瓊山哲學思想之灼見，此種「靈臺有主」之思想，於瓊山逝世十六年後，竟成為王陽明夢中大悟的聖人之道，倡為「致良知」之說。而至風靡一時，「先知後行」、「知行俱進」之理，亦成為近代思想之主流，均為瓊山四百七十年前所夢想未及者也。

㈡政治思想

①誠心實政　岳瓊山之政治思想，為純粹儒家「誠心實政」，主張以至誠之用心，成天下之實實政，反對法家權術運用，如云：

「問羊知馬，機關鍵閉，昔之人，固有用之以成名者矣，君子不敢也，深文巧詆，刺骨熸膚，昔之人，亦有任之以爲治者，君子不取也，蓋用知智者，術數有時而窮，任威者刑罰有所不能加，若夫時簡以臨民，正容可以悟物，儲精蠖護之中，可以逆鳌三

神，談笑樽俎之間，可以所銜萬里，常之者意銷，遇之者心醉，其惟乎誠乎」。（邱瓊山送鄭鈞州序）

②民本觀念　瓊山之民本思想至為強烈，如贈廉州祁知府序云：

「君行矣，其體朝近愛養之元之心，憫此窮困之殘民，食之飲之衣之被之，胸如之，保障之，仕養生息之，内其骨，翼其卵，父母妻子其血屬，隴畝其汙萊，棟宇其荊棘，使之復有生之樂，而重得爲太平之民」。

「今之爲民父母者，從冒父母之名而不能盡父母之道，而徒欲責民之盡子道以事乎我，難矣，父不慈，子不可以不孝，在天屬則然也，吏之於民非天屬也受君耳，受命而來，居其位以子乎民，民父母我，我不能用君之以命子之，且虐之焉，一旦辱其命以畀他人，則我塗人也，前則父母我，後則塗我。爲民父母者，可不思所以盡其道哉」。（丘瓊山補堂記）

③反對官僚作風　明代基層政治，鄉官害民，貪污暴虐，司空慣見，由是民變時起伏，朝廷不可為力，邱瓊山對此種官僚腐敗作風評擊尤力，如云：

「予嘗觀世之爲長吏，知有位勢而不知有禮，知責人而不知正已，僅得一官，自視哆然，視民如草芥，視士如仇隙，獨不念吾之祖若父，亦齊民，吾之身亦嘗爲士，吾以人而治人，易地則皆然耳。（丘瓊山送富春韋知縣序）

「世之仕州縣者，頗多以魚肉視其民，民用是亦視之以寇讎，一旦解仕而去也，如騎

虎而得下，而民之幸其去，如負芒而得釋。（丘瓊山送穎州高同知復任序）

④輕賦重農　瓊山輕重農思想至為濃厚，如云：

「願仁聖在上，思王業之所本，念小民之所依，禁游惰，則爲之者眾，省徭役則不奪其時，減租賦則不罄其所有，是雖不下憫農之詔，而人皆知其憫念之心，不設勸農之官，而人皆受其勸農之惠」。（大學衍義補重民之事）

「一書之間（指周官），設官分職，其間爲農事者不一而足，或以巡穡稼，或以簡稼器，趨其耕耨辯其種類，合耦以相助，移用以相救，三年大比如興賢能焉，無非爲農事而已」。（大學衍義補重民之事）

重農之旨，輕賦之外，尤須不違農時，不防農事，如云：

「君之所以治者以民，民之所以生者以食，食之所以是者以農，農時不違其乃足」。（邱瓊山大學衍義補重民之事）

又云：「小民之所依在乎穡稼，爲人上者烏可縱己之所顧以防農事，而使之失質對所依哉」。（丘瓊山大學衍義補重民之事）

㈢經濟思想

①土地政策　我國古代土地政策，咸遵周官井田之制，自秦併天下井田之制廢，民得買賣，由於富者連阡越陌，貧者窮無立錐。二千年來，限田均田以及口分世業之法，皆未果行，人民由是受土地之集散，隨土地之變動而變亂，唐宋以後海運勃興，商業抬頭，農業資本漸

受官僚資本與商業資本雙重之壓迫，土地之集散變遷益烈，造成一千年來，政治不安，民變相乘，禍亂不止之局面，明代王莊官田，遍及各省，憲宗以後生口日繁，官民田地之糾紛益烈，明初方正三定曾主張「師法井田之意，使人人有田，各附公田，通力趨事」，惟未果行，邱瓊山對此問題主張「聽民自便，『因其已然之俗』限制將來」，因俗制宜頗切當時之需要，與今日臺灣土地政策之本旨，暗相符合，如云：

「井田既廢之後，是以貧富不均，一時識治體者，咸慨古法之善，而卒無可復之理，於是有限田之議，均田之制，口分世業之法，然皆議之而不果行，行之二後不能久，何也，其爲法雖各有可取然，不免拂人情，而不宜於土俗，可以暫而不可以常也，終不若聽民自便之爲得也，必不得已，創爲之制，創爲之制，必也因其已然之俗，而立爲未然之限，不追咎其既往，而惟限制其將來，庶幾可乎」。（丘瓊山大學衍義補制民之產）

「必因已然之俗，而立為未然之限，不咎其既往，而惟限制其將來」乃為折衷制之一種溫和手段，與今日臺灣耕者有其田之制度精神，正相契合。

②發展海運　明自永樂以後，遷都幽燕，惟國用仰給，仍靠江南，而會通一河，時疏時塞，兵食供應，時虞匱乏，丘瓊山乃是海運之主張，海運論之要點云：

甲、海運之法自秦有之，唐人亦轉東吳粳稻以給幽燕，元人用之以吳國，今國家都燕，處極北之地，而財富之入，皆自東南，會通一河輪輓耗費，自古轉般，以鹽為傭具，今則專役軍伕長運，歲歲常運，儲積之糧雖多，而征戍之卒日少，食固足矣，如兵之不足何。

乙、請於無事之秋，尋元人海運故道，一旦漕渠滯塞，此不來而彼來，是亦思患豫防之先計也。

丙、尋訪慣行航海漁民鹽丁，優給驛遣，重尋沒海曲折深淺之道，許以事成給以官賞，造成圖策，然後崑山太倉起蓋船廠，差官將工部原派船料，造為尖底船隻配軍押運，許以私貨附搭，千擔附百於直沽立一宣課收貯，以為造船材料之費，既富國用，復減軍伕以還隊伍，兵食兩足，而國家復有水戰之備，可以制復邊海之夷，誠萬世之利也。（丘瓊山大學衍義制國用）

此策既上，朝議稱許，八十年後隆慶間，民變相乘漕運益苦，漕途總督王宗沐鑑於漕運之糜費，乃重申其義，條陳海運十二利之策，幽燕國用兵食，始得稍紓。（見顧炎武天下郡國利病書卷十六）

③開闢海埔　我國沿海各省地區，主張「特委心計大臣，依虞集之議，循行沿海一帶濱海郡縣，征募丁夫，築堤捍海，劃界為田，隨宜相勢，分疆定畔，因其多少，授以官職，如此則民資其食，國家坐享其富盛矣」，今日政府在臺灣、新竹各地設置海埔新生農業實驗場，蓋即師法先儒之意也。（丘瓊山大學衍義補制民之產）

㈣教育思想

①讀書窮理　丘瓊山之學，淵源朱子，故其教人為學，亦以讀書窮理，究極聖賢之道為

中心。瓊山曾云：「科舉興草澤無逸儒，儒之書，如四書五經。非不盛行於時，然孜孜講究者，惟用於文詞以假途榮宦，不仕而能究心於聖賢之學者，蓋亦鮮矣」。（蘭湖先生哀詞）又云：「今之學者，無師授而欲舍讀書以窮理，吾言其泛無歸宿矣」（學的後序）所謂「泛無歸宿」之一詞，蓋係針對當時空談心性之學風而發也。所謂讀書窮理，乃是繼述朱學道統以發揮其經世致用之主張如云：

「書之功用大矣，由一理之微，而可以包六合之大，由一日之近，而可以盡千古之久，由一事之約，而可以兼萬物之眾，聖人沒也久矣，而道德萬古如見，事業終古常新，合千萬世之心術，聚千百世之治跡，傳千二禺世之理道之理道，皆於書是賴，……書之在天下，自五經而下，若傳若史，若諸子百家，上而天，下而地，中而人與物，固無一事之不具，無一理之不賅，學者誠即是而求焉，則可以貫三才，兼萬事萬物之理，儒之道其在是矣，由是而變化氣質開明心志「崇廣德業，析其精而至於不亂，合其大而極於無餘，會其全而備於有用，聖賢之道，夫豈外乎是哉」。（丘瓊山石室藏書記）

②文武合一　古代教育六藝俱全，文武合一，非徒詩書禮樂，專講文事而已，自兩宋以後文武分途，甚至重文輕武，教育之宏效逐衰，丘瓊山對於教育之思想，含有強烈民族精神，兼具文武合一之意識，如云：

「文德武功，必相爲用，學校者文德之所從出也，於此明倫，於此講道，於此同風俗，於此造人才，出征則於此受成，振旅則於此獻馘，鄉則於此飲酒，射則於此比耦，舉凡歲時禮節，帥民讀法之類，或於此焉行，開人心忠孝之天，立國家紀綱之地，扶世教於不墜，廣材用於無窮，作士氣於萎靡之餘，折理謀於萌芽之始，斂強悍之氣，以囿之道義之區，斯又其微意所在焉」。（丘瓊山梧州府縣廟學記）

③安貧樂道　儒家教育之理想，端在造成高尚人格之修養，以不汲汲於富貴，不戚戚於貧賤為抱懷，瓊山之世，八股荼毒，士習衰頹，每對師儒論學，常以安貧樂道用相倡導，故其生平，筮仕四十年，位玉殿閣首輔，自處如韋布，如送霍仲淵司訓序云：

「位有尊卑，道則尊而未當卑，祿有富貧，學則富而未嘗貧，師儒為業，以道自任，自三皇五帝以來，凡其所具之仁義禮知，皆吾性之所有，有之則三公之位，不能踰也，學自六經子史，下至百家之言，凡布於方策載籍者，吾不一而不究，究而有之，則萬鐘之富未足多也，苟道則尊，而吾方戚戚焉，以嗟卑為念，學則富，而吾方汲汲然以憂貧為心，則失其所尊富者矣，蓋嗟卑則屈抑苟殘，無所不為，憂貧則需求乞貸，無所不至，舉世學校教官之通患也，仲淵其勿似之，有以自尊而不在於爵位，有以自富於不在於貨財，非獨以此自尊富而屈於人，且用是以施教於人，使凡在我仕誘之下者，皆知天下有自尊自富之道，出於爵位之外者，庶不忝於師儒之道矣」。此種「安貧樂道」，或「抱道自重」之教育精神。處在士風漓薄之中明，大可振頑聾而起末俗，永留儒家思通德之光輝。

六、結　語

依據上文所述，可知岳瓊山生平著作不僅博古綜今，經世致用，而且集儒學之大成，繼一斂之道統。其思想包涵，仁民愛物，尤富今世所謂自由博愛之氣氛，人倫儘務之理則。一代儒宗，雖及身而後，斯道未見大行，然其剛毅進取衛道救世之精神，有明一代，已足砥柱中流，補理性之空疏，洗八股之流毒，有功儒道，實非淺鮮。可惜四百年來明清二代，專制政治，用吏而不用儒，重術而不重道，儒道日衰；民國後，五四運動興起，復毀道德，棄綱常，使唯物論者，得以肆其荼毒之言，造成千古之奇變；今者反共抗俄，以圖中興，當如何闡揚儒家之精神，以挽陷溺之人心，民族前途，庶可利賴，是亦筆者撰述文本區區之微意也。

原載於《廣東文獻》三卷一期

丘瓊山的生平及其著作

溫心園

丘瓊山名濬，字仲深，謚文莊，廣東瓊山縣人，粵人多稱為丘瓊山，學者亦稱為瓊臺先生。

瓊山為明代粵藉名臣，學問淵博，為全國所景仰。歷事四帝（英宗、代宗、憲宗、孝宗），為人主所信賴。明名臣偌喬新所撰神道碑云：「嶺南人物，自張文獻公（九齡）有聲於唐，余襄公（靖）、崔清獻公（與之）有聲於宋，迨公四人焉。」究竟瓊山之偉大處何在，吾人應該有一清楚正確之觀念。筆者生長海南，耳濡目染，所知或者較多。同時近年台北人士，又有「丘文莊公叢書」之重印，參考亦較便利，故願將一已之所見，與研究家鄉文獻之同道，互相切磋，此筆者不揣譾陋，而作此文之微意也。

依明史列傳，公以明成祖永樂十八年（一四二〇）生於廣東之瓊山，以明孝宗弘治八年（一四九五）卒於北京。年七十六歲。但瓊山所作「甲寅初度」詩，有「人生七十古來稀，我度稀年又四暮。」之句，則甲寅年為公七十四歲，次年乙丑，公卒，應是七十五歲。同時尚有別人考證，公卒年為七十五歲，則其生平應為永樂十九年矣。

公生有異質，讀書過目成誦，七歲作誦五指嶺詩，傳誦一時。一十九歲，補郡庠弟子員

（秀才）；二十五歲以第一名舉於鄉（解元）；三十四歲，登進士二甲第一名。公生長海外遠僻之區，而屢掙巍科，此固不特由顧天資之超卓，且亦由於為學之勤苦。公自幼嗜書成癖，其所著「石室藏書記」云：

『予生七歲而孤，……及聞有多藏之家，必豫以計納交之，……有遠涉至數百里，轉浼至十數人，積久至三五年而後得者。』

此可見其好學之殷切矣。

公從中解元至登進士，十年之間，曾經三次會試均落第；有兩次授校官均不就，而入國子監讀書，可見公之志所在矣。

公之讀書著作，無時不謂求實用，而施政實用時，亦時時不忘讀書著作。試觀其進呈「大學衍義補」之後，逾年遂疏請就衍義補所言者摘要施行，可見公非能坐言而不能起行者也。表面看來，公之晉陞，每與其二的述之成功有關，而非出於其他原因。公登進士後，援庶吉士。四十三歲作「朱子學的」，不久陞侍講；四十七歲，與修英宗實錄成，陞翰林院學士，管國子監事；六十歲刊行「世史正綱」，進禮部右侍郎；六十八歲陞禮部尚書。六十九歲表上「大學衍義補」；七十一歲英宗實錄成，以禮部尚書兼文淵閣大學士，參預機務。七十四歲，改戶部尚書兼武英殿大學士。

公七十四歲時，有「甲寅進秩偶書」一詩云：

御筆親陞三學士，寵光濫及一衰翁；

　　天心獨眷思難報，日力無多技已窮；
　　老我羞爲阿世學，昔人曾決背城功；
　　除書未捧先垂淚，可惜虛閑半世中！

以尚書兼大學士，其職務略等於宰相，然而丘公自覺以衰年而居是職，雖欲有所作為，力已不逮，故以此詩一嘆息之！

公以七十一歲，始進禮部尚書兼文淵閣學士；七十四歲改吏部尚書，逾年而卒，故對於政治設施，不能有大貢獻，公於上述之詩，已慨乎言之。然而瓊山之偉大處，乃在他的著作。清乾隆時所編的「四庫全書」對於公之著作，加以著錄者，為「家禮儀節」，「大學衍義補」和「重編瓊臺會稿」三書，至於「世史正綱」，和「朱子學的」二書，則僅存目而已。

但從現代的眼光看來，筆者認為瓊山最重要的著作是㈠「大學衍義補」，㈡「世史正綱」，和㈢「朱子學的」。至於「家禮儀節」，雖對於朱子的家禮，貢獻甚大，尤令當時的實用，不過在現代都已很少適用了。「瓊臺會稿」是瓊山的詩文之最後纂集，自屬重要，且公之詩文清新曉暢，有其獨特的風格，是繼白居易、陸放翁之遺緒，筆者曾另有文論及，且留待文學批評家之研究。筆者今且就「大學衍義補」，「世史正綱」，及「朱子學的」三書，分別論述。

㈠「大學衍義補」

「大學衍義補」，是瓊山五十九歲開始纂述的，直至六十九歲才完成，而進呈御覽，歷時足足十年之久；參考書籍，不勝其數。可謂儒者治國平天下的百科全書。該書所以稱為「衍義補」者，蓋南宋儒臣真德秀曾著「大學衍義」四十三卷，於理宗端平元年進呈御覽，皆陰切時事以立言。然而真氏之書，於大學八目，只言格、致、誠、正，修、齊六目，而於治國、平天下二目，則付闕如。「四庫全書總目提要」評論云：『土不耕則禾不長，禾不穫則穀不登，穀不舂則米不成，米不炊則飯不熟。不能遞溯其本，謂土可為飯也。真氏原本，實屬闕如。』

蓋大學之八目，乃八個具有先後關係的步驟，苟有前而無後，豈不等於謂土可為飯？瓊山有見及此，乃博採經傳子史，輯成是書，附以己見，分為十有二目如下：

㈠正朝廷，子目六；
㈡正百官，子目十一；
㈢固邦本，子目十一；
㈣制國用，子目十一；
㈤明禮樂，子目六；
㈥序祭祀，子目七；
㈦崇教化，子目十一；
㈧備規制，子目十六；
㈨慎刑憲，子目十四；

(十)馭夷狄，子目九；

(十一)成功化，子目一。

此外另補真氏書，誠意正心之要一卷，曰審幾微，子目四。

真氏之「大學衍義」只四十三卷，而「衍義補」全書一百六十卷，較大數倍，蓋治國平天下之事，千頭萬緒，當然較為繁複，而瓊山學問之淵博，取材之宏富，固有關也。

書成，適孝宗登極，遂奏上之，有詔嘉獎，並命錄副本，付書坊刊行。公又言「衍義補」所載，皆可見之行事，請摘其要者，下內閣議行，帝亦報可。此書至神宗萬曆三十三年復命梓行，親為製序，蓋歷代皆甚重其書也。

此書雖有馭夷狄之一目，似於滿廷有礙，惟其為帝王流治天下之典籍，故四庫既有著錄，有清一代亦屢有重刊。

國父孫中山先生在「民族主義」裡說過：

『中國古時有很好的政治哲學……就是「大學」中所說的格物、致知、誠意、正心、修身、齊家、治國、平天下那一段話。』

我們或者可以說：「衍義補」是中國很好的關於治國、平天下的政治哲學之實施。

(二)「世史正綱」

「世史正綱」三十二卷，實係一部簡明的中國通史。起自秦始皇，迄於明太祖。這書是抱有三大宗旨而編寫的，就是：(一)嚴華夷之分，(二)立君臣之義，和(三)原父子之心。明儒王世貞、胡應麟等皆深佩其書；胡氏且謂：「春秋之後有朱氏，而綱目之後有丘氏。」迄今時移勢易，固當別論。惟其所持民於主義，與其敘事之簡潔明確，實具有永久之價值也。書中於每一朝代之下，加一白圈或黑圈，以示華夷之別，或譏謂史無前例。不裀此正瓊山警告後讀者之苦心也。清乾降時所修之四庫全書，對此書只存目而不著錄，蓋有故矣。

㈢「朱子學的」

在一般人心目中，丘公是一個學問淵博，而富有經濟之才的名臣，少提及他在理學方面的貢獻。事實上，丘公是朱子在明代的一大功臣。「衍義補」直接乃補真氏「衍義」之不足，與朱子之注大學，同有闡揚聖道之功；而「世史正綱」亦繼朱子「通鑑綱目」而補其不足。至於「朱子學的」則於朱子的紛紜的著述中，朱子一生之言行中，認取其真精神、真方法，而摘其精華，集為區區二十章，使後學一覽而知朱子之真思想，不致誤解曲解而走入歧途，此其翊贊朱子，啟迪後學之功，豈不偉哉？故「朱子學的」，與公之「大學衍義補」、「世史正綱」，可以說是瓊山的三大不朽之作矣。

朱子生於南宋，集宋代理學之大成，繼周邵張程之道統，使孔孟之道，得昌明於後代。朱子門人黃榦論朱子之言曰：「由孔子而後，曾子、子思繼其微，至孟子而始著；由孟子而後，周程張子繼其絕，至先生而始著。」足見朱子在儒教中之地位。

惟自南宋孝宗淳熙二年（一一七五），朱子與陸九淵等會於信州之鵝湖寺之後，朱陸之意見，漸見分岐。朱似偏重於道問學，陸似偏重於尊德性；一重在窮理，一重於頓悟。二人之門人弟子，亦各有立場，理學中無形中分為兩派。陸派視朱之工作為支離，朱派則視陸之方法為近禪。不過朱子在整理儒家經傳，編定「四書」的貢獻，確屬偉大，所以後世大都承認朱子為儒家之正統，在朝在野，都具有巨大的影響。迄乎明代，自方孝孺、宋濂、薛瑄、以及吳與弼、胡居仁等，皆屬朱學。

朱子雖著作等身，但十九屬於傳注編纂。瓊山跋「朱子學的」云：「朱子平生著述，多是闡明聖經賢傳之旨，未曾自為一書，此愚所以不揣寡陋，而妄有所輯也。」為揭示朱子思想之要義，使學者不致茫然無所適從起見，瓊山乃不得不從事於此書之編纂，以為初學之基礎，使其趨入正軌。故此書實為當時及後代學子所需要之課本。吾人試觀全書之取材及編次，實可謂擷取朱子思想之精華，使人對於朱子思想，獲得一個真正的了解。試讀瓊山所作跋，便可明瞭全書之內容及其意義。瓊山自述全書之要領如下：

(1)仿朱子由周張二程之著作輯錄而成「近思錄」，此書則由朱子各種著述輯錄而成。

(2)全書分為二十篇，仿「論語」，但「論語」編序無倫，而「學的」則依下學而上達之次序：上卷大都為下學之事，下卷大都為上達之事。

(3)第十篇似「論語」之「鄉黨」篇，敘述朱子之生平；第二十篇，似「論語」之「堯曰」篇，敘述道統之相傳。

(4)首篇是全書之發凡。

(5)第二篇說明伊川「涵養須用敬」之旨。

⑹第三篇說明伊川「進學則在致知」之旨。
⑺前十篇自外而之內，後十篇自內而之外，一以進德言，一以成德言。
⑻由「詩」「書」而及「易」，由淺而入深也；先父子而及君臣，由近而及遠也。
⑼上編言敬，而下編言仁言禮，敬在其中矣。
⑽道統言周、張、二程，而不及邵、馬。

筆者按：「近思錄」不錄邵子，「學的」亦不言邵子，蓋以邵子近於陰陽家或道家。馬殆指司馬光，蓋以光為政治家及史學家而已。

綜觀本書內容，謂瓊山非朱子之功臣，不可得也。介紹朱子之學，殆未見有善於此者。亦猶「世史正綱」為朱子「通鑑綱目」之續也。

附論

黃宗羲著「明儒學案」，許多無名小吏皆有傳，而於一代大儒之理學名臣，如瓊山者，則不為立傳，殊為費解。且於陳白沙傳中，以他人毀白沙之言，歸諸文莊，門戶之見，未免太甚。關於丘陳之關係，筆者曾另有文論及，茲不贅及。雖然，瓊山的「大學衍義補」、「世史正綱」、及「朱子學的」三書，如經天之日月，不廢之江河，何可毀哉？

至於清代奉敕修撰之明史及四庫全書總目提要，對於其人與其書，亦毀譽參半，蓋以瓊山嚴於華夷之別，頗不利於滿廷，固不足怪耳。

原載於《廣東文獻》八卷一期

丘文莊公的孝思可風

丘式如

文莊公是明代忠臣，也是明代的孝子。他的孝思，由他所寫一篇「孝箴」，可以看出來，原文曰：「親者，子之天，子之所以事其天者，孝也。與生俱來，而辭乎自然之仁，是則所謂率性之道出。道形于人乃天所命之要，人體之以事親，必用厥情，必善厥紹不敢逆其志，不敢違其好。形則不毀于傷德，則克金而省也。於戲昊，天罔極，無德以報，一言以蔽之，曰為子死孝」。為人兒子，到死都要孝順，可見文莊公的孝思何等謹嚴。

文莊公的孝思，亦可從他所著「朱子學的」那本書表現出來。道在第七章有言：「故臣之于君子之于父，生則敬養之沒用其極，而非靈加之也。或言父子欲其親，君臣欲其義，曰非是欲其如此，蓋有父子，便自然有親，有君臣便自然有義」。又說：「人之所以有此身者，受形于母，而資始于父，雖有強暴之人，見子則憐，至于襁褓之兒，見父則笑，果何為而然哉？一失其身，則虧體辱親，雖日用三牲之養，亦不足以為孝矣。父母在不遠遊，遠親則去親遠而為日久，定省曠而問疏，不惟已之思親不置，亦恐親之念我不忘也。遊必有方，如已告云之東，即不敢更適西，欲親必知已之所在，而無憂召已則必至而無失。人子以父子忌為心，則凡所以守其身者，自不容于謹矣。古之君子思所以顯其親者，惟立身養名之為足恃，是以不求諸人，而求諸己，不務其外，而務其內。試問盡其道，謂之孝也夫，以一身推之。

則身也者，資父母血氣而生者，盡其道者，則能敬其身，敬其身者，則能敬其父母矣」。所謂不能「虧體辱親」，所謂「遊必有方」，可知文莊公如何懂得所以為人之子之道。

他認為「禮之在天下不可一日無也。中國所以光于四表，人類所以歸于萬物以其有禮也」。所以採取前賢朱熹家禮本註，寫成「家禮儀節」一書，對于慎終追遠之禮，有詳細的敘述儀節之序為：「序立輿洗啟櫝出主主人詣香案前。跪。焚香。焚香。酸酒。俯伏。興。鞠躬。拜。興。拜興。平身。復位。參神。鞠躬。拜。興。拜興。拜興。拜興。平身。主人斟酒。主婦點茶。鞠躬。拜。興。拜。興。平身。復位。拜神。鞠躬。拜。興。拜。興。拜。興。拜。興。平身。奉主人櫝。焚祝文。禮成」拜祖先的禮節如此，亦是對祖光盡孝之一道。他怕古禮失傳，特編是書，亦是見他可敬的孝思。

文莊公的親情的流露，表現在詩上很多，如「母親大孺人壽誕」曰：

「春三月二日，我母初度辰。一官繫詞林，稱壽嗟無因。緬懷劬瘁恩，莫能報涓塵。稽首望南拜，淚落沾衣巾。想當高堂上，羅拜方紛紛。膝下跪舉觴，二子少一人。慈顏于此時，應念未歸身。母子天一方，相思各愴神。恨我無羽翼，回首空長嚬。人生天地間，咸欲顯其親。顯親須宦游，況我家海濱。年年當此日，馳心隨白雲，自憐草木姿，無以享陽春。仰天祝母壽，盡忠希帝仁。萬一推恩典，此志庶少伸。」

因為公務在身，不能回海南島祝母壽，「淚落沾衣巾」，「恨我無羽翼」，自是真情流露。另有一次母壽，他是回去祝過壽，「萬斛明珠未足珍」，唯願「萱花昌香，萱花昌長」

孝思純良躍然在他所作「壽萱堂」紙上原文如下：「人生有志願，不在富與貴，萬斛明珠未足珍，九錫殊勉交須恃。但願堂上白頭親，年年康春春。萱花昌香。萱葉昌長。宣男　史壯，忘憂憂漸忘。五綵為衣玉為酒，歲歲堂前慶親壽。」

文莊公另有七古祝母壽詩兩篇曰：「望雲祝壽」，詩中說到「舉頭見雲不見親」，「母恩如此莫可報」，「帝鄉退歸未得」，「恨不將身在親側」，「舉頭見雲不見親」，酋如幼年時孺慕母親的情懷。原文照錄于次：

㈠「昔賢望雲憶親舍，雙目熒熒逐雲下。今君望雲祝親年，一心耿耿依雲邊。舉頭見雲如見母，獨立蒼茫凝睇久。輪輪困困解且明，浮光呈瑞長壽徵。觸石現從泰山出，雨下土兮滋萬物。有如春暈煦春草，亦似凱風吹棘針，母恩如此莫可報，望雲再拜情何任，情何任，意無已，目極天南萬餘里。越王台上陽望時，焦子初萬解螯紫高堂綺蓆倚雲張，紛紛兒女羅酒漿。就中獨衣讀書子，挾策多年遊帝鄉。市鄉退退歸未得，對此佳辰應惻惻。馳心直與雲天高，恨不將身在親側，蒼天漠漠雲悠悠，雲色還如親白頭，孝誠一念感穹昊，雲影為之凝不流。何事良工心亦苦，筆端寫出心中語。紅雲朵朵捧天庭，白雲片片迷紅樹。紅雲影裡望白雲，白雲如舊紅。新裁雲作衣雨為酒，共祝君親千萬壽」。

㈡「白雲在天不可呼，仰天望望增煩紆。蒼茫四顧宇宙闊，去璧彼此無寧居。昔人望雲憶親舍依稀白雲下。君今望親不可留，何處荒台閟長夜。長夜漫漫無復晨，舉頭見雲不見親。誰展白雲書楚些，臨風飄蘭賦招魂，魂兮去去招不返，沒齒白雲長在根。」

文莊公的母親，家鄉情重，不肯遠離經文莊公數次迎養，都不肯離開家門，而文莊公復以公務在身，不可能回鄉盡其晨昏定省明子責，因成七絕「思親」一首，以寄懷，詩曰：「薊北天南萬里長，欲歸無計可思鄉。帝城眾物多佳味，每恨慈親未得嘗」。

文莊公的孝思，真的是「草心寸寸戀春暉」，「夢魂夜夜到庭闈」，「十載宦情愁裡過」，「年年準備故鄉歸」，這都是他所寫「春興」四首七律的詩句，我們讀完後，不禁撫琴三嘆他那思親的孝心，茲錄全文于後：

㈠寒雁乘春又北飛，越人何事未南歸。十軍館閣靈縻祿，三日庭闈阻換衣。
樹背時時勞夕夢，草心寸寸戀春暉。幾時喜懼交加處，屈指親年迎古稀。

㈡百計思歸未得歸，夢魂夜夜到庭闈。愁心苦似丸礽膽，淚點多如線在衣。
愛日每憐駒易過，臨風卻羨雁能飛。朝來聞報高涼捷，萬里歸程或可幾。

㈢豈是身榮忘卻歸，宵行寧用繡爲衣。海天波浪難飛渡，嶺嶠風塵未忠機。
十載宦情愁裡過，萬山歸路望中微。思親懷土心千折，病骨何時也解肥。

㈣製得斑斕五色衣，年年準備故鄉歸。家書展處心偏急，邊報聞時願又違。
母氏老來思季切，弟兄別後空誰肥。寄聲猿鶴休嘲怨，早晚承恩出帝畿。

目前，世風不古，優良的「百行孝為先」之倫理道德，有些人已經忘記，殊深浩嘆，讀了詩篇，應如何知來者之可追。讀了斯文，應讀如何慚悔，回頭是岸？我們必希望，文莊公的孝思，能夠成為人們的模範。

原載於《廣東文獻》九卷四期

細說民族英雄袁崇煥

鍾　偉

「誰云亂世識忠臣。山海長城寄一身。不殺文龍寧即福。空嗟銀鹿亦成神。遺聞玉貌如佳女。亡國貞心竟罪人。萬古大明一坏土。西風下馬獨沾巾。」此係康南海有為先生，于北京西山廣東墓園，袁督師崇煥墓前題句。繼之有梁任公啟超，於其飲冰室一書中，為袁督師作傳，其論述有：「若夫以身之言動進退，生死關係國家之安危，民族之隆替者，於古未始有之，有之則袁督師其人也！」其指出督師之生死進退，關係明朝之存亡，民族之隆替者可知！

余自幼於塾師中，得拜讀袁督師鄉賢遺作：「五載離家別路悠。送君寒浸寶刀頭。歆知肺腑同生死。何用安危問去留。策更祇因圖雪耻。橫戈原不為封侯。故園親侶如相問。愧我邊塵尚未收。」句。及當年余本成所記：袁督師說：「予何人哉！十載以來，父母不得以為子，妻孥不得以為夫，手足不得以為兄弟，交遊不得以為友，直謂大明國裏一亡命徒也！」可見督師當年為國忘家，公而忘私，而忠憤耿耿致力邊事，一心為民族大明復仇雪耻，蓆不暇暖！故余每思其忠烈事蹟，不勝其感慨景仰！每論其文事武功，壯烈事績，與岳飛並列相媲美！蓋以當時岳飛所禦之外侮，是前金人；而袁崇煥所禦之外侮，是後金人滿清！其所遭遇帝子之殺戮冤死，亦復相同。袁督師實乃我中華民族千古之英雄！其在我國民族史上，曾為大明一統江山，抵禦清虜，維護中土，捍衛國家民族，戍守邊陲達十餘載，屢將強虜滿清擊潰，為國家民族建立不朽輝煌之功業！為有明一代之忠臣良將，不幸為明宦佞所陷害，而為明末朝昏庸君主懷宗所殺，致不能克奏平虜之功！明亦因殺督師而覆亡。國家民族，亦因督師死，而萬劫沉淪達數世紀！

袁督師崇煥，字元素，明萬曆（明神宗年號）十四年，生于廣東東莞縣石龍鎮，原籍東莞縣水南鄉，南海村人，祖名世祥，父名子鵬，兄弟三人，督師居長，次弟崇燦，三弟崇煜，復聞東莞鄉里言：其父係東莞石龍鎮木材商，經營木材生意，往來於桂西蒼梧、平南、藤縣間。督師少時曾與父遊，其叔袁玉佩曾為平樂府推官，與武士交，後為督師招募訓練精銳將卒！據廣西文獻記載：明萬曆三十四年督師舉鄉試，曾回東莞謁祖，其後復遊於平南雁洲，因非本籍，曾為當地人士所排斥，寫有一首詩：「雁信連宵至。洲邊與往還。陣遙鵬欲化。隊整鷺同班。煙水家何在。風雲影未閒。登科聞欲兆。愧我獨緣慳。」句。但東莞縣城東南榴花塔附近，即宋末熊飛將軍起義抗元處，有其先祖墳遺蹟，傳督師當年被殺戮，藉沒其家，村中人亦驚惶避難，而星散遠去他方。其村舍亦久經圮沒，惟東莞縣城中，還賸有袁督師祠，聞袁世凱稱帝時，曾派員到督師祠拜謁，追尋其先世！大陸陷共時，該祠仍巍然屹立！迄今滄桑歷變，真不知如何幻變，祇有憑歷史簡述，與鄉人傳說記載而已！至其珍貴史蹟，家屬流放關中郃武地方後，已不知其下落！繼之因國族淪亡久遠而堙沒！深為惋惜！

督師少負奇氣，為人有膽識，喜談兵事，明萬曆四十七年登進士，官歷檢都御史、遼東巡撫、兵部尚書、督師薊遼，兼督登萊天津軍務。初授福建邵武縣令，以禦海盜日寇有功，為巡撫葉高保調兵部兵曹主事，以長於邊才，曾私出關外，審察形勢，具陳禦虜之策，朝廷稱許之！時金主努爾哈赤（即清太祖）崛起遼東，併吞明遼東諸藩、及朝鮮明朝屬地，以金人為漢人所恨，故以同音改為五清。明廷曾先後派兵部尚書楊鎬，巡撫袁應泰，經略使熊廷弼，率大軍征討，均相繼敗亡，於是錦州以東諸地，皆為金主所據，明朝野震盪，人皆以談邊變色！

明天啟（熹宗年號）二年，督師拜命單騎出戍關外，出任寧前僉事，監軍關外，發帑二十萬，招募散兵，時巡撫王化貞，經略王在晉，欲放棄關外邊城，退守山海關內，與督師主見固守關外相持，不決，朝近派兵部尚書孫承宗代在晉，支持督師堅守關外，築寧遠城固守，練兵數萬，開屯田五千頃，以遼人守遼土，安撫遊民，並派遣將卒收復淩河以西要地，兵備日著，漸復遼西失土。

天啟六年，即公元一六二六年金主努爾哈赤，率八旗兵十三萬進犯，明邊將皆震恐，督師集將士刺血為書，激以忠義，立志死守，部屬誦其書，皆泣拜，願效死，力敵十倍強寇，金主戴楯守城，矢石雨下，城垣多處崩塌，督師身先士卒，親自舉石塞缺口，身受數創，自裂戰袍裹傷督戰，將士皆感奮，勇用西洋砲轟擊敵，八旗軍圍城猛攻三日不下，死傷遍野，解圍敗退，督師開城追擊，八旗軍大潰，死傷數萬，金主努爾哈赤傷重斃命！臨終告諸子曰：

「余崛起遼東二十五載，戰無不勝，攻無不克，今敗於袁崇煥，甚為恥辱！」而死。時都下聞之滿巷額手相慶！督師以功擢檢都御史，巡撫遼東，使明朝野為之一振！

天啟七年五月，清皇太極率清軍十八萬，圍攻寧遠，復圍錦州，因錦州城已修繕完好堅固，由總兵趙率教、將兵三萬固守，督師選精兵五千，命祖大壽，尤世祿，率領繞出清兵後方突擊。另以水師東出牽制清兵，皇太極以錦州不得手，又恐後方被明兵抄襲，乃親率大軍分攻寧遠，督師料清軍攻錦州未下，必攻寧遠，故未將主力出援錦州，以逸待勞，誘敵深入，然後使伏兵四出，前後左右夾擊。清大將濟爾哈朗、薩爾廉都，均負重傷，清兵死傷慘重，向瀋陽敗退，是為「寧原再捷」。寧錦捷報到京後，朝廷論功行納，除滿桂，趙率教，以功受賞外，最奇者魏忠賢未參戰，竟居首功，其從子孫均並被封伯爵，而偵師指揮整個全局主帥，祇增一秩，其他朝文武官員，冒功領獎者達數百人，魏閹復以督師非其黨羽，久思去之！當錦寧會戰前，督師以父喪，三次疏請南歸守制不准，後東巡廣寧，歷十三山，三岔河，航海而還，題有：「片雲孤月應腸斷。椿樹凋零又一秋。」句，及錦寧會戰，魏閹日益專權，并派其山牙劉應坤，紀用來監軍，督師曾屢次反對亦不管！時中原多故，盜賊蜂起，清人鑑於袁督師軍威，以西犯難逞，有意與明議和，取得時間整備作戰，一面轉報朝廷，時以熹宗臥病不朝，廷臣無主不敢復報，時督師為刺探清軍情虛實，曾派李喇嘛、都司傳有爵、由成、王台山、四人到盛京，只以探聽清軍虛實，并無議和真實性，而魏閹以督師私自議和，逼督師乞辭，當南歸之日，題贈總戎陳翼所詩云：「慷慨同讎日。間關百戰時。功高明主眷。心苦沒人知。麋鹿還山便。麒麟繪閣宜。去留都莫訝！秋草正離離。」已寫出其與部屬患難多年之情誼！亦暗示出當年魏閹專權之心境。

清人聞督師告歸大快！督師南歸回到家中，想起國事惆悵，見到家中景況！有無限感觸與傷感！有哭弟崇燦詩：「得到家園涕淚傾。此身深悔去求名。傷心今日方為子。忍淚三年為奪情。老母飢寒奄一命。孤兒鋒鏑剩餘生。不堪既抱終天恨。又痛荊花憶弟兄。」督師居家正欲享受田園天倫之樂，未及百日，熹宗駕崩，懷宗登位，魏閹伏誅，東陲多事，群臣復保舉起用袁崇煥鎮邊。督師在家奉懷宗詔授兵部尚書，兼右都御史，督師薊遼，並督登萊天津軍務諭旨，崇禎（懷宗年號）元年七月，督師拜辭老母，牽衣涕泣而別！入都朝覲懷宗，召見於平台，并賜以尚方寶劍。當其奉命出京時，有駐寧遠兩湖四川兵因欠餉四月譁變，傷巡撫畢自肅，八月抵關，聞變馳往，殺亂首十五人，貶亂首兩人，獎勵不從者一人，從新整飭所部，原有大將五人，減為二人，又罷免寧遠登萊巡撫，以免事權分散。派趙率教駐山海關，祖大壽駐錦州，另拔何可綱隨住寧遠，練兵十萬，銳意圖敵，有五年收復遼東，削平清虜之豪語！

崇禎二年，以毛文龍久任東江總兵，改部屬兵將為毛姓，冒食兵額，卑鄙貪污，拜魏忠賢為父，賄賂宮廷宦官以固寵，桀驁不馴，不聽節制，虛報戰功，中飽軍糧，搶劫商旅，強行收稅，販賣禁物，又和滿州暗通消息，兩面邀功。督師發現其種種不法罪行，感覺此人不除，不能嚴申軍威紀律，統一事功，且必為後患，於崇禎二年六月，督師值出遊東江雙島，

（在遼寧金縣西南海中）邀文龍觀操來會，宣佈其十二大罪，「斬于帳前，以肅綱紀，並殮祭其屍，以念僚屬私情，並以其子毛承祚，副將陳繼盛，參將徐敷奏，游擊劉興祚，分領其部隊。接著犒賞軍士，盡除文龍虐政，奏報朝廷，言「文龍大將，非臣得擅誅，謹席藁待罪。」懷宗據奏，大為驚駭！但文龍已死，且方倚畀督師，雖心中不快！祇得優旨褒答，傳諭列舉文龍罪行。督師將毛文龍正法後，改革軍務，充實兵員，提高薪餉，不但戰力更強，使兵無虛額，而每年替國家節省公帑一百二十餘萬。惟宮廷宦官，及兵部大員、魏忠賢餘黨，則恨之入骨，以失去毛文龍年賄數十萬，而後伏下督師冤獄禍根。但毛文龍之死，絕不冤枉，罪有應得！參看近代開放故宮，發現內閣大庫各種檔案，及李先源之毛文龍釀亂東江始末，找到毛文龍通敵證據。袁督師之殺毛文龍，實乃維護明社稷，整飭軍紀而已！

崇禎二年四月，督師疏請統籌全局，言關外有「臣身在遼，遼無足慮，惟薊門單弱，敵所竊窺，請嚴飭薊督峻防固禦。」督師有料敵先機，無奈明朝廷終不注意。到是年十月，皇太極果然，以遼西防備嚴密，絕難通過，乃謀採大迂迴戰略，繞道內蒙古，親率八個旗軍隊，十餘萬眾，以蒙古兵為嚮導，大舉向京師進犯；經熱河，入龍井關，大安口，佔領遵化，一路勢如破竹，連陷薊州，三河，順義，逼通州；總兵趙率教率兵馳援，與巡撫王元雅，憑城固守，均戰敗殉職，朝廷大震恐，懷宗急起用孫承宗，使守通州。遠督師聞京師危急，十月廿八日率中軍副將何可綱，總兵祖大壽，先率九千騎兵，豈夜兼程入衛京師，收復薊州，三河、遵化、通州，進躡清軍於北京城外，皇太極聞袁崇煥軍至，乃大驚失色，十一月二日戰於廣渠門外。袁崇煥軍奮勇異常，自辰至申，卻敵數十里，追至運河，將清將阿巴泰、阿濟格思、格德爾，諸軍擊潰！入見懷宗，帝宣慰於平台，面命統率各路援軍，督師以袁軍後續步兵須於十二月二日方能趕到，當前以九千騎兵不足以殲滅十餘萬大敵，待後續步兵到達，然後用步騎合力攻殲清軍。皇太極見袁軍守而不攻，清軍遠來，餉糧不繼，須利在速戰，非常著慌；認督師為滿清前途極大障碍，非除去不可！適有明宦官為清軍俘獲，乃運用三國周瑜之反間計：偽稱督師與清約，故意使明宦官偷聽，放縱其歸告懷宗，又以燕京受清軍侵擾，廷臣竟有謂督師縱敵，懷有異心，怨謗紛起，加之逃回宦官謊報督師與清有約，乃疑督師借和備戰，擅殺毛文龍，且兩日按兵不動，遂竟昏庸不察，於十二月一日，召督師入城，誣以「引敵脅和罪」詔捕督師下獄，當時有尚書成基命，向懷宗叩頭，「再請慎重！」復以「兵臨城下非他時可比！」伏諫，懷宗置之不理！

督師被誣入獄後，在獄中曾感慨沉痛地寫有：「北闕勤王日。南冠就縶時。果然尊獄吏。悔不早輿使尸。執法人難恕。招尤我自知。但留清白在。粉骨亦何辭」詩督師部屬祖大壽、何可綱等，見主帥無罪被補下獄，憤而於十二月三日，率軍東走，毀山海關，直奔錦州，遠近大震！明軍又在京都，損兵折將，城中惶惶不可終日！懷宗急遣九卿大學士成基命等，赴督師獄中，乞取督師手書加大壽，許為督師贖罪，督師曰：「我任督師時，大壽聽我命，今我是罪臣，還能教大壽聽命麼？且未奉明詔，怎敢以罪臣與聞國事，」余大成婉說：「現京城危在旦夕，請以國家為重！」督師聞言，雖身受奇冤，仍深愛國家，親書召大壽，大壽得書哭泣不止，金軍亦皆痛哭！孫承宗亦派馬世龍趕到撫慰，大壽即與何可綱回師關，擊潰清軍，收復永平、遵化、一帶、其忠義亦殊足感人！

清軍見祖大壽等，既叛而復回，知難獲逞，乃全軍撤退。孫承宗亦移鎮山海關，北京始危而復安！固是祖大壽等之功，實乃得督師寸箋之力！據朝鮮史稱此役「金人不得攻陷北京城，明帝之未為俘者，只因北京城外有袁煥軍耳。」可知當時清軍畏懼袁軍威望，不敢久持戀戰而撤退，亦實為明之萬幸！

崇禎三年春，魏忠賢餘黨，高捷、袁宏安，輔臣溫體仁，是毛文龍同鄉，常思為文龍報仇，樞臣梁廷棟曾在遼與督師同事有私怨，復誣督師，「重賄姻親大學士錢龍錫，巧為營脫罪，」懷宗竟以凌遲極刑，桀殺督師於西市，抄沒其家，僅破屋三椽，無餘資，時朝野皆為之呼冤！督師享年只四十四歲，無子，以弟子為嗣，充軍三千里，家屬徙至邵武，人感督師昔日德政，爭濟其困之，母葉氏時年八十，幸以老不徒，夫人黃氏徒至廣西藤縣投水死，屍流至赤水峽，鄉人葬之江邊，（鏢津考古錄為烈婦傳），其弟崇煜流徒閩中，作向天賦，舉國引為奇冤，無不痛哭！其姻親大學士錢龍錫，則流放三千里，後以孱病放歸，老死家鄉，督師死後有一義僕殉義，後北京廣東義園，并葬於督師墓園。

督師刑前別母詩：「夢繞高堂最可哀！牽哀曾囑早歸來。母年已孝家何有？國法難容子不才。負米當時原足樂。讀書今日反為災。思親終及黃泉見。淚血模糊目不開。」又別弟崇煜詩：「競爽曾殤弱一人。何圖家禍備艱辛。莫憐縲絏非其罪。自信纍囚不辱身。上將由來無善死。合家從此好安貧。音書欲寄情難盡。囑咐高堂有老親。」又別妻詩：「離多會少為功名。患難思量悔恨盈。室有萊妻呼負負。家無擔石累卿卿。當時自矢風雲志。今日方深兒女情。作婦更加供子職。死難塞責莫輕生。」其孝思親情一字一淚，使人不忍卒讀，遙想其當年悲慘壯烈史，令人不禁有長使英雄淚滿襟之感！

明自督師死後，明無一忠勇之臣！亦無能戰之將，故於崇禎九年，清軍進攻關外，明派洪承疇，率八總兵，十七萬騎赴戰，而不能禦，被圍於松山，卒至兵敗，被俘投降！迨李闖進襲京師，而竟無一勤王之師，蓋因懷宗平日多疑，殘暴寡恩，群臣畏懼失言，不敢進言獻策，懷宗只得日與群小宦官為心腹，以致昏庸誤國，結果自縊死煤山，亦是其自有之應得！終至明祚覆亡，滿洲入主中原，宣告其用反間計殺袁崇煥，始將督師之沉冤，大白於天下！

懷宗曾自謂：「君非亡國之君，臣乃亡國之臣，」果爾！則應知親賢非遠小人，何致深信一太監之謊言，虐殺一忠臣良將之袁崇煥，而自毀長城！苟當年能信任督師，則忠臣良將猶在，又何致於亡國毀躬！而大漢民族又何致受女真異族殘酷統治二百六十餘年，中國文化何致於衰落，受帝國主義之侵凌！

袁督師具文武之兼資，治國安邦之雄才，乃忠心耿耿之忠臣良將，不能得其主子之推心置腹，受廷臣宦官之陷害，以致不能克奏平虜之功，而竟為主子之殺戮，不能善終！使余讀其史，讀其詩，而揮淚掩卷長歎也！

余更崇仰督師之文經武緯，功業千秋！敬題七絕兩首，以為萬世之沉哀！詩云：

一代有明光漢域。邊城千載仰旌旗。月明故壘經風立。大敵關前望督師。
末朝昏帝如豚豕。自毀長城自毀躬。縱使沉冤終得白。千載揮淚哭英雄。

原載於《廣東文獻》十五卷一期

東莞民族英雄袁崇煥與張家玉

王紹通

余小時就讀東莞縣立虎門高等小學堂，校長陳錫恭老先生，係清光緒年間進士，富有鄉土觀念，特增設一科目「東莞鄉土史」，每週授課一小時，由他自撰講義，並親自講授。講義寫在黑板上，飭全體同學抄錄。他循循善誘，是一位恂恂儒者，一襲布衣，談笑風生，平易近人，加以「東莞鄉土史」內容的先賢事蹟，被他演繹後，娓娓動聽，青年學子之受其薰陶激勵，聞風興起的，大有人在。記得他當時講述東莞民族英雄袁崇煥與張家玉，雖已事隔多年，仍在余腦海中盤旋著，特將記憶所及，陳述如後：

袁崇煥，字元素，東莞茶山鄉人，明神萬歷四十七年成進士，授福建邵武縣知縣。崇煥少年慷慨富膽略，好談兵，遇老校退伍兵卒，常和他們談論塞上事，曉得邊塞扼要情形，恒以邊才自許。明熹宗天啟二年正月，御史侯恂，請破格錄用袁崇煥，遂擢為兵部職方司主事。適王化貞巡撫廣寧，熊廷弼經略遼東，清兵大舉入寇，化貞棄守廣寧，與廷弼走入關，俱被逮撤職議處。朝廷議守山海關，崇煥即單騎出閱關內外。部中失袁主事，大為驚訝，家人亦不知所往。已而還朝，具言關上形勢說：「予我軍馬錢糧，我一人足以守此。」廷臣益稱其才，遂超擢僉事，監關外軍。乃發帑金二十萬，給崇煥招募。時關外地悉為哈喇諸部所據，崇煥乃駐守關內。這時孫承宗經略薊遼，使崇煥與副將滿桂屯軍寧遠，是為崇煥領兵之始。

明熹宗天啟四年九月，崇煥偕大將馬世龍王世欽率水陸馬步兵萬二千東巡廣寧，歷十三山，相度地勢，策畫戰守。天啟五年夏，種種準備既具，崇煥乃說承宗遣諸將分戍錫州、松山、杏山、右屯及大小淩河諸要塞，擴地二百里，幾盡復遼河以西舊疆，敵軍不敢越雷池一步。直至天啟六年正月，清軍才集二十萬大舉渡遼河，橫山海關大路而進，邊將皆驚恐無人色，崇煥乃偕大將滿桂副將朱海參等，集將士誓死守，無善策，盈廷皇皇，謂必無寧遠。清軍圍攻寧遠，崇煥身先士卒，背石塞缺口，身被再創，自裂戰袍裹左臂傷處，戰益力，清軍三攻三卻，圍遂解。崇煥乘勝追北三十餘里，清軍大亂，死者逾萬人。為時僅十日，崇煥以捷聞，明朝野上下，罔不失色撟舌，額手稱慶。清太祖自起兵征尼堪外蘭以來，未嘗一遇勁敵，至是為崇煥所破，悒悒不自得，不數月而殂落了。

捷報聞，明朝擢崇煥右僉都御史，璽書獎勵滿桂等，天啟六年，復設遼東巡撫，以崇煥任之。翌年五月，清兵抵錦州，四面合圍。崇煥選精騎四千，繞出清軍後決戰；清軍又分兵趨寧遠，崇煥督將士登陴守，列營濠內，用礮距擊。清軍不支旋引去，益兵攻錦州，以溽暑不能克，士卒多損傷，六月間亦引還，時稱寧錦大捷，是為明軍對清軍第二次血戰，這都是袁崇煥節制調遣的成效。

時宦官魏忠賢方專權，朝野爭頌功德，崇煥不附，敘寧錦戰功，文武增秩賜蔭者數百，忠賢亦封伯，而崇煥止增一秩。忠賢復辟其黨劾罷之，天啟七年七月，崇煥被罷告歸。

熹宗在位七年崩，思宗即位，魏忠賢伏誅，廷臣爭請召崇煥崇禎元年四月，命崇煥為兵部尚書兼右副都御史督師薊遼，兼督登萊天津軍務。並賜以尚方劍，准予先斬後奏。崇禎二年閏四月，敘春秋兩防功，加太子太保，賜蟒衣銀幣，蔭錦衣千戶。

有毛文龍者，浙江仁和人，以都司援朝鮮，逗留遼東，遼東失，自海道遁回，乖虛擊殺清鎮江守，報巡撫王化貞。王化貞撫文龍總兵，累加至左都督，掛將軍印，賜尚方劍，設軍鎮皮島。文龍居鎮皮島，歲糜餉無算，惟務廣招商賈販易禁物，以濟朝鮮。崇煥嘗疏請遣部臣理餉，文龍惡文臣監製，抗疏駁之，崇煥不悅，遂以閱兵為名，泛海抵鎮皮島。文龍來會，崇煥與相宴飲。酒酣，崇煥因詰文龍違令數事，文龍抗辯。崇煥厲色叱之，命去冠帶摯縛，文龍猶倔強。崇煥厲聲道：「爾有十二斬罪，爾知否？祖制大將在外，必命文臣監，爾專制一方，軍馬錢糧不受核，一當斬。人臣之罪，莫大欺君；爾奏報盡欺罔，殺降人難民冒功，二當斬，人臣無將，將則必誅，爾奏有牧馬登州取南京如反掌語，大逆不道，三當斬。每歲餉銀數十萬，不以給兵，月止散米三斗有半，侵盜軍糧，四當斬。擅開馬市皮島，私通外番，五當斬。部將數千人，悉冒已姓，副將以下濫給札付千，走卒輿夫盡金緋，六當斬。自寧遠還，剽掠商船，目為盜賊，七當斬。強取民間子女，不知紀極，部下效尤，人不安室，八當斬。驅難民遠竊人參，不從則餓死島上，白骨如莽，九當斬。輦金京師，拜魏忠賢為父，塑冕像於島中，十當斬。鐵山之敗，喪師無算，掩敗為功，十一當斬。開鎮八年，不能復寸土，觀望養敵，十二當斬。」數畢，文龍喪魂魄，不能言，但叩頭乞免。崇煥取尚方劍斬毛文龍於帳前，乃出諭其將士道：「誅止文龍，餘無罪。」犒軍士，檄撫諸島，盡除文龍虐政還鎮，以其狀上聞。

崇禎二年十月，清兵十二萬人，以蒙古兵為嚮導，大舉入寇，憚崇煥之威，乃改道入龍井關、大安口、喜峰口，所向披靡，如入無人境界。崇煥聞警，即檄調遼將祖大壽，何可剛等入衛，所歷撫寧、永平、遷安、豐潤、玉田諸地，逐路置防，逐城設守，戴星犯雪，於十一月初十至薊州，欲背捍神州，面拒敵眾。十二日十三日與清兵相持於馬昇橋諸要隘。清軍不意袁軍驟至，相視駭眙，乃宵遯，疾趨而西，直犯京師。崇煥心焚血注，奮不顧身。士不傳餐，馬不再秣，由間道飛抵郊外，兩晝夜疾行三百餘里，先清軍至三日，清軍初遇崇煥救薊，意欲避堅攻瑕，乃越薊西，蟠踞潞中，將中斷京師，使與崇煥首尾不相應；一面結營困潞，一面張勢憾京，謂潞困而京可不攻自破。不知崇煥的捨薊而躡其後，不知崇煥且捨潞而繞其外，又不知崇煥業據京而出其前。時崇煥車營於廣渠門外，清軍初在高密店遇偵騎，咸大驚失色，訛以為袁崇煥之兵從天而降。十一月二十日，轉戰於廣渠門思格德爾之軍皆潰。清太宗及諸貝勒相語，謂十五年來未嘗有此勁敵，于是不復逼京師，惟出沒於海子采囿之間以觀變。

捷報上達，明思宗甚喜，溫旨褒勉，發帑重犒將士。不久崇煥兼道入衛，思宗立即召見，深加慰勞，咨以戰守策，賜御饌及貂裘，倚重備至。時清軍新挫，畏崇煥如虎。諸貝勒有請攻城者，清太宗託以不欲損將卒，清軍乃退駐南海子。適前獲明太監二人，以副將高鴻中，參將鮑承先監守他們。至是高鴻中與鮑承先遵守太宗所授密計，坐近二太監，故作耳語道：「今日撤兵，乃太清皇上計呀。頃見皇上單騎向敵方面去，敵有二人來見皇上，語良久乃去。意謂袁巡撫有密約，此事快要實現了。」時二太監中的楊姓太監佯臥竊聽，悉記其言。崇禎二年十一月三十日清軍縱二歹監歸，楊姓太監以所竊聽者報告思宗，於是崇煥冤獄遂起。

先是崇煥以兼程赴援，僅以馬兵五千從，其步兵不能進，以五千而當十餘萬之大敵，勢力太相懸殊；故朝議雖日促戰而崇煥尚持重不發，即廣渠門之役，只是冒險而勝，猶非其志，崇煥不敢窮追，而廷臣乃以逍遙城下擁兵縱敵呶呶為崇煥罪。

崇禎十二月初一日，崇煥被召回京，遽縛下詔獄。時輔臣溫體仁，係毛文龍同鄉，銜恨崇煥殺毛文龍，每思有以報之；兵部尚書梁廷棟，曾與崇煥共事於遼，亦有私隙，二人從中主持其事，崇煥由是得罪。又魏忠賢遺黨高捷、袁宏勳、史范等，謀興大獄，為逆黨報仇。見崇煥下獄，遂以擅主和議通敵、專戮大帥為崇煥罪。又前者毛文龍在皮島歲餉百萬，大半入權宦囊中，自崇勞斬毛文龍，盡失其賂，咸相銜恨崇煥。有此諸原因，故崇煥遂不得不死。崇煥在獄中半年餘，關外將更士民，前赴督輔孫承宗任所號哭雪冤，願以身代替未嘗絕，承宗知內旨之定，不敢上聞，於是崇煥遂死。會審之日，風霾雲閉，白日無光。崇禎三年八月十六日，遂棄市。兄弟妻子，流三千里，籍其家。崇煥無子，家亦無餘資，天下冤之！

後人讀史至清太宗利用楊太監用反間計使明思宗冤殺袁崇煥一事，認為與三國時周瑜利用蔣幹用反間計使曹操冤殺蔡瑁張允，如出一轍，事後曹操省悟道：「我中計了！」，但明思宗始終未有覺悟中計，當時明室上下也不知中計，均認崇煥真有通敵陰謀；直至康熙年間，清聖祖才正式公布：袁崇煥是明室忠臣，當時並未與清廷有密約，所謂「通敵」，係清廷的反間計，真相才大白，流徙三千里的袁氏家族才得回鄉，後人在鄉間及廣州等地均建有「袁督師祠」以慰忠魂。

明思宗在張闖陷京師時，登煤山自縊，在他衣上寫著：「朕自登極十七載，逆賊直逼京師，朕雖德薄匪躬，上天天咎，然皆諸臣之誤朕也。……」思宗臨死前把亡國之罪推到別人身上，但是諸臣是誰任用的？他忘了深思。思宗昏庸愚昧，廷臣率多卑劣無恥，大專渾糊，小事認真。一二堅貞之士，多受掣肘，有忠臣袁崇煥而不能用，反而讒殺之，自毀長城，莫此為甚！明室傾覆，思宗絕難辭其咎！

「子胥死而吳亡，鄂王戮而宋夷」，古來英雄豪傑以一身生死繫國家存亡者，享史上前例，往往不乏。崇煥一日不去，則滿清一日不能得志於中國，清廷的處心積慮，以謀除去袁崇煥者宜也，而獨怪乎明的朝廷，自壞長城，為敵復仇，以快群小一日的意見，而與之俱盡！「但使龍城飛將在，不教胡馬度陰山。」崇煥始終一貫的方略是：「守關外以捍關內。」自崇煥下獄後，不數年間，關外重鎮相繼棄守，當時竭天下兵餉大半以事關東，為直接引起中原盜賊的原因，卒至東西交鬨，馴致于亡。使能循崇煥「以和為守，以守為戰」的政策，則有餘力以靖內難；然後休養國力，從容以抵抗外寇，亦何至有後來李闖的陷京師，吳三桂的引清兵入關呢？所謂「人之云亡，邦國殄瘁。」我們可以說：崇煥不死，明朝不亡！

當時有個名叫程更生（字本直）者，以布衣為袁崇煥鳴冤，卒自殺與崇煥俱死。他自言道：「嘗三求見袁公獄中而不可得，予非為私情死，不過為公義死。」且謂「願死之後，希望有好事者瘞其骨於袁公墓側，題其上寫道：「一對癡心人，兩條潑膽漢」，則目瞑九泉了」云云，此亦一奇士。程氏又評袁崇煥的為人道：「舉世皆巧人，而袁公一大癡漢也。唯其癡，故舉世最愛者錢，袁公不知愛也。唯其癡，故舉世最惜者死，袁公不知惜也。於是乎舉世所不敢任之勞怨，袁公直任而弗辭也。於是乎舉世所不得不避之嫌疑，袁公直不避而獨行也。而且舉世所不能耐之飢寒，袁公直耐之以為士卒先也。而且舉世所不肯破之禮貌，袁公力破之以與諸史推心而置腹也。……」。袁崇煥不愛錢，不惜死，做事特立獨行，任勞任怨，與士卒同甘苦，其德行與宋朝岳飛武穆相類似。所謂「眾人皆濁我獨清，眾人皆醉我獨醒。」「未有奸臣在內而名將得立功於外者。」岳袁兩民族英雄在南宋與明末污濁的朝廷中，如何能站立得住呢？鄉人有傳錄崇煥遺詩者，有云：「慷慨同仇日，間關百戰時，功高明主眷，心苦後人知。」（南還別陳翼所總戎）又云：「欲知肺腑同生死，何用安危問去留？杖策必因圖雪恥，橫戈原不為封侯。」（邊中送別）又云：「榮華我已知莊夢，忠憤人將謂杞憂。」（偕諸將遊海島）觀此，可裀益園崇煥真千古軍人的模範啊！

張家玉，號芷園，東莞萬家租人，中崇禎癸未科進士，授翰林院庶吉士。張氏為唐殿中監張九皋之後，宋末遷居東莞萬家租鄉，地倚大江面四百三十二峰，先輩謂必生大忠孝人，主持名教者，十七傳而生家玉。甲申年（清順治元年）李自成破京師，家玉被俘抵死罵賊，賊把他束縛，使兩武士夾持勸其歸順。家玉年少貌秀拔，聲巨詞辨。賊慨歎說：「我殺這種奴才多得很，臨死戰慄，不能作一語，未有如此人之勇敢不畏死者。」竟把他釋放不殺。家玉乘間南走金陵。居錢塘，與總兵張鴻逵，副使蘇觀生等，同護唐王至福建，閩人立唐王，以蘇觀生為相，以家玉為侍講，兼兵科，參永勝伯鄭彩軍駐邵武。家玉先驅抵廣信，與清軍戰於許灣，頗捷，遂解福州之圍。

丙戌年（清順治三年）正月，被清軍圍於新城，力戰得出，加僉都御史，開府廣信，與鄭彩議不合，自請回粵招募。同年八月，至鎮平，諭山賊黃海如等，降其眾數萬，簡精銳萬人，為武興營，餘遣散之。這時清軍已陷福州，虜唐王，明兵在上坑大敗，家玉之軍心瓦解，兼餉盡，潰歸東莞，居大伯喪。蘇觀生立唐王弟聿鍔於廣州，以兵部侍郎召家玉，家玉辭不拜。

丙戌年十二月，廣州破，唐王弟聿鍔，蘇觀生皆死，清巡撫佟養甲素聞家玉名，遣副使張元琳至其家召之，家玉服明衣冠出見，責張元琳以大義。張元琳亦癸未榜，與家玉同為庶吉士，歸報佟養甲，佟養甲復飛書諭之，家玉答書說：「孔門高弟，太祖孤臣，如玉其人，安可以不賢之招招之乎？生殺榮辱，惟公命。」家玉既義不肯屈，他的老師林洊復贊其起義。這時適逢東莞舊蕉與到滘二鄉以被掠與官兵相攻擊，殺數百人，家玉與何不凡、莫子元等約，以大舟來迎。家玉出舊賜幢蓋麾葆，鼓吹登舟，襲東莞城，攻入城中，殺滿清新派縣令，抄降紳李覺斯等家以犒士。騰檄遠近，各地嘯散響應，時丁亥年（清順治四年）三月十四日。

不久，清軍至，大戰於萬家租，遂陷東莞，家玉走到滘。清總兵李成棟攻到滘三日，破而屠之，家玉祖母陳氏，母黎氏，妹石寶，俱投水死。妻彭氏被執不屈，斷股而死。家玉走新安縣西鄉，大豪陳文豹聚兵三千人保境，奉家玉進克新安縣，殺千餘人。四月十日清兵攻西鄉，不克。卻歸西鄉。清總兵李成棟大軍至，圍攻數日，互有死傷。已而舟師敗，家玉走，夜經故鄉萬家租，視其家廟已燬，祖墓被發掘，張氏族被屠戮殆盡，拜哭而去。西鄉亦隨破，陳文豹等俱被殺。家玉至鐵岡，得姚金之，陳穀子等眾各千人，遂走十五嶺，復得羅同天，劉龍，李啟新等眾三千人。家玉會同遣兵攻龍門，克之。至是入龍門，進攻博羅，亦克之，並克連平，復振。攻惠州，三日不克，還屯博羅，清軍攻之，家玉走歸龍門，募兵，旬日間得萬餘人。

家玉幼好擊劍任俠，多結山澤之豪，故所至翕然，蹶而復起。至是分其眾，列龍虎舛象四營，進攻增城，入之。十月，李成棟至增城，馬步兵萬餘。家玉分兵為三，俯深溪高崖以自固，大戰十日，死傷殆盡。李成棟圍之數重諸將請血戰衝圍而出，家玉說：「矢盡礮烈，欲戰無具，將傷卒死，欲戰無人，天明俱受縛了！大丈夫立天地，犯大難，事已至此，焉用徘徊不決，以頸血濺敵手呢？」因為偏拜諸將，自投野塘中而死。懷銀章一，篆有「正大光明」四字，是在閩時唐王所賜，死時年僅三十有三。先後隨家玉而死者數十人。家玉父兆龍，弟家珍，仍為人所匿，得以不死。相傳家玉常乘一黃馬，神駿趨捷，每臨陣，風沙慘淡，作勢怒鳴，以鼓士氣。及家玉死，馬亦自投死谿水側去。

原載於《廣東文獻》三卷四期

明末嶺南三忠

魏彥才

一

明代自天啟閹禍以後，朝政日非，民生日困。到了崇禎年間，內有李自成張獻忠起義，外有東北新興的愛新覺羅氏族的侵凌屈死，李自成攻入北京，崇禎自縊，李自成雖坐不久江山，但傳說中的「衝冠一怒為紅顏」的山海關總兵吳三桂引狼入室，清世祖入北京坐上龍位，（順治元年，一六四四）在風雨飄搖中，兵路尚書史可法和馬士榮等擁立福王（朱由崧）于南京，改元為弘光，同年四月，清軍大舉南下，史可法在揚州死難，南京陷落，趙之龍、錢謙益降清，弘光被俘死難，黃道周、鄭芝龍、張家玉等再擁唐王朱聿鍵為帝，改元隆武（一六四五）。第二年八月，清軍陷福州，隆武被俘于汀州遭殺。十月，清軍陷贛州，總督萬元吉和兵部主事黎遂球（即東番禺人）等殉難，粵督丁魁楚、廣西巡撫瞿式耜等，又擁立桂王（即永明王朱由榔，神崇孫）在肇慶為帝，改元永歷。而大學士蘇觀生（廣東東莞人），素與丁魁執不睦，另立唐王弟朱辭鍔于廣州，改元紹武（一六四六）。這些大臣各自擁戴皇帝，只圖貪功，不以興復為念，以致兄弟鬩牆，互相火拼，使清軍坐收漁人之利。結果，降清總督佟養甲、總兵李自棟，率兵由福邁急赴粵東潮觀生、梁朝鐘等許多君臣死難，叢葬于廣州北郊流花橋畔。此刻，朱明的氣數將盡，國祚日短，永歷小朝廷只能在西江一帶苟延殘喘，東奔西竄了。但傳統的「尊王攘夷」、「民族大義」、「民族氣節」，作為最高的道德標準，與出賣國家民族利益的投降敗類，形成鮮明的對照。於是人稱「明末嶺南三忠的」陳子壯、陳邦彥、張家玉的英烈事蹟，便被人們記載傳播下來，埋下以後廣州三元里抗英、洪秀全起義、孫中山先生推翻清王朝建立民國的革命火種。

二

陳子壯（一五九六—一六四七，南海人）廿四歲殿試成為探花，授翰林院編修，供職史館，因不滿魏閹等弄權，受到忌恨排擠，退居故鄉，與黎遂球陳邦彥等名士酬唱，暫時笑傲江湖，寄情山水。弘光元年（一六四五）復出壁南京，隨即奉詔回粵籌餉募兵，準備覲王，曾勸蘇觀生不要另立朱聿鍔，以免自相殘殺。他眼見敵騎縱橫，國事日非，早已聯絡四方，招兵買馬，並拜受「太子太師文淵閣大學士、兵禮兩部尚書、總督閩粵贛湖廣軍務」職銜，與長子庸起兵于九江。永歷元年（一六四七）正月，肇慶小朝廷聞廣州失陷，帝駕移柳州，李成棟兵至肇慶，總督朱治澗棄城，丁魁楚降敵被殺，帝駕再移全州。二月，李成棟進攻桂林，由佟養甲坐鎮廣州。兵部給事中順德陳邦彥繼子壯起兵于高明，進士出身侍講編修兵部侍郎東莞張家玉，也以自福建回來募得之兵起事於故鄉。四月，陳邦彥下江門，五月，李成棟由廣西回師攻陷新安（今寶安）的西部與家玉接戰，家玉兵敗。此刻，子壯心急火燎，傳檄家玉邦彥等東西策應，密諭廣州城內遺臣義士的內應，相期水陸會攻廣州。七月初，子壯親率各路舟師六千餘隻，進攻廣州，因各軍聯絡不週，機密洩漏，圍攻八天，終日金鼓齊鳴，旌旗蔽天，殺敵不少，但還是不能得手，解圍退屯三水。八月初，子壯再率舟師第二次圍攻廣州，以解家玉在新安受李成棟攻擊之危，又是天候等原因，徒勞而敗，邦彥退保清遠，子壯輾轉佔高明，殺偽縣令及偽官多人。八月下旬，敵軍圍九江，子壯長子上庸戰死，解圍後屯兵九江。九月初進兵四會而回，李成棟急攻九江被擊退。接著，子壯攻新會而返。這時，李成棟集結重兵再攻九江，子壯以奇兵擊退，斬獲頗多，從此兩軍相持了一段時間。九月廿八日陳邦彥兵敗殉國于清遠。當時清遠城陷，邦彥率死士巷戰，自晨至午，頸被三刃，左右死傷殆盡，走入朱氏花園，以主人筆墨作題壁詩：「無拳無勇，無餉無兵，聯絡山海，誓佐中興，天命不佑，禍患是膺，千秋而下，鑑此孤貞。」題畢走水池自盡，為敵救起，用檻車送廣州，佟養由大喜，婉言招降，不屈，從容作歌：「天造兮多艱，臣也江之滸；書生漫談兵，時哉不我與；我今後兮何之！我躬兮獨苦。崖山多忠魂，後先照千古。」他與陸秀夫、張世傑同樣名傳千古，真是得其所哉了。時年四十五歲（一六〇二—一六四七）。次子馨尹、三子和尹、四子虞尹，都為佟養甲所害，只留下長子恭尹，終生不仕清，擅長詩詞書法，有著作傳世，名噪嶺南。

且說：永曆元年十月初七，清軍又集結大軍圍攻九江，隨即遁去，子壯率陸師攻新會、新興、失利返高明。初十張家玉戰死增城。原來家玉從新安敗走龍門後，得鄉勇四萬，移師增城，擬與子壯、邦彥成犄角之勢，監視廣州；不期李成棟大軍趕至，大戰三日後乘家玉軍混亂相殘之際取勝，家玉身中九矢墜馬，自知難以生返，跳入野塘死殉國，年方三十二歲，（一六一五—一六四七），正在英年，尚無子女。

子壯在高明聞知邦彥、家玉死耗，悲痛欲絕，忍著英雄的悲壯苦淚，擬取西江上游，與王師會合，並謀堵絕清軍歸路，計為李成棟所偵知，先攻九江，次攻高明，使子壯難以應付，只好固守高明，令全城男女老幼登城奮勇殺敵，敵無法逼近，改挖地道攻城，並以雲梯助攻；子壯力戰，人無變志，中書范其徵、區銑、兵部主事譚應龍以下參將、游擊、都司、守備等皆死難，甚至還有全家自謚的。李成棟收兵，初二拔營至肇慶對岸，永曆帝奔桂林。初五入城，佟養甲聞之大喜，佈置刀斧手嚴立衛內，厲聲對子壯說：「你何為不跪？我與你有年誼，今欲保你為官。」子壯義正詞嚴說：「你已叛背朝廷，何年誼之有？道不同不相為謀，要殺便殺，夫復何言？」當夜子壯就義被磔（分裂肢體）于東郊。約人區懷旲、知府區宇寧、知縣曾貫卿、御史麥而炫、參將王鼎衡等一同遇難，子壯家也被抄。翌年為永曆二年三月，李成棟因攻粵有大功，只被任為提督，受佟養甲節制，很是不滿，毅然奪佟養甲兵權反正，遵永曆為正統，並使人謀殺佟養甲於廣西，釋放子壯子上蘭、上延、上圖、得到永曆的封官賜爵，並為子壯補辦喪事，雙門底（即廣州市中華路）四牌樓還存大座石牌坊是紀念子壯的。（作者後按：許多年前為了擴建馬路，四座石牌坊已移到他處）子壯殉國十四年，即順治十八年（一六六一）永曆帝為吳三桂弒於雲南，明亡。「青山遮不住，畢竟東流去！」

三

以上「明末嶺南三忠」的事蹟，見之於明史和地方史乘多家著作。他們三人在不到一年的時間裡，募集統領義師，宵衣旰食，轉戰於河涌縱橫、地形複雜的珠江三角洲各州縣，親冒矢石，攻城略地，大小戰役百數十次，雙方死傷和被清軍虐殺的數以十萬計，此伏彼起的義師，未經訓練，裝備簡陋，但足使敵人喪膽，付出很大的代價，振奮了民族精神，發揚了民族正氣。三忠都是中華民族的精英，博學多才，詩書兼擅，都有著作和墨寶傳世，為後人所景仰崇拜。他們幸存的親朋故舊如屈大均等，到明亡後多遁入空門，儒釋同參，保持氣節，誓不仕清。三忠中最慘烈的是張家玉，祖母陳氏，母黎氏，妻彭氏，妹石寶，以及兄弟叔侄三十多人，都死于戰陣或被虐殺，只餘下胞弟家珍一人。鄰里親戚被害的更多至千人，整村廬舍為墟，天愁地慘。中華民族自古以來，當國家民族到了生死絕續之際，便像疾風勁草，歲暮寒而歷險彌芳，經霜愈翠。宋末有宋將張宏範降元滅宋，不知羞恥地崖門樹起「張宏範滅宋於此」的大石碑，但也有民族英雄陸秀夫、張世傑等抱著宋投海激起的悲壯回聲。忠奸分明，是非有界。有人認為元滅宋、清滅明是歷史潮流，改朝換代，由亂而治，發展了生產力，不值得去歌頌末代的忠臣義士。現在我們的國家是多民族的大家庭，更不必去提倡民族大義和民族氣節。其實「多民族的大家庭」這個概念，是近代偉大的孫中山先生開始提出的，我們生活的地球上，現在畢竟還有國家民族界限，世界大同的境界還遙遠得很，外面還有敵視我們的人亡我之心不死；假如我們不尊重歷史的實際情況，看不見還有外族侵略的可能和危險，否定民族大義和氣節，美化或淡化投敵的敗類，甚至認賊作父，那麼，當外國侵略者來的時候，該怎麼辦？很值得所有炎黃子孫深思。據說：有人為吳三桂翻案，封吳三桂為「時代巨星」，這和抗日戰爭時期，日本人出書為吳三桂翻案，為招降納叛、毒化我們鳴鑼開道，如出一轍，真是匪夷所思！

原載於《廣東文獻》二十五卷三期

張家玉鄉土抗戰

——嶺南三忠之三

陳荊鴻

吾粵東莞，民風剛毅，在宋朝末年，熊飛將軍，以布衣起義，大戰元兵於花溪銀塘，所謂榴花塔故事，已是家喻戶曉的了。到了明末，又有袁崇煥督師關外、張家玉抗戰鄉邦，都成了史乘之光。張家玉、字玄子、號芷園，東莞萬家租人，他的故居，名永寧里。少即聰穎異常，貫通經史。有一天，他的老師林洊，和一群同學們，到黃旗峰郊游，該山徵勢險峻，不容易攀登的，各人到了半山，都疲倦下來，他卻絕不畏懼，獨自一人跑到山頂去。回來時，拿著一杯酒，對老師道：「我輩做人，非做第一流不可」，那可見他從少年時候，已抱有大志了。明崇禎九年，家玉二十二歲，舉於鄉。二十九歲，成進士，殿試三甲，授翰林院庶吉士，出倪元璐、周鳳翔門下。事先，倪氏夢見一童子，手持彩旛，從天而降，旛上寫有詩一首道：「謹記崇禎十六年，聖明天子大求賢，從今絳闕天魔墜，輸與金旛玉局仙。」後來才悟詩中所指，是家玉其人，那正是崇禎十六年呢。所以倪元璐很器重他，在館課中，拔他的詩歌第一，前後凡三次。有話敕文字，也常著他擬稿。一年後，亦即崇禎十七年甲申三月、李自成陷京師，莊烈帝自縊煤山。家玉的恩師周鳳翔，亦慷慨殉節，遺書給家玉道：「玄子爾雅溫文，貌若婦人女子，然中懷剛毅，定知大節不移也」。家玉得書痛哭，對人說道：「我誓不負吾師的」。當李自成入了北京，登其大寶後，為要收買一班有聲望的士大夫們捧場起見，因此也邀請到家玉來，自成親自出左中門召見，令家玉跪，家玉笑道：「為什麼要跪」。自成怒道：「我定要你做」。家玉這時，破口大罵，數自成十大罪狀。於是，自成便喝令左右，牽他出外斬首。家玉大笑，從容不迫道：「這是我求之不得的，好極了」。自成見到這個情形，更咆哮起來，大聲喝道：「那末，我又不殺你，讓你辛苦地受刑」。就這樣，便將他提到五鳳樓外去，吊起來亂棍拷打，皮開肉爛，七日不食，奄奄一息。剛好清兵入關，京師紛亂，才得逃脫。他有一封答張翰林書，這樣說勢：「甲申歲，燕京失守，賊假傳野史，搖惑里門。僉曰家玉上十封事於牛金星，媚逆闖以要偽祿。嗟乎！時家玉正縱杲之舌，嘵嘵不屈，致有鳳樓之慘，七日不食，鞭撻不改。此皆足下同難中目睹，殆非屬耳食輩也。」

清兵陷北京，家玉雖因此得脫李自成的魔掌。但眼看著國家面臨崩潰的局面，也不勝悲憤，寫了一黎詩道：「朦朧推轂委專征，無限傷心歎我明。大老高謀惟避地，將軍妙策只行成。輕弓短箭來胡馬，棄甲投戈赴漢兵。誰使至尊虛撫髀，坐令談笑失周京。」家玉由首都南返，剛巧福王建都金陵、阮大鋮當權，以東林黨人政見不同，欲將之殺盡滅絕。因此，誣說家玉也曾請闖賊厚葬周鳳翔，又推薦過劉宗周等人，顯然是同一黨羽，宜列入第五等罪名，聽候嚴辦。好在得保國公朱國弼極力代辯，才告沒事。不轉瞬間，南都也給清兵攻陷了，家玉走到嘉興去，和副使蘇觀生，總兵鄭鴻逵等，擁立唐王朱聿鍵，直取福建。乙酉閏六月，唐王在福州登位，改元隆武，晉家玉為翰林院侍講，復以大學士黃道周之薦，命掌起居有注。於是家玉便上了一篇崇義懍然的奏疏，大致說道：「臣看得起居有注，所以書天子之言動也。言則必書，動則必書，所以俾敬慎於為天子也。自君好諛於其臣，而索覽所書於其臣。臣貢諛於其君，而獻覽所書於其君。上下相蒙，是非矯枉，此非人主之過，實臣陷人主為非者也。臣讀敕，知皇上自待厚，而待臣不薄，臣敢為皇上告，嗣今後，臣務勉於為臣，君務勉於為君。倘皇上而多中禮之言，而多中禮之行也，臣必直書之冊，曰，某年某月某日某事，皇上之言也如此，之行也如此，天下將傳之羨之。倘皇上而有非禮之言，非禮之行也。臣必直書之冊，曰，某年某月某的某事，皇上之言也如此，之行也如此，天下將傳之駭之。為人君者，當聲為律而身為度。為人臣者，當是曰是而非曰非。將順其美，匡救其過，古大臣風也。」這疏上了後，奉旨嘉許道：「左史記事，右史記言，起居注官，自古重之。爾家玉正己不阿，遇事敢諫，立朝風采，朕久注念。今儿爾奏，卓有古大臣風，朕當書諸御屏，觸目謹畏。爾其殫心供職，副朕相期至意。」

後來唐王誓師出戰，擢家玉兼兵科給事中，監御左營軍，賜銀印節，便宜行事。與鄭彩督兵，進取廣信。是年冬，撫州告急，家玉約諸鎮會兵許灣，大有斬獲，解了撫州之圍。正欲乘勝向清兵追擊，怎料鄭彩恇怯不從，自行撤兵入守彬關，放棄新城。家玉認為新城是永定的屏障，永定是福州的門戶，因此，便和新城知縣李翔，募兵死守。敵騎突襲，家玉在酣戰中，中矢墜馬，唐王溫加慰藉，晉僉都御史，家玉以無功辭謝。清兵節節進逼，而鄭彩等人，按兵不動，畏敵苟安。家玉看到國勢艱危，在那環境下，幹不出什麼事來了，於是奏請給假三月，回到廣東惠潮各地，籌餉招兵，為進取江西之計。至鎮後，招降了大盜黃海如、黃元吉等徒眾數千人，與清兵遇於赤山坡、大捷。可惜那些士卒，都是烏合之眾，軍糧不繼，便作鳥獸散。家玉無可奈何，只得回到他的老家東莞去。在他的軍中遺稿中，有這兩首詩寫著：「東泊西飄寄的身，頭顱空帶楚冠塵。千秋獨有文夫子，同笑迎降賣國人。」「漁陽鼙鼓動燕京，若個傳來罵賊聲。記得當年顏太守，洛陽橋畔舌縱橫。」

福州崩潰後，一方面桂王朱由榔建都肇慶，一方面清將佟養甲攻陷廣州。佟氏素知張家玉文武兼資，遂派副使張元琳，致書招降，大致道：「入粵匆匆，未遑摳謁，高山之仰，夢寐為勞。邇者海寇跳梁，動稱張府。雖圭璋之質，不染微瑕。而舉動紛紛，人言亦大可畏矣。邇乃既叨九里之潤，敢邀一顧之勞。倘肯魯車，觀光羊石，則握手之歡，固不敢以儕偶相伍。如見拒已甚，何難立驅健兒，以得見君子為快也。」家玉得書，慷慨地答道：「捧誦瑤函，恩威交致，一似動以爵祿之慕，一似危以滅族之誅，嗚呼，善矣。大丈夫得志則立事功，失志則存名節。我京師罵賊，思文皇帝嘉之，寵我如子。我受聖明恩重，下髮背之，於心弗忍。若拔我一莖，雖易以單于，不屑也。」桂王永歷元年三月，陳子壯、陳邦彥，謀起義兵，反攻廣州，函約張家玉合作。家玉便在到滘，招募義士響應。同時，復得主事韓如琰，參將李萬榮，各率徒眾相助，聲威大振。一鼓克復了東莞城，斬敵知縣鄭鋈，典史趙元鼎。奉表向桂王告捷，桂王聞報，晉家玉兵部尚書，提督嶺東軍務。家玉正準備整飭大軍，向廣州進發，怎料有邑人通敵，甘作漢奸，那是前刑部尚書李覺斯、總兵王應萃等。他們向廣州告密，還請清兵來打自己家鄉。所以家玉便張貼佈告，曉諭民眾，這樣寫著：「近聞偽捕昌議主謀，請兵出省，一曰先攻主將之巢，一曰次絕主將之援，無論挑釁召兵，自取滅亡。試問東人士女，肯作夷人之僕妾乎。東人膏梁，肯作夷人之供饌乎。東人廬舍，肯作夷之人帳幕乎。快一己之謀，釀眾人之禍，知眾心所不許也。城中義士不少，幸共圖之。」東莞民風強悍，經家玉登高一呼，莫不抱著同仇敵愾的決心，以保衛鄉土為職志。可惜局部地方，兵微將寡，終不免於禍難而已。

清將李成棟，率軍蜂湧而至，猛撲東莞城外萬家租地方，那正是家玉的故鄉。混戰了數天，雙方傷亡慘重，東莞城終於再告陷落。這一戰役，知縣張玿、城守安弘猷俱陣亡。指揮僉事張恂，走到錢屋田間，給清參將胤追至，也自殺殉職。家玉祖母陳氏，母親黎氏，妹石寶，都投水死。妻彭氏，正要自殺，卻給清兵給捉住了，大罵道：「我是張總督夫人，你們這班亂臣賊子，敢侮辱我嗎」。清兵在憤怒之下，便肢解了她。家玉的叔父兆鳳、兆麟、兆軋等，也同遭殺害。一門三十餘口，慷慨殉節。只有家玉的父親兆龍，得從姪雷禎，藏匿著他，幸免毒手，後來活到八十多歲。家玉退守金鼇洲，繼復到西鄉去，由陳文豹率眾協助，出攻新安，復斬敵千餘眾。又分兵回擊東莞，與清兵接戰於白沙。途經萬家租時，只見家廟廬舍，夷為平地。親戚宗族，盡遭屠戮。全村蕭然，痛哭而去。沿線轉戰，到鐵岡，得到姚金、陳穀子，帶領鄉民數千人前來，共同抗敵。於是軍威復振，進攻龍門、博羅、長寧、惠州，迭有斬獲。正當屯兵增城的時候，清總兵李成棟，率數萬大軍突襲，血戰數日夜，兵盡矢窮，死傷遍野，家玉身被三傷，墜落馬下。參將陳瑞龍，負著他逃跑。後來敵軍追逼，瑞龍置家玉竹林中，與敵肉搏死去。家玉這時，知大勢無可挽救了，便爬到竹林後面，向野塘投水殉國。時永曆元年，亦即清順治四年丁亥十月初十日。清兵撈起他的屍體，身上佩著銀印一枚，文曰：「光明正大」，那是日前在福州時，唐王所賜的。清將驗視無訛後，便將他的遺體，懸掛城東門示眾，那時，家玉只三十三歲而已。明年，桂王詔贈家玉太保，武英殿大學士、吏部尚書、增城侯、謚文烈、賜祭葬，立祠崇祀。蔭一子世襲錦衣衛指揮使，家玉無子，俟其弟家珍生子為嗣承蔭。家玉在數月艱難苦戰當中，也寫下好幾首激昂慷慨的詩，略錄如下：「前有于兮後有楊，鬚眉男子兩堂堂。全忠自古難全孝，何況家亡與國亡。」「慘淡天昏與地荒，西風殘月冷沙場。裹屍馬革英雄事，縱死終令汗竹香。」「回首天涯憶故鄉，忽聞節候又重陽。斷腸何處啼猿月，驚夢當皆唳鶴霜。擊楫幾時清海浦，揮戈猶未掃欃槍。可憐無數英雄骨，空照黃花吐烈香。」

原載於《廣東文獻》一卷四期

清代

高風勁節的丘逢甲

鄭彥棻

丘逢甲（倉海）先生的大名，我九歲的時候已經耳聞了，這是從先母口唱木魚書（註一）中所聽到的。當時民間盛行的木魚書唱詞裏，常常提到國父孫中山先生以及開國元勳如黃興、黎元洪、胡漢民諸先生。我還記得，倉海先生在廣東厲行禁賭的措施，也被編入民間喜愛的唱本，予以歌頌。這是我幼年腦海中最初有了倉海先生的印象。後來，從書本中才得一年，正是倉海先生積勞去世的一年。

及後，我考進了廣東等師範學校，從旁獲悉我的校長鄒魯（海濱）先生是倉海先生的弟子，從鄒校長的言談中，使我對倉海先生有了更進一步的認識，而且心儀其為人。

到了民國十三年，我在高師畢業後，奉派參加考察團赴日本考察教育，在東京得與倉海先生的長公子丘琮（念台）兄認識。他是當時留學日本東京帝國大學，代表留東學生團體，負責接待我們的。民國二十四年我應邀從歐洲回國任國立中山大學法學院教授兼院長，他也應聘在中山大學理學院當教授，我們並且同奉鄒校長的指示，參加七人的專案小組，共商處理有關抗日運動的事件和領導抗日運動的計劃，彼此接觸特多。民國三十年，我任廣東省政府秘書長的時候，念台兄正在羅浮山（註二）動員民眾抗敵，工作上時有聯繫。三十六年至三十八年間，念台兄出任中國國民黨台灣省黨部主任委員，我這段時間先後任中央黨部的副秘書長和秘書長。四十六年至五十年間，念台兄當選中央常務委員，我在這期間先後任中央第三組主任和常務委員，因而交往日密，我從念台兄處得知倉海先生生前的事蹟也日多。同時，在我中山大學法學院院長的任期內，主任秘書一直是由念台兄的令弟丘琳（鎮侯）兄擔任，我和他日夕相處，從他的言談中，也獲悉倉海先生的偉大事蹟不少，因此，我雖未及身獲親倉海先生的風采，但因為我與念台兄昆季這樣多動的關係，對倉海先生的瞭解漸多，而對於他的生平事蹟，也就特加注意而益為崇敬了。

由於上述關係，就所瞭解倉海先生的一生事蹟，以我個人體會所得，深感先生實實在在是一位愛國愛家愛民的志士，學到老做到老的教育家，又是一個富有孝道和愛心的孔學篤行者，他的篤勁風高，實足為我們效法的。

先說倉海先生愛國家愛民族，先生幼有大志，博覽群書，深知國家興亡匹夫有責之義，當他還是秀才的時候，常向當道條陳國家大計，而且頗有見地，及後考中了舉人，而成進士，他更有以天下為已任的抱負。

當甲午（註三）中日戰爭初發，倉海先生對台灣前途便深為憂慼，知道日本野心勃勃，早就垂涎台灣。於是召集鄉民予以訓練，每以大義曉喻同胞，為保衛國家，維護祖宗廬墓而準備抗拒外國的侵略。當時，清廷尚未有割台之議，但先生已洞燭機先，因為清廷已日趨腐敗，日本維新以後，勢必向我國侵略，先生默察興衰，已料及清廷無能拒敵，台灣便會成為日寇首先攫取的目標。而自己又不願台灣同胞為異族統治，所以預謀保家衛國的對策。

迨甲午戰敗，清廷果然被迫訂立喪權辱國的馬關條約（註四）忍心割讓台灣，憂國之士，莫不憤激，先生領導台灣士紳上電清廷表示：「割地議和，全台震驚。……二百餘年之養人心，正士氣，正為我皇上今日之用，何忍一朝棄之！全台非澎湖之比，何至不能一戰！臣桑梓之地，義與存亡，願與撫臣等誓守禦。若戰而不勝，待臣等死後，再定割地，皇上亦可上對列祖，下對兆民。」同時，台灣舉人適值會試在京，他們也以台灣被割與日本，同感悲憤萬分，乃伏闕上書，涕泣以爭。無宗清廷懦弱，卒無法挽回。先生眼看處此惡劣危急的情況之下，祇有號召台人，力謀自保，由於他負有重望，登高一呼，便全台響應，旋即成立「台灣民主國」，共圖挽救。

倉海先生之親自領導組織「台灣民主國」，並非有脫離祖國獨立的意想，相反的，完全是以台灣為中國國土，不忍任令淪為日本所有，使台灣同胞受異族的統治與凌辱。且以清廷就沒有能力來保護台灣，祇有自力更生，起而抵抗日本的侵略，以維國土。先生這種苦心，我們可從下列事實予以說明：

㈠「台灣民主國」成立之後，改元「永清」，表示永遠不忘祖國的意思。

㈡上清廷電文曾說：「台灣紳士、義不臣倭，願為島國，永戴聖清」。更明顯的表明祇是不做日本的臣民，而仍然擁戴宗邦。

㈢向台灣同胞發表佈告時：「今雖自立為國，感念舊恩，仍奉正朔，遙作屏藩，氣脈相通，無異中土。」也說明了台灣仍為中國的國土。

㈣檄告中外，大意是說不甘事仇，惟有自主，事平之後，當再請示祖國處理，希望中國豪俠及海外友邦能慨然相助。更表白事平後，主權仍歸中國。從這些事實看來，祇強調不甘事仇，而對祖國一再聲明，誓為擁戴，可見先生是非常愛國家愛民族的。他當時這樣的做法，不過是一時權宜之計，而仍然希望憑台灣的力量，不讓日本侵佔，再圖機會回歸祖國的。

先生當時以台灣民主國副總統（總統是原任巡撫唐景崧）兼任義軍統領，加緊組訓，誓死抗日，但以海島孤懸，外援斷絕，加以負責守衛台北的唐景崧不戰而逃，影響戰局，雖經倉海先生領導繼續苦戰，卒因彈藥不繼而終告失敗。

先生默察當時國內外的環境，敵我的情勢，以及本島的實力和唐景崧的態度，並不是不知道孤軍抗日會遭遇失敗的，可是他基於愛國愛鄉的熱誠，不顧一切犧牲，奮起抵抗，不甘不戰而俯首臣伏於外寇。這種知其不可為而為之的精神，真值得我們無限敬佩！

先生失敗後，仍志不稍餒，立必死之心，原欲奉率部入山死守，與台灣共存亡，後以路將苦勸：以「台灣雖亡，倘能強祖國，則可復土雪恥，不如內渡。」才決定接受部將請求，忍痛內渡。先生於離台時，還遙望家山，痛哭流涕，行前並以悲痛之心情，寫了六首離台詩，道出他的悲憤和不忘光復台灣的心志，當中最令人感動的有三首：

㈠宰相有權能割地，孤臣無力可回天，扁舟去作鴟夷子，（註五）回首河山意黯然！

㈡捲土重來未可知，江山亦要偉人持，成名豎子知多少？海上誰來建義旂！

㈢英雄退步即神仙，火氣消除道德篇，我不神仙聊劍俠，仇頭斬盡再昇天。

其後先生所作之詩甚多，大都是感時述懷之作，始終表露他眷戀懷念和不忘光復台灣，茲選錄三首如左：

「親友如相問，吾廬榜念台，全輸非定局，已沬有燃灰，棄地原非策，呼天倘見哀，百年如未死，捲土更重來。」

「年年鄉夢阻歸鞍，恨不隨風化雨翰，捲土重來心未已，移山自信事非難」。

「變現諸天說法身，穗香醒夢證前因，遍呼黃帝諸孫起，莫作華胥夢裏人」。

先生內渡抵福建泉州後，仍念念不忘台灣抗日軍事有關情況，時相探詢，行踪遂被日人獲悉，乃派人向先生誘以高官厚祿，勸使返台與日人合作，而先生不特不為所動，反把這個替日本作說客的漢奸，義正詞嚴的加以痛罵一頓。這些文字和行動，說明先生確是一位愛國家愛民族的志士。

也許有人認為先生這樣作法，既知清廷腐敗，無力保衛國土，喪師割地，把台灣送與日本，而先生仍然愚忠的擁護清廷，豈非思想陳舊，和當時康有為所領導的保皇黨又有什麼不同呢？其實先生的政治思想和行動指標，一切均以國家民族為前提，他對清廷表示忠心，完全是基於愛國的觀念，希望在清廷統治之下求革新。直到台灣割與日本後，他的做法，固然是希望自力更生，但也希望清廷能痛定思痛，力圖振作，光復台灣。但當他回到祖國後，眼看清廷積弱日深，改革無望，他便轉變到傾向國父孫先生所領導的國民革命，到他四十五歲時，還被推為中國革命同盟會的嶺東盟主。由此說明，倉海先生之為國與康有為之保皇，思想上是顯有不同的。

倉海先生富有革新思想，就以他自己的名字來說，「逢甲」的名字，是父親替他取的，意思是先生出生的歲次，恰逢甲子，在舊觀念上，甲為天干之首，子居地支之首，甲子相逢，是吉祥之數，故替他命名為「逢甲」，但先生並不重視這些，當他內渡後所作詩文，便常以「倉海君」為筆名，因為倉海君曾幫助張良為韓復仇狙擊秦始皇於博浪沙的力士，便是倉海君所介紹的，先生以倉海為筆名，是表示他對日本不忘復仇之意。正如他把自己的住所叫做「念台精舍」，給他的兒子「琮」取字為「念台」，在在都顯出他強烈的愛國愛鄉的情操，念念不忘為台灣復仇的決志。後來更索性不用舊觀念認為吉祥之「逢甲」，而以「倉海」為名字，這種日新又新的思想，也絕非常人所能企及的。

先生經過了家國慘變之後，更有感於光復台灣，必先使國家強盛起來，要國家強盛，便應注重教育。所以他回到廣東之後，便辦力提倡教育，興辦新學，並不斷羅致革命黨人為教職員，盡力療護革命志士，以表現他的積極愛國行動，真叫我們敬仰！

先生幾經憂患，竟以積勞成疾，醫藥罔效，不幸於四十九歲正當壯年的時候逝世。當著他臨終的時候，仍吩咐家人：「葬，須南向，吾不忘台灣！」足見先生臨死仍以光復台灣為念，可惜他壯志未酬，不及親見台灣重歸祖國懷抱，這實在是先生的莫大遺憾！

現在談談倉海先生學到老，做到老的精神。倉海先生天賦極高，幼從父（丘龍章號潛齋一老貢生）學，六歲即能作對吟詩，七歲能文，到十四歲時，已具備應考秀才的學力了。但以年幼路遠，他的父親乃親自由東勢送他到台南去應考。這時交通不便，祇有陸路可行，而且要走七天，一路翻山涉澗，倉海先生而兩足生泡，不能行走，要由他父親背負而行，及抵嘉義，遇到一位秀才朋友，詢悉他們是前去應考，這位老秀才以倉海先生年紀還這樣小，對他的學力有點懷疑，於是半帶玩笑的出了一副對子的上聯，要倉海先生對下聯，藉以試之，他出的上聯是：「以父作馬」，這是指倉海先生由父背著，好像兒子把父親作為馬一樣的騎在他的身上，倉海先生略加思索，答道：「望子成龍」。意謂父親這樣不避艱苦，志在希望兒子功名有就，老秀才聞後大喜，譽為奇才。

那次主考的學台是台灣巡撫丁日昌，當他巡視考場時，尚未到交卷時限，但見倉海先生已交卷出場，心裏想，這麼年少的孩子，卷交這樣快，一定是做不出文章，交了白卷，乃詢問他的名字，據答是「丘逢甲」頗感興趣，因觸動靈機，出一副對聯的上聯是：「甲年逢甲子」，要他作下聯，這是相當難對的，可是倉海先生很從容而有禮貌的答道：「丁歲遇丁公」，蓋是年為丁丑年，而學台又是姓丁，對得既工整，而又適時適人，使丁日昌為之贊賞不已。丁學台又叫他用俗不傷雅的文字，詠台灣風俗，稱為台灣竹枝調，倉海先生做了一百首，丁學台閱後，認為祇看聯和竹枝詞，不用看文章，也可知道一定會錄取了。及榜發，先生果然名列榜首成了台灣最年青的秀才，丁學台高興之餘，贈以「東寧才子」（註六）的雅號，還送了他一顆刻有這四個字的圖章。

倉海先生從幼年便力學不輟，時時用功，處處學習，憑著他的天資，加上勤奮努力，詩文進步更快。二十四歲赴福州應鄉試，得中舉人，二十六歲赴北京應試，復中進士，一洗「台灣蟳」之恥。大概因為當時台灣讀書的人不多，加以赴內陸交通困難，費用又大，所以取了秀才之後，大多不往福州應試，而少數赴福州應試的，考中的也不多，所以每被人們輕視，把台灣秀才叫作「台灣蟳」（俗稱青蟹）而予以取笑，因為「台灣蟳」沒有膏，拿它來譏諷台灣秀才沒有學問，就像「台灣蟳」沒有膏一樣。

可是，我們應該知道：現在大不相同了，台灣光復後，賴總統蔣公之英明領導，各項建設，突飛猛進，人才輩出，如大專聯考、高考、特考及留學等各種考試，台灣人士考取的比率相當高，而且常有榮居榜首的。這裏，我舉一件事實來證明，當我任司法行政部部長的時候，所屬司法官訓練所在民國五十一年舉辦第五期司法官訓練時，這一期的同學是司法官高等考試及格的共有四十六人，台灣籍的佔百分之七十八左右，可見台灣現在的教育水準，比當年倉海先生時是有天壤之別了。

倉海先生進士中式，殿試列二甲，賜進士出身（註七），派任工部主事。但他無意做官，沒有就任，仍返回台灣，本教學相長之義，從事教育工作，在工作中不斷學習。先生眼光遠大，見解高超，認為教育乃立國的根本，並感舊學無裨實用，所以返台灣後，主講台中府衡文書院、台南府的羅山書院、嘉義縣的崇文書院以及兼任台灣通志的採訪師。他的講學重心，都放在中外歷史，興亡大計，以啟迪青年，擴大知識領域，積極從事於教育的革新工作。及由台內渡返粵，先後受聘主講潮州的韓山書院，更以時務策論及實用之學為講授內容，摒棄八股試帖，首開嶺東新學先河，當時先生不過三十四五歲，有此輝煌業績，實為他不斷力學力行的結果。

先生三十七歲創立嶺東同文學堂於汕頭，以歐西新法教育青年，以革命維新鼓勵學子，所以，辛亥革命，嶺東義士不少出自他的門下。先生辦學，注重管理，堂規嚴肅，學生寢興上課會食等，均依時刻鳴鐘吹號，不稍逾越。並重兵式體操，聘留學英美畢業生和在汕之英國教習任教，向惠潮嘉道（當地政府機關）借洋槍給學生實習射擊，每練兵操，先生必親臨監督是時中國留日學生，上海愛國學生，鼓吹革命，風氣正盛，同文學堂諸生爭相起應，革命文字，常出現於國文課卷，先生對學生之管理，雖極嚴謹，但對此則絕不干涉，並說：「此天賦人民思想言論之自由權。」此可見先生對革命之立場與態度。

先生深明教育乃強國的根本的道理以及從事新科學研究的重要，故常訓導學生如家有資財，應往東西洋留學，甚至他雖仇恨日本，也鼓勵學生前往求學，他嘗說：「日本吾國仇也，然日本之所以能侮我者，由學術勝耳，欲復仇而不求其學，何濟？」同時，他又重視軍事教育，故每每鼓勵學生及親友子弟投入陸軍學堂，以備為國之用。嗣後離汕頭赴廣州，任學務公所參議，有關建議，多採用。以後分別出任廣州府中學監督，廣東教育總會會長，兩廣方言學堂監督等職，他都以政治地位暗中維護革命志士，迨武昌起義成功，廣東軍政府成立，先生複被舉為教育部長，從事興學，作育人才。

先生在教育上之所以予獲致重大成就，是由於他能夠吸收新知識，適應新潮流。他的學問，雖然出自舊學，但他具有深遠有觀察力和正確的識別力，他覺得舊學不足以匡時濟世，所以努力於新學風的創立，以經世致用之學與新知識教育其生徒，在台灣如此，在粵東如此，在廣州也是如此，可以說畢其生也如此。他認為救國的基本工作在於普及教育和提高國人的知識，所以，他抱定學到老，做到老的決志，除了他自己力學之外，即致力於教育事業，以身作則來培植人才，獎掖後進探求高深學識，以培養國家元氣。他在廣州多方庇護革命青年，為的也是要達到這一目的，而且畢生致力於此。先生那種學到老，做到老的精神，真是值得我們效法。

最後，談談倉海先生的孝道和愛心。先生事親至孝，並推愛及於宗族和地方，由家庭與家族的愛推及宗族與地方的愛，而後擴及於國家的愛，可說是儒家誠意、正心、修身、齊家、治國、平天下的思想想的實踐，當先生領導全台的抗日戰爭失敗後，他本意要入山與原住民結合，在峰巒環繞的山區，繼續與日人周旋到底的，其後改變計劃，固由於接納部將的苦勸，但基於孝道顧慮父母的安全，亦為其中的一個原因，他的父親潛齋先生是一位深明大義的讀書人，竭力贊成他入山抗戰的主張，並且要他勿以父母安全為慮。但當他的四弟瑞甲為父親整理寢具，在枕中發覺潛齋先生藏有強烈的毒藥時，才知道父親已經有自絕的準備，決心於必要時自盡以殉台灣，先生因不得不以他老人家的安全為慮，終於決定內渡。

事實上，先生並不固守舊時的禮制，而捨棄他們對地方和國家的忠愛。如先生在丁繼母憂的喪期中，他任廣東教育總會會長及廣州府中學監督，同時因為廣東諮議局就要成立，地方上需要他，所以，他在百日喪期後即趕返廣州，做他應該做的工作，後來諮議局成立，他被選為議長。又他在丁父憂的時候，正值時局最為動盪，兩廣總督張鳴歧及水師提督李準，立場未明，各方面都敦促先生出任艱鉅，他又不能不在父葬百日後，趕返省垣，以諮議局議長的地位，完成他暗事開導，使張鳴歧李準及諸文武官員贊成獨立，而兵不血刃的光復廣州的艱難任務，隨著，廣東軍政府成立，先生被任為教育部部長，及與王寵惠鄧憲甫二先生同被選為組織中央政府駐粵代表，及後臨時中央政府成立，復被舉為參議院參議員。可見先生是一個移孝作忠的好榜樣。

先生回到廣東後，雖曾在海陽（今潮安縣）教學多年，但並不在海陽落籍，卻回到鎮平（今蕉嶺縣）文福鄉祖先的老家，他說：「祖宗的廬墓是在鎮平的，回來便應回到鎮平，以便春秋可以掃祭。」由此，也可以看出他天性的敦厚至孝。所謂「忠臣出於孝子之門」先生是一個最好的證明。

先生熱愛地方，最重興利除弊，愛護民眾。例如：賭博為廣東的不良習氣之一，由來已久，為害至深。先生出任諮議局議長，便不避權勢，以迅雷不及掩耳的手法，通過禁賭案，而獲萬民歌頌，連廣東民間唱本的木魚書也以丘逢甲苦鬥惡勢力，實行禁賭為題材，使他響亮的名字，在廣東更是口碑載道，家喻戶曉了。

先生的學生中，有參加革命工作的，他也推出愛心而盡力予以庇護。最顯著的就是他特別愛護他的門生，我的老師鄒海濱（魯）先生。海濱先生當時初到廣州，本希望投考師範學校，結果卻由於沒有師範學校可考，同時，潮嘉學子到廣州的，大都想進師範學校，也都無校可入，因此而激發這少年革命黨人的雄心壯志，以二十二歲的求學青年，認定目標，到處奔走宣傳，請人協助，卒於在廣州辦了一所潮嘉師範學堂。在這時候，他聽到倉海先生抵達廣州，因為素仰他的為人和熱心教育，於是專誠前往求見請益。倉海先生和海濱先生談了一會，忽然問海濱先生：「你是世家子弟嗎？」海濱先生答道：「不是。」倉海先生又問：「你是富家子弟嗎？」海濱先生又問：「也不是。」其實，海濱先生的父親鄒應淼，是個獨子，幼失怙恃，成為孤兒，賴祖母撫養長大，小時候更遭洪楊之亂，家產蕩然，窮得用蚊帳作被褥，以過冬天，成人以後做小裁縫，故海濱先生原是出身寒微，後來是靠勤勞努力與苦讀而成名的。倉海先生再問：「那末你有富貴的親戚嗎？」海濱先生答以：「也沒有。」倉海先生聽了這樣的回答，頗感詫異的喃喃自語道：「貧寒子弟那會有這樣的汪洋浩大的氣度呢？」繼而毅然的說：「好！你從此就算是我的學生吧！」這就是黨國元老，前國立廣東大學校長（後來改稱為國立中山大學）我的老師鄒海濱先生成為倉海先生學生的經過。事後海濱先生認為：「坐談半小時，竟得一位老師，而以後於做事多所提攜，革命多所庇護，人生得人識拔，真是一樁不容易的事，而我於偶然中得之，一方面當然感激丘先生的知遇，另一方面更

增強了我的努力。」（見鄒著：回顧錄一九—二二頁）

至倉海先生對海濱先生又如何的關懷與愛護呢？當倉海先生兼任兩廣方言學堂監督（即今之校長）的時候，他知道海濱先生每個月的收入，除了自己開銷，匯寄家用，接濟同志和奔走革命運動的用度，無論如何撙節，總是入不敷出的，因此，他便要海濱先生到方言學堂兼一份教職，擔任講授國際公共、經濟、財政等科，讓他每月增加收入，這對海濱先生來說，是一個很大的補益。其次，倉海先生曾兩度救過海濱先生的命：第一次，海濱先生在倉海先生主持的諮議局當書記，因宣統二年冬倪映典在廣州策動新軍起義事洩，時海濱先生被推赴潮州汕頭，運動當地民軍響應，聞事敗，趕返廣州，從事營救新軍工作，不料廣東警方搜獲了起義黨人的名單，內有海濱先生，於是向諮議局謁見倉海先生，要求他交出人犯，詎料倉海先生把名單一看，便大義凜然的抗議說：「這鄒某是我平素最信任的人，假使他是革命黨，那麼我一定也是，如果要按名單捉人的話，請先從我捉起。」倉海先生這樣義正詞嚴，使對方雖然握有證據，也祇有見風使舵，強笑的說：「這不過是他們報告的名單，鄒先生既然是個好人，想必是他們誤報了。」這樣的自找下台，海濱先生乃告平安無事。（見鄒著：回顧錄二九—二〇頁）第二次，是黃花岡之役，海濱先生正在主持革命黨人，事敗後，他仍留在廣州，一面妥為密藏諮議局內的軍火並燬滅有關文件，一面繼續設法救護在廣州東逃西躲的革命同志，但不數日倉海先生由鄉間匆匆趕到廣州找他，警告他說：「你參加這次起義的證據，已被清吏搜獲，你應該立即避開為要。」海濱先生迫於無奈，決定出奔，才又一次倖免

於難。（見鄒著：回顧錄三九—四〇頁）

倉海先生這樣的事親孝，為國忠，推愛以培育人才，庇護革命青年義士，可說懷忠蹈義，言行一致。他的孝道與愛心，真足為我們楷模！

從上述倉海先生的輝煌事蹟看來，深深感到他的偉大精神，祇要我們一面本著倉海先生愛國家愛民族的志節，互相激勵，力行三民主義，共同奮鬥，實踐倉海先生學到老做到老的美德，從事興學育才，厚植復國建國的力量，並發揮倉海先生基於孔學精神的孝道和愛心，身體力行，以改進社會風氣，復興中華民族文化。重建自由平等的新中國。

註釋：

註一：「木魚書」，係以古今歷史及民間故事為內容的廣東民間唱本。

註二：「羅浮山」，是廣東名山之一，西距廣州二百餘里。位於增城縣之東，並跨連河源、博羅、龍門等縣，蜿蜒數百里，名勝極多。

註三：「甲午」，係清光緒二十年（公元一八九四年），民國紀元前十八年。

註四：「馬關條約」，甲午戰敗，清廷派李鴻章赴日與其首相伊藤博文議和於馬關所訂，其中主要的是為割遼東半島及台灣澎湖與日（遼東半島後因俄、法、德三國干涉，由我出款三千萬贖還）又賠償兵費二萬萬兩。

註五：「鴟夷子」，范蠡浮海出齊，隱姓名，自號鴟夷子皮。

註　六：「東寧才子」，在明末清初鄭成功治台時，台灣曾稱為東寧府。

註　七：「二甲賜進士出身」，進士中式，再經殿試，按成績分列三等，其中一甲三名，為狀元、榜眼、探花，「賜進士及第」。第四名以下若干人為二甲，「賜進士出身」，再下若干名為三甲，「賜同進士出身。」

原載於《廣東文獻》七卷三期

抗日保臺之義軍大將軍丘逢甲

——一八六三—一九一二

高信

斜陽圍聽說場詞，我亦曾驅十萬師。破碎河山開國史，飄零風雨出軍詩。海中故部沉蒼兕，雲裡殘旌失素蜺。歲自周一天自醉，紅墻銀漢隔相思。

年年鄉夢阻歸鞍，恨不隨風化羽翰。捲土重來心未已，程山自信事非難。雨餘璹瑁潮初落，月下珊瑚島漸寬。地老天荒留此誓，義旗東指戰雲寒。

嶺雲海日樓詩

丘逢甲先生去世剛剛六十年，溯自出生已經超過一個世紀了。他是一個革命家，一個僑將，一個詩人，一個教育家。所謂：「百年鼎鼎，誰登上將之台；千古悠悠，尚想風雲之氣」。我們此時此地，緬想他的生平，還是不勝景仰。

他是臺灣人，因為出生於苗栗縣，又是臺灣籍的進士，但他也是廣東人，因為他的曾祖父嘉慶年間始由粵蕉嶺縣遷臺，乙未以後，於光緒二十二年奉旨歸籍潮州。他題崧甫（樹甲）弟遺像詩：「眇眇一秀才，詔令僑海陽」（即今之潮安縣）自註云：「歸粵為陽學廩生，由許中丞奉旨」。年譜也載：「奉旨命回粵，歸籍海陽」。集中也有送何孝廉北上，何故門下士且嘗佐余軍今亦回籍潮州詩。他的詩鈔更署南武山人丘逢甲倉海著。（按趙佗稱南武帝，故廣州又稱南武城，越秀山稱南武山。他題越王台詩有「南武城邊暮角哀」句）所以他自從內渡以後，一直都承認自己是廣東人。

他姓丘，也可以說姓邱。自雍正以後，因避孔子諱，詔令姓丘的都加邑旁而為「邱」所以「丘」「邱」是同宗並不是兩姓，在民國以前公私文書上他都是姓「邱」。廣州反正，他馬上在報上登了一段廣告，聲明他恢復姓丘。（見汪瑔丘倉海傳，以下簡稱汪傳）所以從他的遺志稱丘氏。

諱逢甲，他兄弟都是甲字輩，兄先甲弟樹甲瑞甲兆甲，因為他是甲子年出生，所以父命名為逢甲。字仙根，號蟄仙，又號仲閼，因慕博浪椎秦的義事，詩文常署倉海君，民國以後又直以倉海為名，別署南武山人。於同治二年出生於臺灣苗栗銅鑼。魁梧奇偉，廣額豐耳，以後許多人都以為他是武進士，他戲以詩解嘲說：

「書生面目太槎牙，太息封侯事已差。漫說舊銜同武爵，頗聞外論比文蝦。老兵欲喚元桓子，故將誰知李左車，刁斗能銘矛解用，丈夫何事愧劉巴。」

他有夙慧，十三歲便佐他父親潛齋課童蒙，十四歲赴府考，沿途還要父背負，可是年最幼，交卷卻最快，這年中了秀才。丁日昌（廣東豐順人）這時任臺撫，命他做臺灣竹枝詞百首，日未昏便完卷。丁大詫異，贈他刻有「東寧才子」的石印一方。十九歲補廩生，二十四歲中舉人，二十五歲成進士，授工部主事，得第時有句：「每飯未曾忘竹帛，放將科第作功名」。可以見他志在事業而非在功名。他曾入唐景崧（字薇卿，又字維卿，廣西人）幕，而且一生尊唐為師。雖然以後因保臺之役，唐棄臺遁走，但是他對唐的尊敬並不此而稍減，集中寄懷維卿的詩很多，這完全是受知之感。在唐幕中頗愛做詩經，曾在撫署內結集有斐亭詩社，西嶼殘霞之句，一時推為雋彥。刻有詩畸一卷，有他的序文，內渡後在廣州西園重見刻本，他感慨無已，有詩云：

「斐亭鍾斷陣雲陰，杳杳相思八桂林。一卷琳瑯才子語，（唐曾贈丘詩有一年不見丘才子句）十年鎖鑰老臣心。傳人妄計先災木，割地誰知充賂金（當時有謂李合肥馬關條約得日人重賂）。重檢殘篇春院夕，五更紅燭淚痕深」。

這是前期的丘倉海，雖然他志不在科第，但還不脫一個自命為文人的才子的習氣，可是東海揚塵，日人覬覦臺澎已經日甚一日，從同治十三年以牡丹社事件，西鄉開始窺臺起，臺灣已經不是世外桃源了。到朝鮮事件發生，甲午之役，清兵損折，而臺澎更汲汲可危。他憬然於時局艱危，當兵事初起，即太息曰：「天下自此多事矣，日人野心勃勃，久垂涎此地，彼詎能恝置之乎」？因此回到鄉間集鄉民訓練以備戰爭。再三告誡鄉人說：「吾臺孤懸海外，去朝廷遠，不啻甌脫，朝廷之愛吾臺，曷若吾臺民之自愛，官兵又不盡足恃，一旦發生不測，朝廷遑能顯，惟吾臺人自為戰，家自為守耳，否則禍至無日，祖宗廬墓之地，擲諸無可有之鄉，吾儕其何以為家耶？（見汪傳）戰爭初起，清廷以唐景崧為知兵，奉命撫臺，但統率的兵都是劉銘傳遺下來的淮軍舊人，平日養尊處優，將驕兵老，暮氣已深，劉永福雖然是宿將，越南之役，建有殊功，清廷命守臺南，可是和唐景崧因在越南時意見相左，至臺又不大調協，所以他所說的：「官兵又不盡足恃」，是有為而發。他奉准清廷於甲午（一八九四）八月將全省壯丁編做一百六十營，先期集訓者三十二營，稱做團練，以後改稱義軍。臺澎戰事未起，唐景崧自守臺北，移劉永福於臺南，丘以唐雖然號稱知兵，但防禦及攻擊，均遠不及黑旗軍。而全臺形勢，盡集於臺北，臺北失守足以牽動臺南，臺南失守足以牽動臺北，現在僅以唐一人，統率老弱淮軍，而拒永福共守，恐臺北一陷，臺南將孤守無能為，乃冀呼應。及至割地之議起，舉國大嘩，臺胞更憤慨，他以在籍士紳，率數千人上書力爭，他送謝頌臣詩有：「刺血三上書，呼天不得直。」句，清廷初意亦動，欲改約，結果日人只以俄德法的威脅，退還遼東，而對臺灣部份堅不肯更改。二月二十七日日軍佔澎湖，三月二十七日李鴻章與伊藤博文簽訂中日和約於馬關，即世稱馬關條約，內容十一款，主要是承認朝鮮獨立，割臺灣及澎湖列島與日本，賠款二萬萬兩。那時臺灣舉人以會試在北京，伏闕上書，清廷不顧，令唐景崧率軍民內渡。又命李經方（鴻章之子）為臺灣交割使，於黃海日艦上夜半換約。所以丘詩有：「宰相有權能割地，孤臣無力可回天」之句。「賜鐶等於金牌，讓畔已成鐵案」。（見杜傳）這個時間，臺胞對清廷已感到絕望。乃憤集民眾，組織抗日團體，用民眾力量去抵銷馬關和約。以唐景崧主其事，用原有官兵守臺北，臺北總兵劉永福為幫辦，統黑旗軍守臺南，丘逢甲，為義軍大將軍統臺胞新編義軍守臺中。以藍地黃虎旗作軍旗，一方向沿海各省乞援，那時張之洞等雖然同情丘氏，但怵於廷命，結果都是口惠而實不至。易順鼎（易君左之父）

也曾來臺協助戎幕，但是一介書生，根本不能發生作用。日本於黃海換約以後，派樺山資紀為臺灣總督，率兵艦大集臺海。唐景崧命吳國華守三貂嶺，又命包幹臣協助，佈防基隆一帶。初時吳國華打了一次勝仗，而包幹臣未有參加戰役，檢日兵首級冒功，且報大捷，吳國華反戈與包幹臣戰，日本乘兩軍之隙，遂奪三貂，黃義德屯八堵，竟不戰而退，謊報獅球嶺為日軍所佔。並嘩變索餉，日軍機乘機攻臺北，景崧率妻易服登英輪至廈門，那時丘氏率義軍倉卒應援，但已無及。臺北遂失。義軍退守中部，但重心已失，事無可為，但是，他仍率他的子弟兵在新竹嘉義一帶，血戰二十多天，乃以援絕，竟告失敗，所謂「十二欄干搖海錄，八千子弟化春紅」。這真是慨乎言之。日軍復分兵攻臺南，血戰二十餘日，臺南亦失。丘氏憤欲自殺殉臺，部將謝道隆救之，責曰：「臺雖亡，能強祖國，則可復土雪恥，曹沫不恥三敗之辱，奈何輕生」。乃佈告各地自由抗戰，不限部勒，奉父母內渡，由水離港，六日始抵福建泉州。（見汪傳及年譜）在泉吐血數升，稍痊，即赴廣東汕頭。

「抱江城郭夕陽紅，百口初還五嶺東，關吏釣鰲疑海客，舟人驅鱷話文公。九秋急景傳風鶴，萬里愁痕過雪鴻。獨倚柁樓無限恨，故山回首亂雲中」。——潮州舟次

他回到汕頭後，以部將吳湯興等戰死事烈，具文兩江總督張之洞請轉奏撫卹，清廷置之不報。旋即回廣東蕉嶺祖籍文福鄉，卜居淡定村。廣東巡撫許振煒約尚書廖壽恆會奏，經過奉旨命粵歸籍海陽（即今之潮安）。（見年譜）那是道光廿二年的事，這時丘氏年三十三歲。愴懷舊事，有：

「化碧三年血有痕，當年哀感滿乾坤，鶉維分後天方醉，無語排雲叫九關。
此局全輸莫認眞，東南風急海揚塵，世間倘有虬髯客，未必扶餘別屬人。
殘山賸水冷斜暉，獨向西風淚滿衣，皀帽藜床成底事，全家遼海餐寧歸。
人間成敗論英雄，野史荒唐恐未公，古柳斜陽闌坐聽，一時談笑付盲翁」。

——有書時事者爲贅其卷端

可見這種鬱勃不平之氣。

他始終是懷戀臺灣：

「春愁難遣強看山，往事驚心淚欲潸，四百萬人同一哭，去年今日割臺灣」。——春愁

他更懷戀留在日人鐵騎之下的臺灣親友：

「天涯雁斷少書還，夢入虛無縹緲間，兵火餘生心易碎，愁人未老鬢先斑，沒蕃親故淪滄海，歸漢郎官遯故山，已分生離同死別，不堪揮涕說臺灣。」——天涯

漫作居夷想，何妨海且浮，冠裳蝦建國（日有蝦夷族），金碧蜃嘘樓，淪落憐後舊，遲回問釣遊，都將留戀意，扶淚上歸舟」。——送謝頌臣之臺灣

他更痛恨當時的降敵漢奸，和懷念殉國的戰友。

「□□殘壘過南嵌，故山退遞雁書遲。渡江文士成傖父，歸國降人謗義師。老淚縱橫同甫策，雄心消耗稼軒詞。月明海上勞相憶，悽絕天涯共此時」。——答臺中友人

「愁城欲藉酒杯開，中有周王避債臺，搜盡黃金空鑄淚，謗深白骨易成灰。龍蛇起陸

寧關運，雞犬登天各自才，擬就麻姑同語海，等閒清淺到蓬萊」。——秋懷

但是他有信念，就是臺灣終有一天回到祖國懷抱：

「親友如相問，吾廬榜念臺。全輸非定局，已溺有燃灰，棄地原非策，呼天倘見哀，百年如未死，捲土更重來」。——送謝頌臣之臺灣

「沉鬱雄心苦未灰，他年捲土倘重來，愁人斷句悲青塚，戰地殘槍臥綠苔。夢裏國仇慚越報，眼前戲感吳□歔，故知堆壘澆難盡，且爲看花借酒杯」。——秋懷

他回籍廣東以後，國事日非，曾主講韓山書院、東山書院、又創辦東文學院，因為攻擊時政，被當道所忌。庚子義和團之亂，八國聯軍陷北京。

「一笑當時果滅洋，紅巾白帽滿朝堂，花門首出中興將，末賊兼封異姓王。銅版令嚴誅異教，鐵牌制毀奉權璫，可憐刻木牽緣拙，袍易空登傀儡場」。

金幣全輸玉並俘，止兵審未下騶虞，六宮急作拋家髻，三界難飛召將符。殿下雷顛當大敵，軍中風角走妖巫。即今神聖猶爭頌，莫笑當年莽大夫」。——聞歌有憶

對於清廷用義和團之顢頇瀰致不滿。他並沒有參加康梁戊戌政變，但他的於變法是同情的，不過他認為單是變法不夠，還要喚起漢族的醒覺。

「變現諸天說法身，穗香醒夢證前因，遍呼黃帝諸孫起，莫作華胥國裏人」。

——東山感春詩

這可以見他已受當時革命的影響。隨後粵府派他到南洋調查僑務、從汕頭出發，

「韓山雲氣擁雙旌，江上扁舟第一程，四海客懷鴻鵠志，三春人別鳳凰城。九州有九徵吾說，南斗以南快此行。無限雄心消未得，倚篷晴看暮潮生」。——初發韓江

他經過澳門，有澳門雜詩十五首，

「五百年中局屢新，兩朝柔遠暢皇仁，自頒一紙蠲租詔，生看江山換主人」。

——澳門雜詩十五首錄一

又經過香港九龍。

「群峰疊翠倚樓間，一角頹雲雨照殷，忽憶去年春色裏，九龍猶是漢家山」。

——九龍有感

經過西貢，高棉有西貢雜詩十首

「力遺遺王慴虎威，殘疆何止割南圻，雲山北向空揮淚，孤負遺民望黑旂」。

「水程幾日達高棉，山勢南趨盡越邊，一夜黃花江水長，滿提金塔賣魚船」。

——西貢雜詩

劉永福曾助越抗法，後與丘氏共同守臺，途徑越南，不禁想起這位民族英雄。他在星洲又得晤我國第一位留美學生容閎，這時容任駐美副使，年事已很高：

「七十尚如此，吾徒愧壯年，排雲叩閶闔，救日出虞淵。異域扶公義，神州復主權，東之原未老，終仗力回天」。——星洲喜晤容純甫

又過麻六甲，有詩：

「南風吹雨片帆斜，萬參山青滿刺加。（麻六甲之別譯名）欲問前朝封貢事，更無人說故王家。」

到檳榔嶼曾見有道君岩，及南道院，都有詩，又在閑真別墅演說，並繪有南洋行教圖，並有詩二章。

「莽莽群山海氣青，華風遠被到南溟，萬人圍坐齊傾耳，柳子林中說聖經」。

「二千五百餘年事，浮海居然道可行，獨倚斗南樓上望，春風迴教紫闌生」。

然後經吉隆坡，芙蓉，返抵汕頭。途中所詠都是慨念國事日壞，割地事夷。回國以後任嶺東國文學堂監督，那時他的次男琰，四男球三女廉相繼夭折，三弟樹中又歿，情緒極惡，祇是在鄉興辦學校。而那時清政日非，清廷派大員來粵，主持開賭，賭餉名曰海防經費，番攤，山票，鋪票，白鴿票，形形式式都有。他有詩：

「何祇誅求在市租，上供祇道急軍需，相公南下行籌策，報國居然仗博徒」。

到光緒三十二年，同盟會業經在日本成立，清廷為應付革命力量，宣佈預備立憲，他再到廣州，任兩廣學務處視學，及廣府中學監督，這個時間，他已對清廷政治腐敗澈底的了解，思想上完全接受革命的洗禮。

「……年來民窮盜多，群盜如毛不可櫛，小猶鄉落事攻剽，大且據城謀篡竊，此方告平彼旋起，一歲之間四五發，東南已無乾淨土，半壁江山半腥血。民言官苛迫民變，官言革命黨為孽。彼哉革命黨過言。下言政酷上種別。假大復仇儘蘗揭，橫從海外灌海内，已似供流不可絕。益之民窮變易煽，魚帛狐篝競潛法。……」

——戊申廣州五月五日作

在當時黨禁極嚴之際，說出革命是為解除苛政，和提倡民族大義，勢如洪流，益以民心思變，不可過抑，以名列士紳而能為此言，真是有絕大的勇氣和決心。光緒三十三年任廣東教育總會會長，兩廣學務公所議紳，仍兼廣府中學監督。同監會推為嶺東監主。宣統元年任諮議局議長。鄒魯就是在諮議局任書記，鄒魯在嶺雲海日樓詩鈔序上說：

「……兼爲廣東諸議局議長，兩廣學務公所議紳，地方利弊，盡力興革。時革命之説已盛，莘莘學子，人人思有所樹立，以雪民族之恥，先生賛翊而調護之者無不至。忌者至以先生列於黨魁，登諸報章，形諸公牘，甚而入之奏簡，先生夷然不稍動。……」

那時諮議會大部份議員，尤其是革命黨的議員主張禁賭，大觸清廷之忌。他極力贊其議，卒獲通過決案。以後有所謂「可」議員（即主張禁賭之議員）並辦「可報」為革命宣傳機關。他都盡力贊翊和調護。清廷派滿人鳳山為為廣東將軍，密奏廣東革命大紳以丘逢甲為首，擬就任後即行捕治，乃甫抵廣州即為李沛基刺殺。宣統元年他兼任兩廣方言學堂監督，曾任廣州市長，廣東省政府主席，審計部長的林雲陔氏即在這時期出其門下。

三月二十九廣州督署之役，（即黃花岡之役），革命失敗後，粵督張鳴岐主張閉城搜捕黨人，他力加反對，因此革命志士多獲保存。朱執信先生就是是役脫險跑到林雲陔家中，因開城禁始能赴港免遭逮捕。宣統三年九月廣東反正，被推為廣東教育部長，旋又被舉為組織中政府之廣東代表，十月赴南京選舉國父為臨時大總統，又被推為參議院議員。他到南京後曾謁孝陵及登掃葉樓。

「鬱鬱鍾山紫氣騰，中華民族此重興，江山一統都新定，大纛鳴笳謁孝陵」。

——謁明孝陵三首錄一

「我護百粵軍，飲水古建業，雪恥告百王，掃胡如掃葉。落葉蕭蕭滿石頭，江山佳麗此登樓，坐領東南控西北，金陵仍作帝王州。」——登掃葉樓二首錄一

這年十二月因罹血病南歸，返抵舊嶺山居，翌年正月在籍病逝。年僅四十九歲。詩自乙未起始有存錄，曰嶺雲海日樓詩鈔。鄒魯曾為之刊行，臺灣銀行重印，收入臺灣文獻叢刊。

本文參考

丘逢甲著：嶺雲海日樓詩鈔。
鄒　魯著：丘逢甲先生年譜。
鄒　魯著：嶺雲海日樓詩鈔序。
丘瑞甲著：先兄倉海行狀。
江　瑔著：丘倉海傳。
丘　復著：倉海先生墓誌銘。
杜如明著：丘逢甲傳。

原載於《廣東文獻》二卷三期

丘倉海傳

杜如明

百年鼎鼎，誰登上將之壇，千載悠悠，尚想風雲之氣。抗日旌旗高卓，迴瀾心志彌堅。孽子墜心，叫閽乏助，孤臣危涕，投筆興師，倡自主於珠崖棄郡之餘，開國史於鳥卵覆巢之頃，十二欄干，虛搖海綠，八千子弟，盡化春紅。退步神仙，棲心毫素，樂毅無歸，英雄失路，荊卿一去，秤局全輸，亦足悲矣！迄今合浦珠還，斯人不作，鯤臺我到，觸緒有懷。作丘倉海傳。

公諱逢甲，字仙根，倉海其號也。民元前四十八年甲子，生於臺灣苗栗銅鑼灣。籍隸三臺，系從百粵，生而巍嶷，長更崢嶸，東寧才子，八韻能工。丁日昌譽為東寬才子，贈印一方，海上盜魁，三餘用足。（清吏曾目為革命盜魁）斐亭鐘唱，鑿詩命七子之雄，（斐亭在臺灣道署，時有詩鐘之會，刻有詩畸一卷）西嶼霞殘，得句推一時之雋！班名玉筍，鶚薦三秋，餅賜紅綾，鵬飛萬里。戊子舉於鄉，翌年成進士授工部主事，蘭署金梯，本翱翔之立待，清波白鷺，竟孤潔之契同。請假歸里負米養親，故知拾芥功名，溷人科第，奚以拍莊酬唱，梓里怡情者耶？（公臺中宅曰拍莊）縱使時際清平，日當隆午，歌吹風騷，聽黃鸝而攜斗酒，徜徉山水，緩紫轡而出端門，亦不過白戰徒工，作文人之跌宕，長城空許，得名士之風流而已矣，然璞因需而益貴，蘭以熱而彌馨，困苦艱難，正所以宏大人偉業，盤根錯節，方可顯利器鋒鉗。甲午事變，日夷以封豕長蛇之心，作蠶食鯨吞之計，既覆高麗，復謀臺灣。清廷顢頇無能，只知讓步，權臣縱橫自熹，稚擅行成。條約既定於馬關，交割地行於黃海，蓋自乙未割地和戎之議既成，而臺澎視同甌脫矣。公蒿目時艱，傷心家國，再陳詞而零涕，三瀝血而上書，欲揮魯陽返日之戈，冀存臺澎將亡之命，獨恨那拉畏敵如虎，滿酋視漢若仇。宮外銅駝，早悲荊棘，禁中天語，惟問蝦蟆。宰相有權，拒萬民之請命，蒼生何望，絕一線之生機，抗疏不報，嚴旨命歸。（朝旨飭公棄臺內渡）賜鐶等於金牌，讓畔便成鐵案。內困亂命，外迫強夷，效忠有心，赴義無路，乃徇眾請，群策圖存。宣告自主以攘夷，建立民國以撫庶，舉唐景崧攝大總統，公以大將軍名義號加臺胞。草制憲章，開國於風雨飄搖之候，綢繆兵革，組軍於鋒鏑倉皇之間。矢言永列屏藩，信誓遙遵正朔，示以不貳，表諸一心，原期妖霧可澄，返江山於祖國。版圖再隸，慰父老於蓬瀛，其心苦，其志哀，而其責亦愈重矣。詎意黃虎藍旗方展，白刃赤焰交乘，以甫聚之民兵，當方張之強敵，雖同心同德，尚虞難副天心，矧貳志貳圖，奚能支持危局。唐劉不睦，主客相猜，調劑心心，協和無術，祇憑旆壯，主是孱王，空恃髯多，將均尸位。以元首尊位，臨難而思苟免，以干城重秩，臨陣而冀苟全，衛國不足，殘民有餘。驕兵既赴義惟恐或先，悍將則攘功但虞其後。八堵方急，黃義德洗劫以作寇倡，三貂始危，唐薇卿先去以為民望。斯時也，群龍無首，獨木陡支，以不死卷施之心，振疲敝犬羊之旅，收拾餘燼，重整殘軍，登高一呼，背城再借，蒼鷹交擊，海水齊飛，讀祝誓師，屢下太真之淚，臨流擊揖，唯誦豫州之言。無如懸布再登而再墜，焦桐半死而半生，北鄙既亡，南師又潰，腹背受敵，首尾交摧，矢竭弦絕，事無可為，創鉅痛深，兵難再戰，公悲憤莫勝，血淚交下，擬自刎殉節，一死表忠，而將士哭陳，情辭懇摯，勸忍辱圖存，重來捲土。遂於血戰月餘之後，兵敗援絕之時，揮涕辭臺，乘舸去國。茫茫煙水，從茲不屬中華，浩浩河山，自此竟淪異域。素蜺頓失，徒傷雲裏危旌，蒼兕長沉，空慟海中故鄉，亦足悲矣。內渡後，歸藉廣東，怕聽濤聲，雅愛山南射虎，畏言兵事，祇堪湖上騎驢。信國祠旁，每問零丁於奕代，越王臺畔，恒悵蕭瑟於今朝。霸氣消沉，中心伊鬱。聊將孤憤，寄託豪吟。杜老得詩史之稱，放翁富從軍之什。從此收拾風雲，縱情翰墨，斂藏鋒銳，託志篇章。禾黍離離，俛玉山而有恨，斜陽歷歷，想鯤水而興懷，世味酸鹹，中年哀樂，等於窮士，甘作詞人，斯曠古所同悲。亦千秋所共惜者也。方以為無爭於季世，復何憾於佞人，滄海曾經，滋味已視同腐鼠，繁華消竭，忌刻應止於鵷雛。而乃小人懷恥獨之心，君子徒推己之願，蠅營未已，蝎譖難防，程不識見欺途人，李將軍用陵霸尉。市翻說虎，抗疏早嫉於權臣，獄本憎蘭，血戰復猜於降將，金甌既缺，溥義莫彰，珠薏謗生，沈身奚訴？雖蚍蜉撼樹，莫損於日月之明，而鴟梟毀巢，實有灰忠義之志矣。獨是麝有香而難掩，劍處匣而猶鳴。東海彝倫，夙見稱於桓子，南州冠冕，更有賞於德操，鳴雞競許處宗，捫蝨人高王猛。爰從乙榜，人重清才，早以丁年，群欽義舉。競欲招邀，懸陳蕃之榻，爭相羅致，借庾杲之蓮，思屈宋玉遵衙官，欲得劉琨作從吏者，未嘗不爛其盈門也。不知兵火餘生，無心簪芴，桑榆殘日，但戀皐比。蓋捨光復臺灣，別無系念，捨復興華夏，匪所思存。愛國未敢後人，宦情久同嚼臘。栽成桃李，行看繼起有賢，栽就錦紈，會想足資華國，用是婉辭軒冕，惟就絃歌，苜蓿彌甘，青燈有味。計自丁酉而還，專心學務，或征車遠去，謀多士薪水所資，或將伯頻呼，益學子膏火之助，督教羊石，勸學南洋，歷任粵中院校監督，學務議紳，教育會長，孳孳卒歲，兀兀窮年，以視咄咄書空，營營鑽紙者，其間相去何遠哉？惟乃東林講學，志在憂時，復社研經，心期返馭，寧肯膏肓泉石，借此鳴高，遊息山林，但求終老者耶？時也，國勢佔危，市多霧集，人心鼎沸，劫有灰留，中外驛騷，玄黃睢刺。東既陵鑠於倭夷，北復怵侵於俄寇，臣皆負貳，庚子兆瓜分之機，君似贅疣，戊戌成箕燃之局。維新政敗於百日，革命潮起於八方。天意示徵，民心思變。公盱衡大局，洞察事機，感康梁雖有志於救國，但補苴罅漏，何足以起沉疴。中山能振緒於危時，主易轍改轅，方可以瘳痼疾。既存心於拯溺，豈袖手而旁觀，遂毅然出任廣東諮議局議長，並受推為同盟會嶺東盟主。既而天意佳兵，群情思漢，三月既暮，督轅來必死之師。萬馬齊喑，烈士有無生之氣，斷腹曲卷，陳屍市廛，大吏有意株連，閉城搜索，黨人無由豹變，困屋徬徨。公力任斡旋，主持策畫，卒使鴻飛天外，龍矯雲中，撤退從容，保全週密，厥功實多。及首武漢倡義，禹甸重光，羊石為南服要衝，虎吏尚北廷觀望，公潛移默化，轉坤旋乾，易幟而兵不血刃，反正而民慶謐安，望重鄉邦，勛崇家國。旋以粵省代表，組織中樞，天命維新，護軍北上，節臨建業，軍次石頭，被推為國會議員，選戴國父為民國總統。鬱鬱鐘山，開共和之局面，騰騰紫氣，耀炎漢之旌旗。大鳴戰笳，謁明孝陵而告捷，蹴胡崩虜，登掃葉樓而賦詩。未嘗不洗千載之牢愁，快半生之積悃也。詎久經喪亂，崔驅以不樂損身，痛念滄桑，吳質以長愁致恙，方其風雷齊動之時，忽而三秋痁作，正值鉦鼓競鳴之頃，竟乃二豎患乘，抱病南行，歸帆白下，以民國元年二月廿五日卒於里邸。年僅四十有九矣。嗚呼！日軌方中，金棺遽掩，有功光復，未享遐齡。久客思歸，西靡東平之樹，首邱莫返，東嚮牡蠣之城。迄公逝後三十四年，臺灣重歸祖國，哲嗣宜慰鯤瀛，而公不及見矣，嗟呼！大旗落日，胸羅破陣之圖，酒熱燈昏，翰灑洗兵之雨，志業則問天無語，文章則擲地有聲。才命相妨，古今共慨。如明生長球江，旅棲鯤海。歌離吊夢，慕仰前賢，撫事感時，頗傷同調，雖負聲無力，而步武有心，次其生平，用傳謦逸，吮毫伸紙，亦不知涕淚之何從也。公嗣子七人，今總統府資政，監察院委員，名琮字念臺者公長子也。有嶺雲海日樓詩鈔行世。

原載於《廣東文獻》十八卷二期

黑旗將軍劉永福

黃國珍

習技擊武術臂力過人

劉永福，名建業，號淵亭，永福以字行也，因有同母異父李保奇占長，排行第二，故又名劉二，人稱劉義奇。其先世居廣西博白縣金村，父以來偕弟以定遷來欽州十萬大山地區，防城司北雞隘下古森垌小峰鄉那良村住居，以耕農為業，娶孀婦陳氏，於清道光十七年九月生永福。至永福七歲時因年荒歉，且十萬大山地區，常為匪盜嘯聚之地，難以安居，以來乃挈家遷至廣西上思州，平福新墟八甲村從兄處，租坡地種雜糧為活。次年其從兄之子為盜所累幾至破產，以來又遷至對河遷隆州櫃口村，仍以種坡地為生，永福年已漸長，僻鄉無受教育機會。以來親訓永福以技擊武術，永福臂力過人，十三歲即在遷隆河灘船上任水手，十五歲改任灘師。因永福以熟習該水道湍急深淺情形，駛船行於激流礁石間履險如夷也。十七歲，咸豐三年八月母陳氏病逝。永福居家守制，十月父以來又以感傷過度病亡，家困無以購棺，合床板為棺以葬之，十二月叔以定又病歿，貧至無以為殮，以草薦草草埋之。三喪畢後，永福與李保奇，投靠鄰村高鳳村陸二叔家，日以漁樵為活，心喪三年，永福已十二歲，將父母與叔骨殖，改葬於當地粟包嶺虎形地，倦臥間，夢見長鬚老人，叫永福曰：黑虎將軍耶！因何尚未出山，永福醒後異之，不以為意。

剿亂抗法揚名越南

咸豐七年，永福二十一歲，廣西天地會，紛紛起義響應洪秀全太平天國軍，永福與李保奇投入天地會鄭三部為旗頭，活動於帘羅遷隆宣化等地，是年李保奇病亡。至此永福已無至親，只剩孑然一身矣。咸豐十年，永福與旗頭黃大升至太平府會合王士林，活動於歸順，竹樸太平府一帶地區。同治三年，太平天國敗亡，清軍大舉掃蕩各處附從天地會地方部隊。永福率隊赴安德天地會首領延齡王吳元清之子吳阿忠部，阿忠授永福為左翼先鋒，駐紮於北帝廟。因倣北帝之七星黑旗以為軍旗，是為黑旗軍之始。在太平府轉戰數年，毫無建樹，清軍復重兵進逼，部隊嚴重缺糧，知事不可為。同治五年，永福三十歲，離開吳阿忠部，率領黑旗軍二百餘健兒由大嶺入越南以圖發展。至蘇街結交鄧志雄，入六安州與當地民眾設立中和團以抗拒白苗之苛抽民稅，大敗白苗軍之來犯，並計誘誅其首領盤文義。地方安靖，越南嗣德王授永福以千戶之幟。紅河水道，為土霸何均昌所據，勒收行水，商旅苦之。越王命永福肅清河道，以利航行。永福已三十三歲，率部由六安進駐保河關，前進龍魯，龍魯既扼紅河水道，又為由雲南邊境陸路通河陽、新街大原之衝點。何均昌向在該處設卡收稅。永福逐走何均昌，黑旗軍乃在龍魯有收益。何均昌派隊來攻，為黑旗軍所敗。此時守大嶺邊界許元彬及蘇街鄧志雄各領所部百餘人來投，永福乃著許鄧守六安龍魯，永福率黑旗軍延紅河上保勝至新坡，離保勝十餘里，何均昌盡起其部與黑旗軍戰於距城數里之龍王廟，何軍大敗回保勝，知保勝勢難保守，乃以何勝為餌，糾合駐河陽黃崇英夾攻黑旗軍。黃崇英有二千餘人據河陽，是山區陸路盤地，久有意窺何勝，茲乃應何均昌之邀，正是奪取保勝之良機，盡起所部二千餘分兩路，一路攻六安州，黃崇英親率一路直趨保勝，此時黑旗軍不過千人，黃、何兩軍倍於黑旗軍，但均為永福所計敗，進駐保勝，肅清紅河水道，船運暢通。越王授永福為保勝防禦使，永福乃得在保勝設卡釐收稅以養兵。

會法越失和，法將安鄴率隊陷河內，越王請援，永福率黑旗軍馬赴河內，於河內城外羅池大敗法軍而陣斬安鄴，越王授永福以三宣副提督。光緒七年，永福四十五歲，請假返上思、欽州省墓。所過州縣，鄉民挾道以睹黑旗將軍之丰采。正酬酢間，越王飛騎送來文書謂，法軍掠南定，逼河內。促返應敵。於是永福束裝兼程返，過邊境河內已陷，是時唐景崧奉派入越，向永福獻三策：⑴取越自為王為上策，⑵援越抗法以自保為中策，⑶退守保勝，任法亡越為下策。永福取中策，集兵進河內，紙橋一戰陣斬法將李威利，大敗其軍，克復河內。越王授永福為三宣提督，義良男爵，厥後丹鳳、山西、大原、慕道社十數戰皆勝之；法人大憤，盡起水陸大軍東來，海軍砲轟福建馬尾船廠，掠基隆、據澎湖。陸軍在越南避黑旗而攻大原諒山，入鎮南關。於是有馮子材鎮南關大敗法南軍之大捷。黑旗軍亦在臨洮殲滅敵紅褲軍以應之。奈清廷囿於李鴻章之主和派以見勝利敗收，法人以降款成和，而訂立中法天津和約，承認越南獨立，法軍更據澎湖脅逼清廷，謂劉永福不退保勝，法軍亦不退澎湖，永福因此無奈，率兵歸國。越南自此不復為中國有矣！

肩起抗日保臺責任

永福歸國後，粵督張之洞著永福集黑旗軍三營於廣州燕塘訓練以備用，清廷並派永福攝南澳鎮總兵，賜簡任提督銜，以固南疆。至中日構釁，臺灣為中國東南海疆重鎮亟需保守，乃派永福領黑旗軍渡臺灣幫辦防務。駐軍臺南，時光緒二十年甲午（一八九四），永福五十八歲，及中日戰爭，清軍敗績，清廷屈辱求和，簽訂馬關條約割讓臺灣於日。台人抗議不報，乃議立臺灣民主國以圖自保，舉巡撫唐景崧為總統，劉永福為大將軍，設議會、組義軍、籌軍備以抗日。日本亦以樺山資紀為臺灣總督，實行武力奪台。光緒二十一年五月澳底登陸，守軍節節敗退，不旬日臺北盡失，唐景崧只做臺灣民主國總統十二天，即棄印潛逃，永福坐鎮臺南，本以臺北為精華首善之區，有守軍數萬，不料如此輕失，繼而新竹亦陷，日將能久親王夾其乘勝之師，矢言一月內即可平定全台。永福在臺南，就肩起領導抗日保台艱巨之責。以永福數十年戰場經驗，抗拒此梟配備精良之師，必須步步為營，寸土必守，以消耗其戰力，俟機聚而殲之。於是發動臺中以北，各地民兵義勇，沿途截襲，使日軍受重大傷亡。故自臺北被佔後，歷時三月，日軍仍無法抵臺中，粉碎能久一月平定全台之狂言。

惟樺山資紀，素聞黑旗軍在越南戰鬥中，曾迭敗法國勁旅，知為強敵，乃致書永福言和，許以厚資禮遇遣送永福黑旗軍回國，但為永福回書拒斥之。於是有筆尖山之前哨戰，大肚溪之憑險戰，八卦山之大會戰，嘉義城之攻防戰。各次戰鬥均甚慘烈，尤以八卦山一役，投入黑旗軍五營，有四營官在肉搏戰中陣亡，義軍首領吳湯興等亦戰死。日將能久親王亦在是役中受重傷，雙方傷亡達數千人，可見戰況之慘烈。樺山資紀以為與黑旗軍逐步陣地戰，勢必蹈法軍在越南戰敗之覆轍，為敵所拖垮。乃請增兵，一鼓以擊潰黑旗軍。日本政府乃傾其可用之兵，永陸三萬餘增援。採水陸三面包圍臺南，永福經三次迭次大戰之下，餉彈分竭，初永福接獲內地督撫張之洞密函，允予接濟餉彈，奈李鴻章主和派，以濟台破壞和局，挾聖旨嚴禁，臺南富戶，多皆逃離，地方無糧餉可籌。所發行之銀票盡成廢紙，黑旗軍已面臨彈盡餉窮援絕境地，敵人正三面逼近臺南。永福處此，實屬戰守失據，不得已從諸將之請，允予內渡。於光緒二十一年，永福五十九歲，九月初二日，趁巡視安平砲臺偕子成業及衛隊數人，乘小艇登上英國商船德利士號離台。永福回首望臺灣仰天嘆曰：「朝廷諸公誤我，我誤台人。」潸然淚下，時事阻絕，英雄氣餒，奈何？日人獲悉永福內渡，派艦追截，蒐查不獲。永福因得船長之維護，得以脫險，臺灣亦逐淪於日。所遺黑旗軍，一部參加義軍，繼續抗日，一部為日軍招降遣返，一部散處民間，俟機內渡。

出任廣東民團總長

永福歸粵後，清廷仍著任南澳鎮兵，兩廣總督譚鍾麟著募兵四營二千人，仍以黑旗軍名義於廣州市燕塘集訓。光緒二十六年，義和團之變，八國聯軍陷北京，永福奉旨率領黑旗軍六營，北上勤王。軍至湖南衡州，奉電折返，派駐惠州。其他如調處南海羅格圍之械鬥，三元里黃李三姓之糾紛，與古水墟之剿匪，特殺雞而用牛刀耳。嗣以病辭職。民國肇立，宣統三年十月，以各路民兵，群集廣州，永福應廣東都督胡漢民之請，出任廣東民團總長，以節制各路民兵。民國元年，民兵改編完成，即解職歸欽，民國四年，永福已七十九歲，日本逼簽二十一條約，永福抗電請纓，抗日不果，次年因憤恨而疾終於家，終年八十歲。廣東都督陸榮廷、省長朱慶瀾聯電上聞，國民政府頒令褒揚，發給庫銀治喪，將事蹟付史館立傳，以飾終令典。劉永福以匹夫崛起草澤，一生率領黑旗軍親臨戰陣，歷越南王朝、清廷、臺灣民主國、中華民國，皆受顯職，享高壽，並獲民族英雄美譽而善終於家。雖曰天賜，亦異數也，殆今古一人而已。

按劉永福黑旗軍各次戰役，均是對外侵略鬥爭，且是激於義憤，在越南雖受越王封爵，但並不受給俸祿，故雖迭敗強敵，戰績輝煌，清史並無詳細記載。在臺灣，雖奉令渡台協防，但清已割台，奉旨內渡，永福本無保台之責，只是感受台人忠義，憤日侵略，逆旨留下與台人並肩抗日，觀其自唐景崧棄總統印潛逃，台人將印奉永福為總統不受，於臺南練兵場與眾明誓曰：我劉某不要官，不要錢，更不要命，與台人守此土地拒倭奴。何其義正詞嚴也。惟是黑旗軍史蹟正史多不詳。各史家亦祇是片段紀載。較齊全者是永福口述由黃海安筆錄之黑旗軍戰紀。後由史學家羅香林到欽，蒐尋到黃海安遺稿，輯成劉永福歷史草刊行。據謂對原稿隻字不易，只是加以考證分段標句，故顓記事而無文，與中法戰爭檔案，劉永福自具履歷，及永福卒治喪會之訃告，是永福史蹟最原始資料。論劉永福黑旗軍者多依此。其他如在越南戰爭之劉二打番鬼小說，與臺灣抗日之劉大將軍抗倭記及台戰紀，實多是根據當時之戰爭傳聞、戰鬥片段，加以神化，用章回小說體報導，甚得時人欣愛，廣為流傳，但亦失去真實事蹟。

在清代百人名人傳與臺灣名人傳，對永福事蹟均有詳細紀載，在丘南永所編中國名將傳中亦列有馮子材、劉永福二人，尤其是陳碧天之中國歷代名將傳，自孫儐吳起至清代只收入八十名耳，其中乃有劉永福、馮子材二人，欽廉地處邊境，竟有二人入選，確是值得欽廉人驕傲的。

原載於《廣東文獻》一卷二期

援台抗日之劉永福

陳伯杰

引言

光緒二十一年乙未（西曆一八九五年）割臺議成，臺灣紳民，義憤填膺，遂倡組民主國，舉唐景崧（字維卿，又書薇卿，廣西灌陽人。）為大總統，揭櫫保臺抗日。迨後，景崧潛逃，民主國抗日實力移至臺南，各界紳民，乃擁戴南澳鎮總兵幫辦臺灣軍務劉永福，以大總統印上之，永福拒印而接受責任，積極加強兵備，力為應付。嗣戰危糧匱，各省又無援應，永福於絕望之餘，仰天長嘆曰：「內地諸公誤我，我誤臺民！」至同九月初，永福以援絕矢窮，不得已乃偕隨員數人，借英船多厘士號，黯然內渡。後人憑弔史蹟，追思前賢往事，不勝感慨。

抗法英雄　威聲遠播

劉永福，原名義，字淵亭，廣東欽州人。少孤貧，幼年，聰穎機敏，膽識過人。十五歲，做撐船之灘師。二十一歲，投入廣西天地會，與洪楊之太平軍通滿響應；輾轉投奔，隸吳鯤

（即吳琨，字或作錕）部下，積功受左翼元帥印。迄太平天國為清兵擊敗，餘黨星散，清兵節節進迫，永福不欲使國內人民久罹兵禍，遂率所部移越南寄居，成立中和團黑旗軍，助越南平盜亂，抗強敵，保持正義。同治十一年（西曆一八七二年）在越南與法人戰於河內之懷德府，黑旗軍初度交鋒，銳不可當，遂斬法蘭西駙馬海軍少佐安鄴（Francis Chrnier）光緒九年（西曆一八八三年）四月，與法將海軍大佐李威呂（Coenri Rviène）戰於紙橋，冒死衝搏，殺李於陣上。同年，又戰於丹鳳，大敗法軍，成為抗法英雄。從此，黑旗軍劉永福，威名遠播，法兵聞聲膽落，望風披靡。越王大喜，封永福為義良男爵，授三宣正提督，並御賜朝帽靴一對，儼然為越屬將官矣。

越南原為我國之藩屬，十九世紀，西方殖民主義擴張，法人在此製造事端，思奪其土地。其時值中國多故，復以清廷重臣昏庸，君主無能，不能遠顧，法人遂更明目張瞻，奪為殖民地。光緒八年（西曆一八八二年）法國遣海軍大佐李威呂率軍入踞河內，進迫順化之際，越南王嘗遣使至中國乞援，清廷乃命李鴻章、彭玉麟籌援，以彭督辦軍務。而唐景崧則先於光緒八年，曾上條陳，言招撫黑旗軍，以資抗敵事，奉命往滇及越南效力；永福亦念宗邦，深欲建功，遂與景崧籌劃防守抗敵之策。而清廷此種措施，殆即中國對法宣戰之先聲，自是而永福又驟由越南將官而為中國之將官矣。

戰勝乞和　被迫內徙

光緒九年，中法在越南之戰事起，雙方互有勝負。次年，法軍以二萬五千，分路侵迫，及至桂邊，卒為永福與馮子材合力擊之，法軍不支，狼狽潰退。此乃為越事轉機之關鍵，乃清廷昧於事機，狃為海上及長江之失敗，未及獲知我軍在越境大捷情報，遽命李鴻章與法成立天津條約，以越南之保護權歸之法國，而滇桂之藩籬遂失，謀之不臧，良可嘆也。

光緒十年七月，永福以過去在越之英勇戰功，奉清帝破格御賞殊勳，以提督記名簡放，遵賞戴花翎。永福敬謹接受之後，即發一誓師文告：「賊與我誓不兩立，我與賊義不俱存，茲當共引天討，各奮神威，轉戰無前，有進勿退。……上以副天朝倚畀之隆，中以報國休養之德，下以舒越人怨毒之心，成敗利鈍，所不遑計。」一年（西曆一八八五年）二月，中法和議成立，議定：三月初一日起，分別停戰撤兵。惟法人陰謀鯨吞越南，必須逼使永福之黑旗軍調離出境，方可為所欲為。故在和議之初，即「以澎湖為質，劉（永福）一日不離越，則中國海防一日不能結局。」相要挾。而清廷懦弱無能，乃先後九次傳上諭，催促永福內徙。永福處此情勢，無可奈何，祇得率所部三千人歸國。同年十二月抵廣州，駐紮燕塘。明年三月，奉旨特授南澳鎮總兵，八月間赴任。十三年五月，粵都令調署理碣石鎮總兵。是年八月，入京，覲見光緒，緼旨嘉慰。十六年四月，奉令回南澳鎮本任。迄二十年間，仍在南澳，所有管轄之地方，以及海面，均一律平靖。

渡海援臺　南天支柱

光緒二十年甲午（西曆一八九四年），朝鮮事起，清廷被迫對日宣戰。是時，日人雖鴟張於北，而志不忘臺，故時有日艦在臺海遊弋，測探海道，進行侵擾陰謀。臺灣海疆重地，而當時之臺撫邵友濂，為文吏，不知兵，兼籌防務，難以應付。乃層轉奏請派武略幹材，入臺幫辦防務。同年六月，詔准，分別調福建水師提督楊岐珍、南澳鎮總兵劉永福，為臺灣防務幫辦，各帶兵勇渡臺，以護臺疆。永福遂調帶所駐燕塘三營，在汕頭揀選精壯，新招補缺，共足四營；另命義子劉成良；並於該處起築泥營礮壘駐紮。

永福素驍勇善戰，自從在越南成為抗法英雄後，威聲所至，無不慴服。及其奉調來臺，日本亦畏之如虎，其時，日本大將嘗致函與永福，勸其收兵內渡，以百萬相酬，永福拒之。

光緒二十一年，日本遣各兵艦陸續進臺；旋又增進巨艦，臺海風雲，漸形緊迫。是時，駐臺布政使唐景崧電奏「邵撫臣辦理不善」，奉旨：邵友濂免職，調景崧署理臺灣巡撫，兼督辦軍務事宜。於是全臺軍政大權，悉操諸景崧一人。永福聞景崧擢陞臺撫，即往臺北致賀，並相偕視察各防地。永福當以防地工程草率，人馬懦弱，必須計劃重整，藉補時艱。乃自告奮勇，擬移駐臺北，助景崧理軍務。景崧雖與永福共事於越南，然意見相左猜忌日深，景崧既為臺撫，遂決定自己守台北，移永福駐臺南。永福退出嘆曰：「薇卿不諳軍旅，徒聽明自用，必敗事！」事聞於臺紳邱逢甲（倉海），亦以景崧守臺北，殊不妥，蓋景崧雖號知兵，而防禦敵寇，遠不逮永福；矧以全臺形勢，盡集於臺北，無永福以佐之，恐守之非易，臺北一破，臺南孤立無能為矣。乃急詣二人，許為之調停意見，思欲阻永福南行；惟再三勸說，焦唇敝舌，繼之以泣，景崧終不為動，二軍遂分。逢甲出而嘆曰：「其殆天乎！」幾而景崧又電永福提扼守恒春，永福轉至恒春布置，並築南路礮臺，以加強防衛。

誓死守土 嚴拒敵誘

甲午中日之戰，中國師陷艦降，議割臺灣並賠款以和，消息傳出，全國震駭。時臺灣紳民群起反對無效，乃倡組「臺灣民主國」，揭櫫「臺灣士民，義不臣倭，願為島國，永戴聖清。」翌年，光緒二十一年乙未，五月初二日，公舉巡撫唐景崧為大總統，建元永清，國旗為藍地黃虎。其時，永福在南部，未睹民主國政府之產生經過，僅以電達景崧，謂「願與臺存亡」云。既成立，遂電告自主於清廷，言遙正朔，永作屏藩；並布告中外。而日軍於月之初六日實行武力侵略，由北部之澳底登陸，尋佔基隆，十二日夜，景崧微服遁，十五日，日軍進踞臺北，至是北部之「臺灣民主國」遂告瓦解。

自民主國解體後，臺灣紳民因久仰黑旗軍之威名，遂集議將全臺軍務暨民主國殘局，懇請永福出而支撐。永福明知大勢已去，獨木難支，然仍不忍棄三百餘萬臺胞，允勉為其難，冀能守土安民，以盡一己之責。

先是，唐景崧潛走後，臺局頓成群龍無首，莫知所措，軍政要務，尤待重整。於是全臺各界紳耆百姓，集會決議，公舉永福為臺灣民主大總統，並懇請到臺南坐鎮，永福不受名義，強之；最後，永福雖一再拒受大總統名義，然既得萬民請命，為順應輿情，本保民守土責任，遂自恒春移駐臺南，毅然負起捍衛全臺之責任。隨之，分汎水陸，訓勵團練，各地魁傑收而用之，以援助前敵。並告示於民曰：「日本要盟，全臺竟割，此誠亘古未有之奇變，臺灣之人，髮指皆裂，誓共存亡，而為自主之國。本幫辦則以越南為鑑，迄今思之，追悔無窮，頃順輿情，移駐南部。本幫辦亦猶人也，無尺寸長，有忠義氣，任勞任怨，無詐無虞，如何戰爭，一擔肩膺，凡有軍需，紳民力任，誓師慷慨，定能上感天神，慘澹經營，何難徐銷敵焰？」閏五月之初，北部及中部相繼淪陷，永福為堅定民心士氣，精誠團結，乃會同布政使顧兆熙、臺南鎮總兵楊泗洪、安平縣知縣鄭漢卿，以及士紳百姓各界代表等，齊集臺南練兵場，歃血立盟書，誓曰：「吾劉某，不要命，不要官，願同民眾共甘苦，與倭寇作殊死戰而已！」其時，日本「臺灣總督」樺山資紀願永福罷兵，移書相勸，永福即復書，嚴詞拒絕，痛斥其非，於是義聲益震於天下。其次，永福嘗語其幕賓吳桐林曰：「余之留臺，非有他也，為感臺民之忠義，不忍去也！」永福如是堅強之民族意識，殊令人敬佩！吾人再讀安溪林鶴年「東海集」中贈劉淵亭副帥守臺南律詩，亦足見永福當時聲譽之一斑。詩云：

「五百田橫氣尚雄，曾聞孤島盛褒忠；
誓心天地中原淚，唾手燕雲再造功。
不信黃金能應識，誰將赤炭擅和戎？
兵銷甲洗天河夜，雙手瀾回力障東。」

孤軍奮鬭 屢挫敵鋒

當永福由恒春移駐臺南之初，萬眾一心，士氣旺盛，極具抗日決心。其時，又先後接兩江總督張之洞（香濤）、兩廣總督譚鍾麟（文卿）密函，囑請仍相機扼守，日後必定匯款接濟。永福以既有援應，益為心強膽壯。於是一面整飭內政，一面加強防務，部署兵力，嚴守陸路與各港口。更於沿海一帶，遍掘塹坑，以大木桶去底埋置土中，中插竹籤三枝，桶蓋小於桶口，以小橫木穿之，虛蓋桶上，外敷草皮，渾如平地，人若踏之，蓋翻人落，必為竹籤所刺。厥後，日兵登岸偷窺城勢，跌入塹坑死者，先後數十人。

閏五月初三日，日艦先來臺南安平港外，窺探黑旗軍虛實；是時，永福適在礮臺上巡視，乃指揮開礮二發，擊斷日艦桅桿，日水兵落水者十餘人，日艦即時斷索，倉皇駛去。自後，日艦知所戒心，不敢輕舉。後人歌頌，有詩咏之：

「初來日艦抵安平，伺我軍中虛實情；

臺上指揮劉永福，摧桅巨礮敵心驚。」

六月間，臺南各界代表暨紳民數千人，舉行公民大會，再度公推永福為臺灣民主大總統，並由各界代表三千餘人，三次呈送「臺灣民國總統之印」，永福均予拒絕，眾代表見永福一再不受總統印，乃再稟曰：「今日吾人抗日，乃臺灣民主國之抗日，以目下情勢，在臺灣能號召各方者，唯有大將軍（當時臺人多稱永福為大將軍）一人，公如不承擔，斯乃謂『斯人不出，奈蒼天何？』」永福為彼等誠意所感，答曰：「抗日禦侮，乃當前大事，必須要做；惟目今第一要務，莫若籌募軍餉，軍餉足用，士馬肥騰，日寇雖厲害，吾豈懼哉！其願眾代表能移送印踴躍之心籌餉，則自有措置矣！」繼曰：「諸君回去，有錢幫錢，有米幫米，有力幫力，通力合作，抗日之責任；吾當承擔，印無用也！」語意懇切，眾代表乃唯唯而退。

其時，一班文武大小官吏，既奉清廷上諭內渡，又聞知日軍侵踞臺北後，節節南下進迫，以及日艦侵擾臺南之消息，皆繳包關防印信，紛紛內渡，而富商巨賈，亦相繼遷避廈門，留下者僅是手無寸鐵之居民，與永福之孤軍而已。永福處此局面，祇得就本地人才，與勇於服務之外籍人士，分別委署各缺，並給關防，以維持政務。惟當時最感嚴重者，厥為糧餉問題。是時雖由各紳民代表，合力籌糧，有捐米十餘斤、三二十斤者不等，永福見杯水車薪，無濟於事，乃命查核支應善後，各財政處所，計存現銀二十萬數千元，即先提撥各營。時內地省援款渺茫，除即遣幕僚羅綺章渡廈乞援，遍走沿海；又託請當時奉北洋大臣劉坤一（實甫）回廈門，向各省求援外；再提用各海關卡釐金各項雜捐收入，共得銀五萬兩，惟亦僅能維持各軍營勇伙食，至六月底。永福至此，殊為焦急，乃設官銀錢總局，印發銀票，至六月以後，糧餉無法如數照發現銀時，祇得配發銀票。初則千銀發四百現銀，六百銀票；旬間則千銀發現二百，票八百；又旬間，現銀一百，票九百；又旬日，全發銀票。初時，臺南城區及鄰近各處，銀票尚覺通行，惟至八月底，則城內外幾不願有收受者。迄日艦進迫南部各港口，每以大礮轟擊，並派日兵登岸侵襲，海岸守軍及義勇隊，無不奮勇截擊，連打十餘戰，隨時亦有斬獲日兵，解送報功，奪獲槍械甚夥，番馬亦多。嗣以險要處所，陸續被其擊毀佔據，乃退回離海二十餘里駐紮，各地義勇軍，互為聲援，分頭出擊，日兵受挫，稍為畏怯。且以永福坐鎮臺南府安平縣，乃正海邊之地，日本兵艦，亦不敢貿然闖入。

糧罄矢窮　獨木難支

永福在臺南孤軍抗日，雖兵單餉絀，內外無援，卒以不支，然其間亦未嘗無可歌可泣之戰役。蓋是時新竹、臺中、彰化、雲林等處，先後失守，日軍乘勢南下進迫。文案吳彭年，富嫻韜略，奉令督師前線，戰事激烈，與義兵統領李士炳、吳湯興，俱戰死八卦山；副將楊泗洪反攻大莆林，義兵巨擘姜紹祖反攻新竹，先後陣亡；鄉義勇首領黃勞邦圍攻彰化，中彈死；總兵柏正材、義兵驍將徐驤，皆力戰雲林，陣歿；而各方起而抗敵之義士，亦多奮勇戰死。永福處此殘局，仍然鎮定應付，一面繼續連絡各地義兵，配合前軍，重新部署，堅守陣地；一面再派幕賓吳桐林渡廈門，陳援各省，辭甚哀痛，惟皆格於清廷禁令，無敢應者。

八月十三日，日軍總司令陸軍中將高島鞆之助指揮之近衛師團，由枋寮北上；混成第四旅師團陸軍少將貞愛親王，自七月間即登陸布袋嘴進迫；永福此時已三面受敵，而前方諸軍，又要求餉械甚急，真可謂前無救兵，後無糧餉。永福深自悲痛，不禁淒然嘆曰：「內地諸公誤我，我誤臺民！」語極沉痛，聞者沾襟。是時，日方軍艦十餘艘，連日分擾南部沿海，終日礮聲隆隆，民心惶惶。永福之孤軍，受其牽制，南北無法相顧，以致八月二十日，嘉義棄守，繼而鹽水港陷落；二十三日拂曉，南部海面，遍泊艨艟，圍攻臺南；二十七日，臺南戒嚴，永福移駐安平礮臺，依然指揮若定，沉著應戰。二十九日，日軍全力猛攻城外礮臺，永福親自指揮發礮，擊斃日軍數十人，戰事遂呈一張一弛。此時，永福擬退至關帝廟莊，據山以守，奈以警報疊至，倉猝未能行。適福建將軍解到自款銀八千兩，粵督譚鍾麟解到公款銀一萬兩，譚並附一函云：「我怕汝不得銀散放，不得走。」永福得款，即予發放，略可捱延數日。迨九月初二日，城中土匪蜂起；永福以糧匱矢窮，大勢已去，知不可為，乃偕義子劉成良暨隨員數人，借英船多厘士號，黯然內渡。九月初四日，臺南陷，從此臺灣民主國亡，而臺灣全境，遂為日軍所據。

結語

永福以一介平民，而深具民族意識，少時家貧，嘗躍然有用世意，自勵曰：「大丈夫不能為生靈造福，既可羞，況日夕啖稀粥，不能飽，又焉可鬱鬱居此乎?」遂與鄉人，留長髮，投天地會，響應太平軍，以反抗清兵。繼則間關越南，綏靖邊圉，助越抗法，保持此義，成為抗法英雄，及夫飲恨歸國，復效力粵疆，奠安閭里。厥後，渡海援臺，又奮力禦日，矢志保民。奈以臺撫唐景崧排擠傾陷，對永福不能推心置腹，終至景崧坐誤事機，臺北失守，影響全局。而永福孤守臺南，相持數月，卒因援絕，無以救臺灣之亡。一如當日邱逢甲所言，不爽銖黍。倘景崧能捐私怨，而急公好義，俯就逢甲為二人調停之意見，則臺灣未必終亡，即亡亦未必若是之速也。又當時銜命來臺調查軍情之易順鼎，對此亦嘗扼腕嘆曰：「有此一良將（按指永福），唐（景崧）竟不能用，而所用將佐，專擇逢迎巧滑，貪鄙嗜利之小人，欲不敗，其可得乎？」臺灣故儒史學家連橫氏（雅堂）所著「臺灣通史」，對此亦有類似之感慨。茲另摘錄連氏對永福孤軍抗日、援絕內渡之評語，作為本文之結束。

連氏曰：「臺為海中孤島，憑恃天險，一旦援絕，坐困愁城，非有海軍之力，不足以言圖存也。且臺自友濂（按邵友濂為前臺灣巡撫）受事後，節省經費，諸多廢弛，一旦事亟，設備為難，雖以孫吳之治兵，尚不能守，況於戰乎？是故蒼葛雖呼，魯陽莫返，空拳隻手，義憤填膺，終亦無可如何而已！」

原載於《廣東文獻》六卷二期

關於詹天佑的三個問題

凌鴻勛

詹天佑為我國政府所派首批赴美留學幼童之一。學成歸國後幾年即致身鐵路之建築，旋受命總司京張鐵路工程，為中國工程師負責興築一條工程艱鉅鐵路之第一人，此為中外人士所習知。惟百年前風氣初開，報刊較少，公私記錄遠不如今日之盛。計詹氏於光緒七年（一八八一）回國，至光緒十四年（一八八八）始入鐵路任事，中間歷七年之久。在此七年間，詹氏做過那些事，頗難詳加查考。蓋以詹氏十二歲即離祖國，廿一歲才回抵上海，廿一歲在今日尚是在學之年，未膺較重之任。何況當時近代建設之事才開始，是以回國後的幾年間尚無一固定之事以展才能，在閩在粵播遷不定，因此任事之記載雖有片段，而無系統可言。

民國五十年，即詹氏誕生之一百年，作者思為詹氏寫一年譜。曾費了一年多的時間，搜集中外各方資料寫成初稿，由中國工程學會印行。此篇問世以後，各方反應不一。其中較為重要尚為今人所研討者，則有下列兩事：

在水師學堂一段及曾否參與中法海戰問題

作者編述詹氏年譜時，最感困惑即為詹氏在進入鐵路之前的七年間，曾任過何事？各家於此雖有所載，惟詳略既不一，且有矛盾或差異之處。以詹氏初出任事，又用違所常，原不會有很多可述的事蹟。而且在九十年前，中法戰起，戰場情況瞬息萬變，各方報導更難免有矛盾與差異之處。作者在年譜中對於該幾年所記的真確性原不敢自信。自慚未習史學，於典籍之查證實甚疏略。

詹氏年譜刊出之後，新時代雜誌民國五十年第一卷第七期「書評」欄內，載有歷史博物館長包君遵彭對凌著詹天佑年譜幾點商榷一文。此文長逾萬言，考證豐富，讀之不勝欽佩。其中提出拙著所稱水師學堂的名稱問題，以及學生練習、服務、教習等名詞先後不一致，與對於原著所述一年後即當教習疑為太快。又謂詹氏未曾於光緒九年任教習。這幾點引證甚多，作者以手邊此類書刊太少，未即多為查證。包氏此文實為拙作詹氏年譜的一項修正補充。空谷足音，令人興奮。

關於詹氏曾否參加甲申中法馬江海戰一事，包氏根據清季外交史料所載，及當時上海道邵友濂等不同來源之報告，謂「沒有提到揚武艦還攻或繼續發砲之事」。又根據閩海疆會辦張佩綸奏報馬江失利摺文，其中述及揚武艦者則祇謂：「法人以五大船一魚雷船合攻揚武，揚武為敵魚雷所碎」幾句。包氏謂「此係負責疆吏向朝廷提出之正式奏報，根本未提到揚武艦還攻敵艦繼續發砲情事」。又謂根據督辦福建軍務左宗棠奏摺稱：「福星、振威、飛雲、福勝四船死戰不退，而揚武著名堅大之船僅還一砲。」因此包氏根據這些負責調查官員所述，並比照張佩綸的奏摺沒有一言提及揚武戰績，認為「揚武在此戰役中迄無所表現，當不會有詹天佑等人還攻敵船繼續發砲英勇之舉。」

以上包著多方引證，至為欽佩。詹氏曾在揚武艦服務（或練習）而不是在揚威艦，（別的記載有謂詹有在揚威艦者）承包氏引證，作者幸未有錯。至於年譜中所述光緒十年中法馬江之役詹氏應戰之一段，作者係根據中央研究院近代史研究所所藏總理各國事務衙門越南檔原本第一〇二四號文件中載有上海江海關道邵友濂轉報一八八四年七月初五日晉源西字報所載之福州消息（即詹氏年譜第二十四頁所述）。其時英、美國曾有軍艦在福州海外觀戰。該報所言詹氏應戰一則，容非虛構。又查近代史研究所所藏越南檔第一〇二一號文件內載：

「七月十三日美國公使約翰函總理各國事務衙門，以中法閩省之戰中國官兵均甚出力，其中尤為出力者則係揚武船內由美國撤回之學生。該學生計共五名，點放砲位甚為合法，極其靈巧，均奮不顧身。直至該船臨沉沒時，眾人均已赴水逃生，該學生等方行赴水。內有一學生戰歿於陣。本大臣接閱之餘，實深欽佩。想該學生等出洋習業，曾有謂其惟務洋學，恐於中國事理諸多未諳，難為有用之才。玆閱前因，足見其深明大義，均能以死力報效，實為不負所學。是該學生等上足以仰副貴國之栽培，下亦足以特表一時之英俊。尚望貴國於幼童出洋一事嗣後仍按時舉辦（按幼童出國事已於光緒二年起停派），將見人才輩出，貴國興盛之基自必蒸蒸日上。……」

此函在外交文件中鄭重其事，應有所根據。函中雖未明指詹天佑之名，但此函及其他資料中均確定船上有五名留美回國學生。晉源西報且有五人之姓名為黃季良、詹天佑、吳其藻、容良、薛有福。且特別敘述詹氏有膽勇。又查越南檔第一〇二四文件中尚有下列的一段：

「江南製造局有一由美回華學生名祁祖彝，曾接揚武船之出洋學生來電，謂揚武船將沉之頃，由美回華學生五名自船跳躍下水。除不見容良外，餘四名都平安到岸。」

此與美使楊約翰函中所述符合，而生還四人中應有詹氏在內。

作者根據上述幾項資料，是以在詹氏年譜中有甲申應戰之一段。包氏認為張佩綸馬江失利一奏，以好大喜功之張氏對於揚武發砲還擊以及詹氏等表現英勇未提一字，其他海軍史料亦無記載，認為無此事實。惟張奏所未提不止詹氏一人。如謂張奏未提即無其事，難道黃季良、吳其藻、薛有福諸氏以及容良殉職之都屬虛構？以上中西各記載以主觀與客觀不同，遂有互異的說法。九十年後之今日，事更模糊。甚盼歷史學家與海軍前輩於此加以考訂，俾資證實。

車輛掛鈎是否詹氏所發明

在拙作詹氏年譜之「編後」一段，作者曾否認國內相傳已久鐵路車輛自動掛鈎為詹氏所發明之說法。此書刊行後，社會對於此點引來不少的反應。有直接致函作者，有投書於中央日報。（因作者曾在中央日報寫過一短文述及此事）其中一件原文說：

「……中國在二十世機器時代落後，也只有這一點，況業經大家公認，並給後代一點鼓勵，否則我國對二十世紀發明一無所有。況你所知的亦不過是片面之辭。……詆毀中國，居心何在？……今後對中國有損無益的要少作，並且要問問良心……。」

又一件說：

「……先生發表鐵路自動掛鈎美國早已採用，不應歸功詹天佑等語。請問先生為何不早講。如果先生在五十年前發表，我們還不知道天佑歷史。此時此地，先生公開發表，實應負破壞國民心理的責任，有更正的必要。……」

又一件說：

「……閱中央日報……所載的一段言論，不敢苟同。……希望查證時候應該找最正確的為立言根據。……同時請你注意自己民族的尊嚴。……」又一件說：「先生說火車自動掛鈎非詹天佑所發明，而係美國詹尼所發明一事，聞之不勝驚詫。……先伯父及先父曾隨詹公任事多年，……常言當時列車每在駛行中四有生脫節事。當時鐵路技術人員多係外籍人士，（作者按京張鐵路從未雇用外人）對此亦無善策。後來詹先生發明自動掛鈎，始免除中途脫節之事。……此乃國人所共知者。……」

又一件說：

「詹天佑發明車輛掛鈎一事，載之於小學教料書。教科書是經教育部審定的，難道教育部也會有錯？」以上各件來者都有姓名有地址，我覺得這事有點嚴重性，幾乎使我成為名教罪人。因不克逐一答覆，乃在五十年四月三十日送中央日報一公開信，答讀者的詢問。至教科書一節，則函教育部請其查明。如所載不確，宜予刪除，以免給下一代以不實的記載。公開信如下：

連日接到好幾位讀者來信，對我所引證火車自動掛鈎不是詹天佑先生所發明表示異議。說我祇憑一面之詞，發表謬論，應負破壞國民心理的責任。又問我詆毀中國於心何在？我看了非常惶恐。我可以敬告各位讀者，在退出大陸以前我在國內鐵路服務過三十年，也曾在詹氏領導下做過事，我就未曾在任何文件、書籍或記錄上或在任何鐵路前輩口中看到或聽說過掛鈎是詹先生發明的。但社會上確有這項傳說。我為了寫一本詹先生年譜，曾就這事經過一度之考證。根據美國鐵路協會的記載，美國鐵路初期也是用鍊鈎來二四接車輛，但早一八六九年即開始各種自動掛鈎的試驗，其時詹氏才九歲。自後美國鐵路經過了多年的不斷研究，才有了重要的進展。其時美國各鐵路所用自動掛鈎式樣甚雜，到了一八八七年始由車輛製造協會決議採用現在美國一般鐵路所用的一種掛鈎，這事還在詹氏初入鐵路服務的前一兩年，是由詹有發明的說法我認為有澄清的必要。（下略）凌鴻勛五十年四月廿八日。

自從五十年這個問題揭起之後，各方辨證多端，事實已甚明顯。作者以為這重公案應可從此結束了。不謂事隔十餘年，到了民國六十三年四五月間，作者獲得京張鐵路照片百餘張，皆為前時所未見，特選其中最富價值者一百張放大，趁六月六日工程師節，在臺北國立歷史博物館作一次公開展覽。並於展覽期間，應博物館何館長之邀，在該館作了一次描述詹氏平生與京張鐵路的公開演講。在演講的末一段，作者亦曾提及自動車鈎不是詹氏所發明。不謂講完之後，遭一位國民大會代表胡君鍾吾的激烈反駁。據六十三年六月十七日臺北聯合報所載胡君說：

「詹天佑在世時候大家就知道他發明鐵路掛鈎，當時他不辯白，就是證據。」

又謂：

「原籍安徽的詹天佑是研究徽州方秀水特製的羅盤結構以及吸收美國掛鈎，創造詹天佑掛鈎。……當年方秀水做羅盤是為了便利徽州等地的山道通行。京張南口站一段崎嶇險峻，詹天佑決定使鐵路作之字形而上，所以才研究方秀水羅盤，一共拆了十五個羅盤，才悟出安全掛鈎的製作原理。……詹天佑以一中國人好不容易發明一件東西，即被反駁推翻，這是小題大做。希望大家提出證據來，證明詹天佑確實是掛鈎的發明者。……」

作者很了解胡代表不會是一位鐵路從業者，所言祇是和詹氏先代有安徽同鄉之誼，故極力為詹氏作辯。作者不相信詹氏會有空閒研究如何便利徽州等地的山道通行。至於因拆下十幾個羅盤才悟出安全掛鈎的製作原理，製出自動掛鈎，去解決南口一帶崎嶇險峻鐵路的運行，這說法真是聞所未聞。作者當時祇答以歡迎一切有關此事的繼續研究，及找尋可靠的資料。

茲事過後不幾天，於七月四日收到一位當代學術知名人士來信，茲錄如下：

竹銘先生：昨日在聯合報載有臺端與胡鍾吾代表辯論詹天佑先生是否為火車自動掛鈎之發明家一問題。此事數十年前已載在教科書，國人以此引以為榮，今若欲翻案，似應向美國專利局查案。一、詹來斯（作者按：即指 Janney）與詹天佑是否為一人？二、詹來斯之發明是否與詹天佑所發明者完全相同？三、同一發明在東西兩也同時產生亦有可能，不一定一個抄襲另一個的。四、發明不一定在鐵路界服務才有可能，先有發明，表示他對鐵路有興趣，然後實地參加，何嘗不可？總之一二兩點能先查清，始有論據。若謂此乃傳說，亦應查明此一傳說之由來，似非詹來斯即可變為詹天佑也。……此次否定詹之發明證據似太不足。叨在友好，故敢直陳，尚請諒之。敬請近安。

弟〇〇〇敬啟　六月十八

作者接信後，認為當代學者既有此懷疑，應去信有所解釋，因於七月八日復信如後：

〇〇先生有道：六月十八日惠書不悉何故至七月四日方才得收，稽復為歉。鐵路掛鈎問題多承明教，至感高誼。茲謹將弟所知列舉如後：

㈠根據美國幾種權威典籍所載，早在一八六九年美國鐵路即開始作自動掛鈎之研究，以謀代替舊式不安全與動作慢之鍊接（詹天佑先生生於一八六一年其時年九歲）。各鐵路及廠商乃各有質設計與式樣之發展，至一八八五年已有三千種不同之註冊。於是認為有急待統一掛鈎式樣之必要，以便各路車輛過軌聯運。曾開始作一連串之重要試驗，費時兩年，至一八八七年才由全國製車協會召集各路會商，一致通過採用 **Maj. Eli H. Janney** 所創製之直形自動掛鈎。自後此式掛鈎迅速地取代所有其他各種掛鈎，而為美國鐵路自動掛鈎之標準。其時詹氏年二十七歲，尚未入鐵路服務。謂係詹氏所發明，在時間上顯無根據。

㈡詹氏係美國土木工程師會會員。該會例於其出色會員身後作成傳略，在年刊上發表。一九二〇年（即詹氏逝世之翌年）該會之年報曾刊出一篇甚詳細之詹氏事蹟？為詹氏長婿王君金職（亦該會會員）所撰。中國工程師學會有此一冊，於詹公發明自動掛鈎事並無提及。王君任京漢鐵路工務處長時，弟供職粵漢路，與之時相過從。弟任粵漢工程局長時，詹公之子文琮任工務處副處長。王詹二君為詹公最親近及傳其所學之人，均不承認鐵路自動掛鈎係詹公所發明。現在臺鐵路老輩曾任國內各鐵路機務及運輸高級職務者尚有十幾人，亦均否認此事。

㈢自民國五十年拙編詹天佑年譜問世後，各方對掛鈎問題反應不一。弟覺得有澄清之必要，曾於五十年四月三十日致中央日報一公開信，答復讀者詢問。是年五月九日，臺北聯合報載有署名丁惠曾一文，又五十年五月廿三日中央報載有署名言曦「詹天佑鈎」一文，六月四日中央報又載言曦「再論詹氏鈎」一文似可參考。

㈣在此期間，有人謂小學教科書中有詹天佑發明車輛掛鈎之記載，並謂教科書是經過教育部審定，不會有錯。弟對此頗有懷疑，曾函教育部查明予以澄清，如不確實，則宜刪改，以免青年常留此錯覺。

㈤事經十餘年，至今年六月歷史博物館展出京張鐵路工程照片時，邀弟對詹公與京張鐵路作一演講。弟亦曾強調詹公發明車鈎傳說之不確實。當時即遭一位胡君之強烈反駁（即執事所閱聯合報之所載）惟胡君所說羅盤與自動掛鈎兩者風馬牛不相及，將其拉在一起，作為佐證，其構想實匪夷所思。聯合報嗣於六月二十日曾登有讀者單君炳慶一信，單君在鐵路機廠任主管多年，所言與典籍所載及在臺一般機務老輩所見符合。

㈥鐵路自動掛鈎係 Major Janney 所發明創造，中外東西各國鐵路界早成定論。惟自一八八七年至今已八十餘年，此八十餘年中因鐵路運量之增高，機車車輛之增大行車，速度之增加，與製造材料之改進等等，（但如初時掛鈎拉力祇須三二十噸，現則至少須八十噸，以前掛鈎用鑄鐵，現則須用鑄鋼……）掛鈎的形式，大小，零件配置，與使用方法等細節已不知改過若干十次，祇是像兩手相撞而結合之原則則未變。詹氏在京張鐵路時，對於掛鈎可能想有所改進。在臺詹氏之孫同基及孫女樹義曾告弟幼年在其老家見有一具掛鈎之模型，人稱為詹天佑掛鈎。是以傳說或由此而起。

㈦自最近發生論議後，弟曾再函教育部國民教育司，請其一查現行小學教料書尚有無詹氏發明掛鈎之記載。得復已遍查現用教科書，載有關於詹氏主築京張鐵路之一節，但並無詹氏發明掛鈎之記載。

綜上所述，詹天代發明鐵路掛鈎之傳說斯時似應作一結束，不知以為有當否？手此復頌時安。

弟凌鴻勛拜復六十三年七月八日此信去後，又於七月十八日再得其一信如下：

竹銘先生：詳函奉悉，謝謝。惟仍不能解決「詹天佑是否發明自動掛鈎」之謎。其理由如下：一、自一八六九年至一八八五年鐵路掛鈎之註冊者共有三千種之多，其中是否有詹天佑之一種在內？應予追查。因一八八五年詹氏已卅三歲，質進入鐵路服務之年為廿九歲，以詹氏之富於創造進取之精神，在掛鈎方面略用腦筋，極有可能。其時美國方面已有三千人動腦筋。不一定事事抄襲他人也。二、詹氏可能自己想出一種掛鈎，而應用於京張。同時美國方面從三千種不同掛鈎中選定了一種，可能與詹氏應用者相類似。詹氏知道了美國亦既有之，遂不以自己之發明為奇。否則在五六十年前弟何以已聽到詹氏之發明消息耶？三、吾人並不以詹氏有未有此發明為了不起。惟深信此一傳聞必有其來源，應予澈底查究，決不能以美國並未用詹氏之發明即認為詹氏決未有此發明也。蓋同一時間在世界上不同之國家發明同一件東西有例極多故也。四、教科書中何以有詹氏發明之報導，後來忽又取消，其原因何在？亦應澈查。五、往昔西人認為自然科學為彼等所獨有，李約瑟氏始一一找出證據，以駁其妄。吾人於此宜慎重出之。弟故不惜辭費，與兄討論之也。敬請道安。

弟〇〇〇七月十二日

此信謂一八八五年詹氏已卅三歲實係二十五歲之誤，其時尚未進入鐵路服務。又作者於前一復信已分析甚詳，故此信未再作復。其實作者早已函請旅居華府之友人代為向美國國會圖書館及專利局詳為查問，得復在掛鈎史中未查到詹天佑之名，在發明國家中亦無中國在內。至上述三千種之掛鈎設計註冊則未能詳細查得。

作者於本年十月初王雲五先生所捐贈之雲五圖書館開放之後數天，即到該館查得Charles

G Abbot 氏（麻省理工大學博士，曾在 Smithsonian 博物館服務多年）所著 Great Inventions 第一九八—二〇〇頁中，有關於詹氏發明中輛掛鈎經過之一段詳細記載。茲節譯如下：

詹尼氏（Eli Hamilton Janney-1831-1912）為美國 Virginia 州人，在美國南北戰爭時隸李將軍之下為一低級軍官。戰後仍在 Aiexandria, Va. 一倉庫任職。美國鐵路開始之半世紀中，車輛與車輛之間的聯結係用笨重的鐵鍊牽挂，而兩鐵鍊之末端尚須人工在兩車接近時將其對準，再施放一栓，才能聯繫。詹尼氏每經過鐵路調車場，眼見牽挂之工人時被兩車撞傷，甚至撞死者。因開始沉思應如何改善，以減少此類時常發生之不幸事件。

一日，詹尼氏偶將自己之兩手用四個手指扣起，覺得一鬆一緊，甚為方便，由此悟及車輛掛鈎之可用此方式來代替鍊結。遂以晚間餘暇自製一木質模型，經多次之思維認為倘依此作為掛鈎，必須具備如下條件：1.簡單，2.易於操作，3.各件須有足夠之強力及 4.製造價格較廉等。如是經過八年的創作與試驗及改進，才用鋼製成此式之自動掛鈎，而於一八七三年四月二十九日獲得註冊專利。

但詹尼氏並無力自行設廠製造。後得友人之助，在當地的鐵工廠製造了幾套，而試用於一條舊鐵路，結果甚為圓滿。詹氏知道這尚不能引起美國大鐵路之注意，乃再花了十年時間，逐步加以改進，並接洽了許多間鐵工廠。最後一間在匹士堡的鐵工廠對此有興趣與信心，允出資為其製造鐵路（Pennsylvania Railroad）定製了一百套試用，亦證明甚為成功。

這時候美國各方面研究新式掛鈎而得到註冊者數以千計。各鐵路的試用與反應意見殊不一致。但都認為全國應有統一的標準，以利路務。但應用那一種，各方以本身利益關係，紛爭了數年之久。直到各州甚至聯邦國會認為此事重要，責成各鐵路迅速商決。此項任務後來加諸美國車輛製造協會（The Master Cara Builders' Association），由其聯合各鐵路製車主管，於一八八七年在水牛城（Buffalo,N. Y.）郊外特舖一條用各種八銅的曲線與上下高坡的鐵路，邀請各鐵路主管與製造商，帶同各式掛鈎，當場各個試用。結果公認詹尼氏所製之式樣為最佳，遂為該協會採用為全國標準。後來加拿大墨西哥等國均規定須用此式，詹尼氏仍繼續研究改進，特別對於客車之掛鈎。嗣後其子亦終身繼續其父業，不斷有所改進。

以上為美國詹尼氏發明車輛掛鈎之最詳實記載，無可置疑。計詹天佑生於詹尼氏之後三十年。詹尼氏初試註冊係在一八六六年，其時詹公才六歲。一八七三年詹尼獲的其改進設計之正式專利權時，詹公才十三歲。一八八三年本薛文尼亞鐵路購用詹尼氏掛鈎一百套時，詹公才二十三歲。水牛城舉行全國驗試採用詹尼氏式樣時，詹公才二十七歲，尚未入鐵路做事。詹尼氏花了二十多年的研究試驗與改進，其間遭遇過不少困難與挫折，（當時名鐵路主管不關心工人之傷害，且不願花錢改進）才獲得成功，而謂其姓之中文譯名與詹天佑相同，遂以訛傳訛，積非成是，請問這是否應當改正之事？作者是最崇拜詹氏之一人，但對詹氏發明掛鈎之說實不敢盲從。作者雖不反對於此再加研究，查考，但認為此事鑽牛角尖之所為，相信不會再有新的資料足以推翻作者之論斷。

詹氏是否會作山水畫

上面所述兩問題有關國是，反覆研究推論，不厭求詳，自有其價值。不謂近年尚發生了一件甚微小而似是而非的問題，姑為述之，亦詹氏生平傳記的一小插曲也。

六十二年某月某日有客來訪，袖出一幅云係詹天佑先生所作之山水畫，囑為鑑別。作者展開，知係一橫幅山水畫，長約三尺，寬約一尺，題為西陵山水畫，上款署培成仁兄雅正，款末署弟詹天佑作於宜昌川路工次，兩小章都不是詹天佑或眷誠等字。作者雖不懂山水畫，但看來似非一初學而無根柢所能為。頗疑詹氏一生為路事奔波勞碌，安有閒情逸致來到工作地作畫？因約詹公之孫女樹義女士及孫同基君同來展閱。樹義女士固習國畫作，惟據其姊弟同稱，從小即未聞其祖有作畫之事，老家亦未嘗見掛有其祖所作之國畫，對於此幅之真偽均為搖首。此中可異者，詹氏確曾於光緒二十八年（一九〇二）奉清廷之命，臨時調去趕築一條由京漢鐵路高碑店至梁格莊之所謂西陵支線，（西陵係清幾位帝王陵寢之總稱）以便慈禧太后可乘火車去祭陵，西陵是與詹氏有關的。又宣統元年（一九〇九）川漢鐵路決先修宜昌至萬縣一段，十月在宜昌開工。先是已調用幾位京張的工程師去開工，詹氏嗣亦為當局所邀被聘為川路總工程師。以京張工程時已告一段落，遂於是年年底赴宜昌一次，至翌年二月機後由宜昌北返，去展築張家口至天鎮一段工程。是以畫上所題宜昌川路工次云云亦有其依據。反覆思維，仍認為此非真品。惟偽造者不作京張路風景，而故弄玄虛，用西陵為題，以宜昌川路工次為作畫之處，亦甚有其匠心。現在此畫仍在臺北，倘有好事者能詳加鑑別，亦可一解此謎。如認為確是詹公所作，不但於詹公生平多此一段有意義之記錄，而此畫亦會驟增其價值了。

原載於《廣東文獻》五卷二期

中國葡萄酒之父——張弼士

丘峰

張弼士（一八四一——一九一六年），廣東省大埔縣人。他從一個放牛娃到南洋首富。他創建張裕葡萄酒，是中國人書寫的傳奇故事：在一九一五年巴拿馬萬國商品展上，張裕酒一舉奪得四項金獎；人們知曉清末杭州有個「紅頂商人」胡雪巖，卻不瞭解清末杭州南洋有個比胡雪巖官銜更大的「紅頂商人」張弼士；人們知道胡雪巖富可敵國，卻不知道張弼士擁有胡雪巖無法匹敵的財富：他擁有超過八千多萬兩白銀的巨大財產，比胡雪巖全部財產兩千萬兩還多五千萬兩以上，比清廷年財政收入七千萬兩還多一千萬兩；張弼士是比皇帝還富有的人，他書寫了華人傳奇。

一、叱咤風雲的世界華人首富

張弼士，名肇燮，字振勳，一八四一年十二月廿一日出生於廣東省大埔縣黃堂車輪坪村。父親張蘭軒是清朝道光初年的秀才，在鄉村當塾師。因家境貧困，張弼士只隨父讀過三年書，十三歲就輟學到姐夫家放牛，後來從師操習竹篾工，編籮簍做雞籠，學得一手好技藝。

一八五八年，十七歲的張弼士告別父母和妻子，隻身奔荷屬東印度的巴達維亞（今印尼雅加達）做苦工，三年期滿後到一家福建華僑的紙行當店員。他工作認真勤懇，深得老闆信任。不到兩年，老闆將獨女許配給張弼士作偏房。岳父病逝後，張弼士繼承岳父家遺產。

張弼士看到當時巴達維亞外國人逐漸增多，經常出入夜總會，還有許多歐洲的富商需要高檔的歐洲酒類，但在巴達維亞還少有這類商品。他敏感地捕捉住這一天賜良機，果斷地調撥資金，開設了一家專營各國酒類的商行。商行開業後，外國人看到張弼士所經營的都是從歐洲進口的原裝葡萄酒，價錢也適中，便紛紛前來購買，生意很快發展起來。

張弼士是個有心人，善於交際，在接待外國顧客及時瞭解國外的情況，還結交了當地的最高長官——荷蘭人亨利，並在進行巴城酒稅和典當捐務承辦權的投標競爭時，得到過亨利的幫助，輕而易舉地中標。與此同時，張弼士還承辦新加坡的典當業，這是成本低廉、利潤豐厚的生意。張弼士業務開展得順利，很快變成巴達維亞的大富商。

張弼士熟悉進出口和稅收業務，向荷蘭殖民政府要求承包了荷屬東印度一些島嶼的鴉片煙稅，還壟斷了新加坡兩個地區的鴉片專賣權。這是利潤特別豐厚的稅收，給張弼士帶來了巨大的財富。

同時，張弼士把目光投入了印尼農村墾殖開發。當時，荷蘭殖民者為開發與掠奪鞭長莫及的島嶼資源，曾放手讓華僑組織墾殖公司。張弼士發現歐洲市場大量需要印尼特色產品，便大力開墾荒蕪的土地，大量投資種植業。一八六六年，他在荷屬葛羅巴埠創辦了裕和墾殖公司，大規模地開墾荒地專門種植椰子、咖啡、橡膠、胡椒等熱帶經濟作物，並先後創建了蘇門答臘亞齊墾殖公司、裕業墾殖公司、笠旺墾殖公司等，雇工達數萬人，產品暢銷歐洲。

張弼士從小就聽說惠州和嘉應州客家人漂洋過海到馬來亞開錫礦的許多傳奇故事，後來便邀請客家名賢張榕軒、謝夢池、戴欣然等人到馬來亞的霹靂州和吉隆玻等地考察，拜訪「錫礦大亨」鄭景貴以及葉亞來等人後，決定到馬來亞開發錫礦。不久，張弼士在英屬馬來亞彭亨州開設東興公司，購買礦山，採用歐洲先進的機械開採作業，使錫礦開採量大增。當時正逢歐洲工業化革命後，需要大量的錫做罐頭食品，錫米價格飛漲，張弼士的錫礦出口額大增，價格翻番，利潤豐厚。

張弼士又注意到，許多從中國來印尼淘金者，需要把錢匯回國內的家人。他又抓住這一商機，開設日裏銀行，專門辦理華僑儲兌和僑匯業務，並在馬來亞檳城開辦了萬裕興墾殖公司，組建了萬裕興總公司，便於應接各埠支店匯兌財貨。

張弼士還把目光注視到房地產方面。那時，許多華僑、華人在種植和經營礦業等方面發達起來，其他歐洲來印尼淘金的人也賺了不少錢。尤其是荷蘭人、英國人特別懂得享受，但當時印尼還比較落後，一般城市住房都是低矮的茅屋或鐵皮屋等。張弼士看到了這一潛在的市場，首先在印尼的棉蘭和關鑲亞的檳榔嶼風景優美的海灘大興土木，建造興建了大量中西合璧的高檔別墅，把印尼的房地產業推向一個高潮。

接著，張弼士又建立了一個聯繫海內外藥材的批發網路，從印尼批發到中國和歐洲的名貴藥材，以及從中國和歐洲運到印尼的名貴藥材及西藥等，均經過張弼士的藥行批銷的。他還擴展經營藥材業，分別在新加坡、雅加達、香港和廣州等地開設大量的藥行。當時，張弼士幾乎壟斷和溝通了海內外的藥材市場。

從十九世紀六〇年代開始的卅多年間，張弼士所經營的企業幾乎涉及到印尼、馬來亞經濟命脈的礦產、銀行、房地產、航運、藥業等許多重要行業，組織起龐大的商業王國，獲得了巨額的利潤。據統計，到一八六九年，張弼士的資產達到八千萬兩白銀，比清朝政府當年的財政收入（七千萬兩）還多一千萬兩；比當時江南首富胡雪巖的財產多出五千萬兩以上！張弼士成為當時華人世界無可匹敵的富翁。

二、亦官亦商的「紅頂商人」

一八九二年，清政府駐英公使龔照瑗奉命考察歐美富國之道，途經新加坡。那時，張弼士已經在南洋營建了他的龐大的金融帝國。龔照瑗到達新加坡後，張弼士給予熱情接待。龔照瑗詢問張弼士的發財之道。張弼士不假思索地回答：「吾於荷蘭，則法李克，務盡地利；吾于英屬，則法白圭，樂觀事變。故人棄我取，人取我與，征貴販賤，操奇致贏，力行則勤，擇人任時，能發能收。……非有異術新法也。」龔照瑗聽了大加讚賞，緊握張弼士的手，激動地說：「君非商界中人，乃天下奇才也。」

龔照援回國後，極力向大臣李鴻章舉薦張弼士。李鴻章對張弼士的經營觀念讚賞有加，奏請慈禧太后和光緒皇帝，任命張弼士為駐馬來亞檳城首任領事。從此，張弼士成了名揚海外的「紅頂商人」。一八九四年，張弼士升任為新加坡總領事。一八九八年，北洋大臣李鴻章電召他回國，任以粵漢鐵路幫辦，次年升任總辦，一九〇〇年再升任為粵漢鐵路督辦。

一九〇〇年，八國聯軍入侵北京，清政府無能戰敗，被迫簽訂喪權辱國的《辛丑合約》，條約規定賠款白銀四點五億兩，三十九年還清，按本息算，要賠償九點八億兩白銀，使得清朝國庫空虛。一九〇三年六月，光緒皇帝召見張弼士。張弼士特地向光緒皇帝上呈《張弼士侍郎奏陳振興商務條議》奏劄。他說：「現時庫款支絀，財力困微，其能籌集鉅資，承辦一切者，惟仰賴于商；農、工、路、礦諸政必須歸併商部一部，否則事權不一，亦非商戰之利。」

張弼士敢於向光緒皇帝直言，批評清朝「重農抑商」的政策，認為中國必須開放國門，向西方學習，提出「惟仰賴于商」。並且建議朝廷專門設立「商部」，向國外進行商業貿易等，張弼士的奏劄鋒芒畢露，直接針對朝廷的閉關自守政策，是具有遠見卓識的。當時中國由於中日甲午戰爭、八國聯軍入侵等各種戰爭賠款已使國庫空虛，光緒皇帝急於尋求振興之道，當他看到張弼士奏劄後，立即降旨議複張弼士的奏陳。大臣們認為張弼士的建議有道理，於是光緒皇帝于一九〇三年下詔成立商部，命載振為商部尚書，命張弼士為商部考察外埠商務大臣。張弼士成為清廷倚重的「紅頂商人」。

一九〇四年十月，光緒皇帝第三次召見張弼士時，他又上陳奏劄，具體上陳發展商務的十二條建議，認為「中國商智未開，商力較微」，「居今日而思補救，因非招致外埠華商維持商務不可」。對清朝政府閉關自守、重農抑商的政策，從根本上作了否定；他還指出要搞實業，首先要開路、開礦，並指出對海外華僑、華人要重視中華文化傳統教育，要認祖歸宗：「動之以祖宗廬墓之思，韻之以衣錦還鄉之樂。」動員華僑華人回鄉投資，並將華資用在最迫切的築路、開礦上，這樣發展路礦，就是發展經濟的先導。張弼士進一步說明，中國經濟的發展，要有所側重，首先要以沿海地區作為開放的視窗，「振興商務，尤非自閩廣等省入手不可。」在具體做法上，他提出，「如由商埠擇其聲望素孚之員，奏請特派考察外埠商務大臣，督辦閩、廣農之路礦事，宜予以保護華商之任」。張弼士拳拳愛國之熱忱，殷殷自強之希望，出自肺腑，溢於言表。朝廷很快採納了張弼士的建議，以種種優惠政策吸引海外華商投資。

在此期間，慈禧太后、光緒皇帝召見張弼士時，賞給他頭品頂戴，補授太僕寺正卿（相當於欽差大臣），任命他為考察外埠的商務大臣兼任中國駐馬來亞檳城管學大臣，還任命他兼辦閩廣農工路礦事宜，張弼士欣然接受。

一九〇五年，張弼士奉旨回到南洋，跟僑領張榕軒等人籌備成立中華商會。很快，張弼士和張榕軒為首的、設在馬來亞檳城的中華總商會成立了。這是在南洋最早成立的中華總商會。張弼士提出：「實業興邦、利不外溢。」張弼士還親自到馬來亞各地勸導華人設商會和舉辦華文學校，傳承和宏揚中華文化。一九〇五年，張弼士又在新加坡同濟醫院內籌組中華商務總會，這也是南洋最早建立的中華商會之一。一九〇七年四月，張弼士被任命為督辦鐵路大臣，管理粵漢鐵路事宜。

一八九七年，經李鴻章舉薦，張弼士參與籌辦中國通商銀行，出任該行總董。嗣後，歷任粵漢鐵路、廣東佛山鐵路總辦，兼辦閩廣農工路礦事宜，督辦鐵路大臣等要職，充分表現出清朝政府對他的信任。

同時，張弼士還被任命為商部考察外埠商務大臣兼檳榔嶼管學大臣。一九〇五年他率領一個考察團到南洋，勸說華僑回國投資。在新加坡僑領、富商數十人出席的宴會上，張弼士呼籲他們「勿分畛域」，「視同一體」，振興實業，為國出力。由於張弼士係南洋富商兼清廷大臣的顯赫身份，據當時記載，他每到一處，「懸燈結彩，高掛龍旗，行者塞途，馬車轟轟。觀者如堵，極一時之盛。」可見張弼士當時之影響力。

三、張裕美酒獲金獎

張弼士在國內最成功的事業之一，是在山東煙臺創辦了張裕美葡萄釀酒公司。

一八九〇年，張弼士任清朝政府駐荷屬東印度巴城商務領事時，有一次應邀出席法國領事舉辦的酒宴。法國領事以三星斧頭牌白蘭地名酒招待貴賓，嘉賓們對法國葡萄酒讚賞有加。法國領事頗為得意地說，法國的葡萄酒是世界上最好的酒，無與倫比。得意之時，他無意間對張弼士說，三星斧頭牌白蘭地酒是用法國波爾多地區盛產的葡萄釀造的。他還談到，如果用中國山東煙臺所產的葡萄釀造，酒質絕不遜色。說者無心，聽者有意。張弼士當即問他為何知道煙臺產的葡萄能釀造跟堪比三星斧頭牌白蘭地酒？法國領事猶豫片刻後說，咸豐年間，他在法軍服役，法軍駐屯天津附近時，他曾與其他士兵一起到煙臺，發現那裏漫山遍野長著野生葡萄，便採大批葡萄回營，用隨軍攜帶的小型壓榨機壓汁釀造，製成的酒味道香醇，酒質與法國白蘭地可相互媲美。他還告訴張弼士，煙臺跟法國波爾多地區的土壤、水質和氣候差不多，適合種植葡萄。當時，法國官兵曾議論，以後瓜分中國領土時，法國要占山東，好在煙臺設廠釀酒。張弼士聽後既憤怒又震驚，將此事默記於心中。

一八九一年，張弼士應督辦鐵路大臣盛宣懷之邀到了煙臺。盛宣懷跟他商討興辦鐵路事宜，張弼士借此機會對煙臺進行了全面考察，瞭解到此地靠山面海，氣候濕潤，土質肥美，確是種植葡萄的好地方。盛宣懷對張弼士的想法大力支持。後來，盛宣懷把張弼士開辦張裕葡萄酒釀酒公司的奏摺上奏朝廷，光緒皇帝准奏。

次年，張弼士投資三百萬兩白銀，在煙臺購置占地千畝的兩座荒山，開闢三千畝葡萄園，雇請民工兩千多人，建造了中國第一個也是亞洲最大和世界第三大的葡萄酒工業園基地，成立「張裕葡萄釀酒公司」。張弼士把公司取名「張裕」，有其深意，以其「張」姓開頭，「裕」為祖國昌隆興裕之意。

為了釀造優質葡萄酒，張弼士從德、法、意等國引進了一百二十四個品種和一百二十萬株葡萄苗，特地聘請了美國工程師衛林士、日本工程師小松等參與興建廠房，進口最先進的釀酒設備。他還高薪聘請奧地利駐煙臺領事哇務男爵、義大利酒師巴迪士多奇擔任公司的釀酒工程師，完全按西方辦法釀製葡萄酒。張弼士對哇務進行了認真的觀察和考驗，相信哇務不但釀酒技術精湛，而且為人忠誠老實，於是把釀酒重任託付給他。後來，又請侄孫張士之任總工程師，請精通英語的宗侄張成卿擔任公司董事長，組建了張裕葡萄釀酒公司的班子。

張弼士派侄子張子章（中國第一代葡萄酒釀酒師）到歐洲購買優良品種的葡萄苗。在運輸途中，葡萄苗被暴曬枯萎，損失了十幾萬元。張弼士雖很痛心，卻鼓勵侄兒：「勝敗乃兵家常事。你再到歐洲去買一百二十萬株葡萄苗回來！」

哇務發現煙臺的葡萄品質雖然好，但品種不多，出酒率也不高，便建議張弼士從西方引進「雷司令」、「大宛香」等優良品種，還對原有品種進行改良。

張弼士是個精明的商人，他深知只有金錢資本還不夠，要使「張裕」能夠發展，很重要的是必須打通官場關係。於是，他開始了積極的公關活動：跟紅極一時的盛宣懷和李鴻章來往密切；獻銀三十萬兩以賀慈禧太后大壽。皇天不負有心人。一八九五年，李鴻章的親自批示，張裕葡萄酒享有免稅三年、專利十五年的特殊待遇，一時氣勢如虹。

此前，張弼士已經讓張成卿和親戚朱壽山等到法國等地學習釀造葡萄酒，當廠房建造好後，馬上從法國進口釀酒機械設備。哇務男爵釀造師嚴格按法國方式釀製葡萄酒，效果頗佳。張弼士對煙臺葡萄「玫瑰香」情有獨鐘，他讓哇務男爵釀造師以此為原料，釀出了有名的「玫瑰香」紅葡萄酒，再以白葡萄為原料，加上一些中藥材釀成了味美思、白蘭地葡萄酒。

張弼士對釀酒工藝之要求非常嚴苛，按照「陳年老酒，越陳越香」的原理，規定張裕公司產品起碼得窖藏五年以上才能出廠銷售。同時，借鑒外國的經驗，採用進口的白橡木貯桶貯酒。每一年都要給藏酒「轉桶」，也就是從一個桶裏轉到另一個桶裏去，在轉桶的過程中，將沉澱在底的結晶體酒石酸除去，使酒色更為清純。張裕釀酒公司終於成為中國最早採用現代化科學技術釀造葡萄酒的大企業，其生產的張裕酒色澤金黃透明，酒質甘醇幽香。為了釀造優質葡萄酒，張弼士兩年後決定建造地下大酒窖，選址在煙臺海岸邊。工程由檳榔嶼聖西韋斯學院主修工業製造及土木工程的張成卿負責。張弼士從國外請來建築師，按照西方的酒窖建築方法進行施工，採用鐵梁拱聯，鋼磚砌牆，堅固程度可以說是無懈可擊。但在海岸邊興建大型建築對於當時的人們來說還是第一次，因此出現了不少難題。其中一個難題是海岸邊滲透的地下水使那些鐵梁鋼磚難以承受，銹蝕程度日甚一日，張成卿和建築師商議後，決定採用中國傳統的大青石合洋灰（水泥）拱聯改造地窖，蜿蜒而下的螺旋梯亦用永不銹蝕的石條製造。

結合了中西建築的智慧，張裕地下大酒窖歷經三次改建終於在一九〇五年大功告成。酒窖占地積兩千六百六十六平方米，窖深七米，有八個縱橫交錯的拱洞，四季保持約攝氏十四度的恒溫，堪稱奇跡的是，大酒窖竟低於海平面達一米之多，其巧奪天工的建築成就蜚聲海內外。尤其引人注目的是，在張裕百年大酒窖裏，還矗立著三隻容量為一萬五千公升的橡木桶，人稱「亞洲桶王」。

經過十多年的艱苦經營，張裕釀酒公司終於成為中國最早採用現代科技釀造葡萄酒的大企業，其規模堪稱遠東第一。至一九〇八年，該廠已經出產葡萄酒二十多個品種，酒味醇厚，風行全國，遠銷海外，與貴州茅臺酒等並列為中國八大名酒。

民國成立後，一九一二年八月廿一日，孫中山莅臨煙臺參觀張裕釀酒公司，為了對張弼士資助革命的感謝，也為了對他「實業興邦」理想的讚揚，孫中山特地題贈「品重醴泉」四字給張裕釀酒公司，表示對張弼士品格為人的讚賞。南京臨時政府外交部次長魏宸組也給予張裕釀酒公司很高評價，他說：「本埠張裕公司，設的大造酒廠，製造葡萄酒，其工業不亞法國之大廠……張君以一人之力，而能成此大業，可謂中國製造業之進步。」

後來，康有為也到煙臺，參觀了張裕釀酒公司，並下榻煙臺張裕別墅。他在暢飲張裕葡萄酒後，寫下一首詩相贈：「淺飲張裕葡萄酒，移植豐台芍藥花。更複法華寫新句，欣於所遇即為家。」

一九一五年四月，年逾古稀的張弼士，應美國總統威爾遜的邀請，率團赴美簽訂中美銀行合約和籌備在北京、上海與美國紐約、三藩市成立中美合資的第一家國際金融機構。張弼士並且帶領中國代表團出席在美國三藩市召開的「巴拿馬太平洋萬國博覽會」。在這次博覽會上，由於當時中國葡萄酒在國際上還沒有名望，在法國、德國等展廳裏參觀人群熙熙攘攘，摩肩接踵，而在張裕葡萄酒的展廳裏卻門可羅雀，冷冷清清。有一次，幾個外國人經過展廳時，展廳工作的一個小姐靈機一動，故意「不小心」把一瓶葡萄酒打翻在地，結果，酒香四溢，不但這幾位外國人留下了腳步，其他展廳的外國人也聞香而來。小姐喜笑顏開，請客人品嘗。中國人製造的葡萄酒，受到了外國人的一致讚揚。就這樣，張弼士所帶來的「可雅白蘭地」酒（後改為「金獎白蘭地」）獲得金獎，「瓊瑤漿」（後改為「味美思」）、「解百納」（後改為「玫瑰香」）和「雷司令」則獲得最優等獎。

一九一五年張弼士任遊美商業報聘團團長，並率團參加在三藩市舉行的巴拿馬太平洋萬國博覽會

張弼士在出席慶祝安會時，激動地發表演說：「只要發憤圖強，後來居上，祖國的產品都要成為世界名牌！」鏗鏘有力，擲地有聲。張弼士在總結張裕創業史時寫道：「備曆艱阻」、「擲無數之金錢，耗無量之時日，乃能不負初志。」此後，張裕葡萄酒被作為國宴或高雅國際會議用酒，銷往五大洲七十多個國家和地區，至今不衰。

四、「吾生為華人，當為中華民族效力」

十九世紀九〇年代末，張弼士在國內和南洋的事業如日中天，富甲一方，當時在國際上尤其是東南亞一帶影響深遠。英國、荷蘭屬殖民當局，看中他的影響力，曾多次給他封官賜爵，都被他婉言謝絕，他慷慨激昂地說：「吾生為華人，當為中華民族效力。」

張弼士在南洋創業成功後，豪情滿懷地對僑領說：「我要創興實業，為國外華僑生色，為祖國人民增輝。」在這期間，他奔走於中國與南洋之間。有一件事對張弼士觸動很大，更使他下定決心要振興民族工業，使祖國早日富強。

一八九八年，張弼士要到新加坡辦理商務，囑下屬購買從荷屬東印度的巴達維亞到新加坡的德國輪船公司四張官艙船票。當時隨行人員有創辦潮汕鐵路的張耀軒等人，還有一位德籍家庭醫生。第二天，下屬買回的船票卻是官艙票一張，統艙票三張。張弼士一看，把下屬訓斥了一頓。下屬深感冤枉地辯說，不是他買錯了票，而是德國輪船公司不賣給他官艙票。原來，德國輪船公司歧視華僑、華人，規定不准華人購買官艙票。至於那張官艙票，還是德籍家庭醫生特地買來給張弼士的。張弼士為此感到受到了德國人的羞辱，有損於炎黃子孫的尊嚴，當即把四張船票撕得粉碎。他還大為震怒地對張耀軒說：「記住，以後我輪船，凡德國人一律不賣票！」

原來，張弼士於一八八六年就在馬來亞檳城創辦了萬裕興輪船公司，購買了三艘輪船航行於檳城、亞齊之間，有萬裕興輪船公司航運經驗，張弼士心裏有底，他要開闢新的遠洋航運事業。

不久，張弼士便與張榕軒、張耀軒昆仲創辦了「裕昌遠洋航運公司」和「廣福遠洋輪船公司」。他們從歐洲購買的輪船，航行于印尼蘇門答臘到中國南部海面的遠洋航運航線。這條航線正是德國遠洋航運公超的航線。飄揚著大清龍旗的由華僑創辦的遠洋輪船，跟德國輪船不僅同走一條航線，而且輪船設備、規格待遇等和德國完全相同，但票價減半。低成本的競爭使張弼士的遠洋航運公司生意興隆，而德國航運公司卻大虧血本，難以維繼。不僅如此，張弼士「以其人之道，還治其人之身」，許多德國旅客都到他公司購票。張弼士規定：絕不賣票給德國人！逼使德國輪船取消歧視華人的規定。德國輪船競爭不過張弼士的遠洋輪船，不得不認輸。

張弼士在國內除了創辦張裕釀酒公司、興建廣三鐵路，開採金、銀礦外，從一九一〇年開始，陸續以巨額投資興辦農、工、路、礦、機械、墾牧等實業，先後創辦了廣州亞通機器織造公司、惠州福興玻璃公司、佛山裕興機器製磚公司、海豐平海幅裕鹽田公司、雷州普生機械火犁（即拖拉機）墾牧公司等十多家企業，大量引進美、日、意等國的先進技術和設備，開僑商在國內創辦機械工業之先河。張弼士辦的企業名稱多冠以「裕」字，取中華實業永遠「昌裕興隆」的意思。當時，張弼士與清末狀元張謇同被國人稱譽為「南北二張」。張謇是江蘇南通人，主張「實業救國」。他創辦大生紗廠等二十多個企業，三百七十多所學校，被稱為「狀元實業家」。張弼士與張季直都對發展民族工業有相似的見解，也起了很大的作用。

一八九八年北洋大臣李鴻章電召張弼士回國，要委以重任。張弼士回到北京後，李鴻章連忙接風。慈禧太后和光緒皇帝親自接見他，光緒皇帝任命他為粵漢鐵路幫辦，張弼士欣然受命。

粵漢鐵路是由粵、湘、鄂三省紳商提出由他們自行集股，修築粵漢（廣州到武昌）鐵路。大臣張之洞同意修建鐵路，但不相信三省紳商有足夠能力承擔此任。他仍主張官督商辦。

一九〇〇年，清廷把張弼士升任為粵漢鐵路督辦。張弼士非常重視粵漢鐵路的建設情況，尤其是關心鐵路的自主權問題。他回國視察時，發生粵、湘、鄂三省紳商要求廢除清政府跟美國簽訂關於粵漢鐵路的不平等條約風潮。

行駛在粵漢鐵路上的列車車頭

早在一八九六年，光緒皇帝就下令修築粵漢鐵路，由官方主持，粵、湘、鄂三省紳商通力合作，以保障鐵路自主權。但是清廷大臣盛宣懷卻通過駐美公使伍廷芳，向美國合興公司商借四百萬英鎊。美方在合同中強行塞入派員勘測、築路並「照管駛車等事」的條款，規定直至五十年後中國還清債款，才可以收回鐵路管理權。簽約後，美方拖延執合同，甚至私賣三分之二股份給比利時萬國東方公司，擅自決定粵漢路南段由美國修築，北段由比利時修築。一九〇四年，爆發湘、鄂、粵三省紳商士人要求廢除清政府與美國簽訂的出賣粵漢鐵路的合同，主張收回集股自辦。

張弼士看到清廷跟美國簽訂的合同有失國格，想起在海外德國人歧視華人的事件，深感憤怒，堅決站在紳商一邊，向清廷據理力爭。當時的報紙記載，張弼士在粵漢鐵路「爭回自辦，粵人有張弼士侍郎肩任其事，鄂省複有南皮尚書鼎力主持，與湘紳同德同心，方謂可破中國向來敷衍遷就之積習，奪外蔑視之奸膽，申正義以絕陰謀，壯國威而保權利，在此一舉。清廷懾於群憤，收回粵漢鐵路，允許商股自力，張弼士等人功不可沒。」一九一一年，清朝政府宣佈鐵路國有化政策，置粵、湘、鄂商紳的利益於不顧，嚴重侵犯了投資商紳的權益。

張弼士不怕丟烏紗帽，多次上奏朝廷，力陳鐵路收歸國有種種不當之處，要求改變決策，但清廷置之不理。張弼士大失所望，覺得清朝政府腐敗無能，不變革不行。這時，他看到孫中山革命是推翻腐敗無能的清朝政府的大業，從失望中看到了希望。張弼士支持唯一的兒子張秩捃參加同盟會。張弼士也結交了一些革命黨人，並且慷慨解囊，予以資助。他通過胡漢民捐助了孫中山白銀二十萬兩。一九一一年，武昌起義爆發後，張弼士又跟張耀軒以南洋中華商會名義發動南洋的華僑華集資，為孫中山革命捐贈鉅款。在民國初期，張弼士欣然接受總統府顧問、立法會議員、參政院參政、全國商會聯合會會長、南洋宣撫使等要職。

五、心憂天下　樂善好施

張弼士不僅是大企業家，而且是大慈善家，對家鄉和南洋的同胞充滿愛心。一九〇〇年，黃河大決口，黃河流域老百姓傷亡慘重，許多人離鄉背井，流離失所。張弼士聽聞此消息後，寢食難安，立刻在南洋各地發起募銀百餘萬兩，賑濟災民，清廷為此賜建「樂善好施」牌坊。

廣東汕頭是「嘉應五屬」（即梅縣、興甯、五華、平遠、蕉嶺五縣）到南洋的必經之路，當年張弼士也是從汕頭乘輪船抵南洋的。有一年，他在回國視察汕頭後，看到當地居民生活貧困，讀書困難，尤其是嘉應五屬子女上學更為困難，因而特地在汕頭撥款建「育善堂」，購置堂產，為「嘉應五屬」民眾作福利基金。

張弼士還在南洋和國內辦過學堂，一九〇五年，光緒皇帝特地賜他禦書「聲教南暨」匾額一方。在受匾典禮上，張弼士激動地說：「國家貧弱之故，皆由於人材不出。人材不出，皆由於學校不興……我等旅居外埠，積有財資，眼見他西國之人，在各埠西文學堂甚鄉，反能教我華商之子弟，而我華商務有身家，各有子弟，豈不可設一中文學校，以自教其子弟乎？」張弼士的激情講演，在場聽眾無不感動，博得了熱烈掌聲。

張弼士在家鄉大埔時，曾經放牛種地，沒有讀過什麼書，深感讀書的重要。他一生熱心社會福利和教育事業，生平所捐義款達數十萬兩銀。在清廷任命他為海外商務大臣兼檳城管學大臣時，首先創辦華文「中華學校」並捐資八萬兩銀創辦檳城中華學校；在張弼士的帶動下，在新加坡創立華文「應新學校」，對於窮困人家的子弟，甚至給予免費讀書，對優秀學生加以獎勵。他說，中華民族是世上最優秀的民族之一，中國是我們的根，人總是要落葉歸根的，希望華僑華人從國外回歸故鄉時，都能榮宗耀祖，為國添光。在張弼士的帶動下，新加坡、馬來亞兩地相繼興辦了八所華文學校。

一八四〇年鴉片戰爭後，香港淪為英國殖民地。英人只重視英人貴族子弟的教育，對於當地居民子弟的教育採取消極態度，香港居民的子弟讀書有困難，尤其是上大學更是難上加難。張弼士聞訊後，為了鼓勵華人子弟上大學，特地給香港大學捐銀十萬兩銀，作為辦學和獎勵華人學子之用。

十九世紀末，中日甲午戰爭失敗，清朝政府的北洋水師全軍覆沒後，他心情異常激憤，慷慨解囊，拿出八十萬大洋振興北洋水師。

一九一五年四月，張弼士回國途經香港時，港英當局特地授予他「法學博士」榮譽，他愉快地接受了，因為這是對他辦學的肯定。在港英當局頒發榮譽證書的盛大宴會上，張弼士許下諾言，要為中山大學和嶺南大學捐款修建校舍。一九二一年，張弼士後裔遵囑在中山大學興建了「張弼士堂」。一九二四年，著名學者梁紹文在《南洋旅行漫記》中寫道：「在南洋最先肯犧牲無數金錢辦學校的，要推張弼士第一人。」

六、落葉歸根話親情

張弼士的童年是在故鄉廣東大埔的山區度過的。在他創業成功後，常常不忘哺育他的家鄉。

張弼士在南洋給米店溫老闆打工時，扛米搬運，起早摸黑，異常辛苦，深得老闆讚賞，把溫小姐許配給他做偏房。即便是這樣，張弼士對於老家的糟糠之妻仍然念念不忘。少年張弼士在家鄉時，阿爸、阿媽都是耕田人家，給他養了個童養媳陳氏。陳氏溫良賢淑，尊老愛幼，深受鄉人好評。張弼士對陳氏也心存感激，到南洋後，不時托水客帶些牛油、麵粉等回來，後來幾乎每年春節，他再忙都要回家跟家人共度新春。每次張弼士回家，陳氏總是親手製作酸芋頭和酒糟粕兩道大埔農村傳統食品給張弼士品嘗。張弼士體諒妻子一片苦心，每次吃罷總是讚不絕口。

十九世紀九〇年代中，張弼士正忙於煙臺張裕釀酒公司的籌建工作，又在南洋舉辦學校，還忙於粵漢鐵路的建設等等，經常奔波於南洋跟中國之間，無暇顧及老家，這時陳氏勞累過度，病臥不起。陳氏儘管想念著張弼士，但卻特地叮囑公婆，不要告知自己病況。陳氏久治無效，抱憾離開人世。

此時，張弼士正在南洋籌建幾間華文學校，噩耗傳來，悲痛欲絕，但一時苦於無法抽身，十分焦急。況且，當時來往南洋，都是乘坐火輪，最少要在太平洋上漂七天七夜才能輾轉回國。張弼士知道無法一睹結髮之妻遺容，立刻急電家人，務必停柩，以待其歸後方可安葬。過了一年，張弼士公務隙間，專程回到大埔老家，親自主持葬禮，厚葬陳氏。

在籌辦張裕釀酒公司期間，張弼士不僅失去了妻子，而且還失去愛侄張成卿。張弼士創辦張裕釀酒公司慘澹經營的二十年裏，張成卿身兼總董、翻譯、工程師等要職。在建造儲酒地窖施工中，德國工程師兩次均告失敗，張成卿挑起第三次營建重任，久久攻關不下，也宣告失敗。由於長期積勞成疾及屢遭失敗的打擊，張成卿身心交瘁，吐血不止，但他仍不甘罷手，親自修改第四次設計和施工方案。此時，他雖已病情惡化，仍頑強地讓人用手推車推上工地巡視調查。他夜不能寐，苦苦思索，第二天起來，頭髮全白了，而他也終於想出了解決方案。就在酒窖攻關得勝之日，張成卿終因病入膏肓，溘然去世，時年僅四十歲。張弼士聞訊，悲痛至極，除將留作自用的名貴棺木贈張成卿殮葬外，還特地從南洋趕回煙臺，為他舉辦了隆重的葬禮。

一九一六年，張弼士為了籌措中美銀行資金，不顧年邁體弱，前往南洋四處接洽。當年九月，在印尼巴城病逝，享年七十六歲。張弼士臨終遺言：「死葬家鄉。」

張弼士家屬遵照遺囑，將張弼士的靈柩從南洋巴城運回廣東大埔縣安葬。據張氏家藏《先考張弼士府君生平傳略》記載：「靈柩自巴城過檳榔嶼，及由新加坡至香港，英、荷殖民政府皆下半旗志哀，香港英督及香港大學監督，均親臨致祭。」

張弼士的靈柩從香港入境後，靈舟從汕頭溯韓江而上，韓江兩岸民眾紛紛擺設路祭，設牲祭奠。孫中山先生得噩耗後不勝悲痛，特派代表到靈前敬獻花圈，挽聯寫道：「美酒榮獲金獎，飄香萬國；怪傑贏得人心，流芳千古。」對張弼士及其金獎白蘭地給予高度評價。

張弼士雖然離開了人世，但他的功績，永世長存。

原載於《廣東文獻》三十九卷三、四期

張弼士故居「光祿第」

謝如劍

「漳水向西流，霞映山丘。圍龍古屋歷春秋。張家宅第留業績，光祿堪謳。艱苦展鴻猷，愛國情稠。振興產業壯神州。品重醴泉金獎獲，名貫環球」。

（調寄《浪淘沙》）

廿一世紀第二春的一天，風和日暖，空氣清新。我們慕名驅車到廣東到廣東僑鄉老區——大埔縣西河鎮車龍村，瞻仰僑領先賢張弼士故居「光祿第」，拜訪張弼士後裔，特作此文以記。

圍龍古屋　光祿堪謳

張弼士（一八四一——一九一六）乳名肇燮，別名振勛，廣東省潮州府屬大埔縣西河鎮車龍村人，系近代著名僑領，振興中華實業先驅，是他從放牛娃到南洋巨富，情繫華夏，捐巨資支持孫中山領導辛亥革命；是他引進技術，實業興邦，抵制日貨，昌裕興隆，為我國爭光；是他為黃河賑災奔走呼號，籌白銀二〇〇萬兩，為鄉邦造福；是他創辦的張裕葡萄釀酒公司，為我國奪得第一枚國際金獎，成了中國葡萄酒王，蜚聲全球。

當我們踏進西河車龍村，但見周圍山光水色，景物旖旎，張弼士故居大圍龍屋「光祿第」坐東朝西，面朝蒼山，環繞漳溪河。它建成于一九〇八年，有三堂四橫一圍，屋內十八個廳、十三個天井，九十九個房間，建築面積四一八〇平方米，加上花園、碼頭等附屬建築，總占地面積約千畝；其建築主體為土木結構，嚴謹粗獷，堂皇大觀，畫鳳雕龍，穿鑿鎏金，鬼斧神工！頗具「詩禮瓚纓之族，鐘鳴鼎食之家」風範。它是大埔圍龍屋建築史上的一朵奇葩，凝聚著客家精神。一九九一年四月，大埔縣政府公布「光祿第」列為文物保護單位；二〇〇一年冬，梅州市申報第四批全省重點文物保護單位張弼士故居榜上有名。

其大門正上方刻有清大臣李鴻章親題「光祿第」三個大字，筆力遒勁，門聯：「光昌百代，祿食萬鐘」。內門正上方題「蔭遠流長」，門聯：「德政披恩蔭遠；新猷世澤流長」。正廳掛有張弼士公遺像，其柱聯：「光祿發芬芳，簇簇新有蕙蘭香；五知傳佳話，錚錚然存金石氣。」右一橫門批「由義」，楹聯：「由勤致富興百代；義施廣布傳千年」。右二橫門批「曲水瀠洄」，楹聯：「曲水迎來幸福日；瀠洄常駐富貴春」。左一橫門批「集賢」，楹聯：「集思廣益知識博；賢成有為事業成」。左二橫門批「遠山環拱」，楹聯：「遠山似錦添春色；環拱如屏增風光」。以上對聯充分體現了「光祿第」詩禮傳家的風采。

張弼士後裔已傳至第五代，約二〇〇多人，分布于香港、煙台、青島、上海和星洲、馬來西亞等地。在老家的有第四世孫張廣樞和他的八十八歲母親黃月英等，親切地和我們交談，介紹其祖先張弼士創業史。

實業興邦　僑界楷模

張弼士小時候，家境清貧，父親張蘭軒是道光初年秀才，鄉村塾師、醫生。他年幼時隨父讀了三年書，十三歲時在姐丈家放牛。他頑皮貪玩，又愛唱山歌，如「滿山樹子背蝦蝦，莫笑窮人戴笠麻；慢得幾年天地轉，洋布傘子有得擎」。「滿山樹子筆筆直，莫笑窮人無飯食；慢得幾年天地轉，飯炊端出任你食。」他後來回到老家到一間竹器作坊做工。十八歲那年，因家鄉遭受災荒，他告別父母和結婚不久的「童養媳」妻，到印尼城（即今雅加達）謀生，在一家溫姓老闆開辦的紙行當染工，勤懇負責，深得老闆信任，升為帳房，不到二年，老板又將獨女許配給他為偏房。岳父辭世後，他繼承遺產，另設酒行，由于他經營有方，家業逐漸興旺發達，繼而承辦煙酒稅和典當捐，獲利甚豐，家底日厚。于是，他投資印尼、馬來西亞、新加坡等地墾植橡膠、開發錫礦等，不到十年，資產已達八〇〇〇萬兩，一躍成為當時海外華僑首富。

張弼士因實業興邦有成，堪稱僑界楷模，得清廷器重。一八九二年以後，曾先後被任命為駐檳榔嶼領事、新加坡總領事及粵漢鐵路、佛山鐵路幫辦、總辦、商務大臣兼檳榔嶼管學大臣、督辦鐵路大臣、中國通商銀行總董等職。

一九〇四年，他第三次被清廷召見時，上書提出興辦農業、水利、路礦等十二條建議，被清廷採納，清廷還賞賜他頭品戴，成為紅頂商人。張弼士常說：「生為中華民族，當效力于中華民眾」。他不為英荷等國政府封官賜爵，重金招引所動，不惜把大量資金移歸國內，在國內興辦實業。

後來，他看到清政府腐敗無能，就轉而捐贈巨款支持孫中山先生革命事業。

張弼士情繫華夏，對國內的社會福利及教育事業亦不遺餘力。一九〇〇年，黃河決口成災，他深為同胞的遭難而憂慮，發起募銀二〇〇萬兩，賑濟災民，清廷賜建「樂善好施」牌坊。一九〇四年，他為廣東海防捐籌巨款。他興學育才，在新加坡等地創辦了「中華學校」和「應新學校」（華文），使華僑子女就學；設置汕頭育善堂，購置堂產為嘉應五屬福利基金，為外出學子輔助學費。一九〇五年，他得清光緒帝御書「聲教南暨」匾額一方。在他的帶動下，新、馬兩地相繼興辦了八所華文學校。他還給香港大學捐銀十萬兩。一九一五年港英當局特授予他「法學博士」頭銜。

品重醴泉　飄香萬國

一八九〇年，張弼士任清政府駐巴城（今雅加達）商務領事。有一次，他應邀至法國領事館進餐，席間有人大談酒經，誇說法國白蘭地世界推崇，名不虛傳。酩酊大醉的法國領事吐露：「如果採用中國煙台所產葡萄釀造，酒味香醇，毫不遜色」。張弼士聽後，銘記在心。一八九一年，張弼士回國到煙台考察，了解到這裡南山北海，土壤肥沃，氣候潤濕，乃是墾植葡萄園得天獨厚之所。從一八九二年開始，他在山東煙台創辦張裕葡萄釀酒公司，經營葡萄園，迭經失敗，于是又從國外選購大量葡萄良種，改良土壤，終于成功；又在堅持「主權自掌，利不外溢」的原則下，先後引進了當時最先進的釀酒設備，高薪聘請奧地利專家拔保、意大利巴秋士多奇為第一、二任釀酒師，第三任培養出其侄孫張子章和朱壽山等中國科技釀酒師。張弼士掌握機遇，了解信息。通過北洋大臣盛宣懷招商，慈禧太后御批，李鴻章親辦，他現場指導，成功地釀造出「白蘭地」，事業欣欣向榮。

一九一二年八月十二日，孫中山先生參觀了張裕葡萄酒公司，特題贈「品重醴泉」四字，以示嘉勉。康有為亦曾書贈贊美詩一首云：「淺飲張裕葡萄酒，移樽豐台芍藥花；更復法華寫新句，欣于所遇即為家。」少師張學良題寫「圭頓貽謀」四字，以春秋戰國的白圭、猗頓兩位殷商來贊譽「張裕」經營有道。

一九一五年二月，在美國舊金山舉辦的巴拿馬萬國商品博覽會上，張弼士為中國實業考察團團長，以張裕公司多種名酒參加，其中可雅白蘭地（後改名金獎白蘭地）、雷司令、瓊漿液（後改名味美思）、玫瑰香分獲甲、乙等金獎，同時并列最優等獎狀。這是我國產品在國際上第一次榮獲金獎，從此，張裕商標葡萄酒，蜚聲中外。

今天，當我們瞻仰仰張弼士故居「光祿第」，研究他的實業興邦之道，充分利用張弼士的文化遺產啟示後人，其意義深遠。張弼士的英名將與張裕牌金獎白蘭地一起飄香萬國，流芳百世。

筆者參觀後，為了對這位客家先賢的無限懷念與敬仰，特撰「浪淘沙，咏先賢張弼士」

作為本文結語。詞云：

首富甲南洋，魂繫梓桑。黃河賑濟善心揚。資助中山掀巨浪，爲國爭光。

倡實業興邦，修路開礦。張裕名酒獲金獎。品重醴泉香萬國，千古流芳。

原載於《廣東文獻》三十卷四期

民初外交界耆宿之伍廷芳

林光灝

伍廷芳先生、字秩庸、廣東新會人（名外交家伍朝樞梯雲博士之尊翁，伍氏民六任外交次長、十一年任我國出席華盛頓會議全權代表，十二年任外交部長，十三年繼孫科任廣州市長，十四年任國民政府委員，十六年又任外交部長，十八年任駐美特命全權大使，二十二年以腦沖血逝世，年僅四十有六。），清道光二十二年壬寅（公元一八四二）生於新加坡。四歲時其父榮彰始挈之歸國。少年就讀於香港聖保羅書院。卒業後，在香港英政府司處工作，以是嫺熟西洋法律。其妻兄何啟博士，任香港議政局議員，兼執業律師，曾資助國父孫中山先生革命。同治十三年甲戌（公元一八七四），廷芳時年二十三歲，留學英倫，入林肯法律學校深造，越三載；獲得英國大律師文憑，學成返港執行律師業務，頗有聲於時。後因經商失敗，為同鄉所介紹，到北洋入李鴻章（少荃）幕辦洋務、由此而離開香港，正式涉足中國官場。

初薛福成（字叔耘、號庸盦、江蘇無錫人。）於光緒十五年己丑（公元一八八九）四月，以三品京堂候補，充任出使英、法、義、比四國大臣，欲邀前往被拒。光緒二十年甲午中日東海戰爭，清師敗績、次（廿一）年乙未二月，清廷先命戶部張蔭桓（樵野），湖南巡撫邵友濂（筱村）兩人赴日構和，商調廷芳以道員隨行。後因日本政府以張、邵地位資望不符，不足以負割地賠款之責，不合國際法定手續，拒絕談判。但日首相伊藤博文與廷芳本在英倫即為相識，乃私告廷芳，如清廷能以恭親王奕訢或李鴻章任選一人負議和責任，則日方當予考慮。張邵歸國即上書總理衙門。於是清廷迫得改派李鴻章為議和全權大臣、廷芳復以參贊名義，應召隨同前往，迨馬關和約議成，廷芳又奉派為換約大臣，返國後遂轉入外交界服務，翁同龢謂其「習於倭情」蓋即指此而言。

光緒二十二年丙申（一八九六）十月，以候補道賞四品卿銜為出使美、日、秘魯欽差大臣，至光緒二十八年壬寅（一九〇二）任滿返國。是年三月，清廷以對外通商交涉日繁，特詔命廷芳與沈家本為修訂法律大臣；沈氏字子敦，曾任直隸按察使，精通歷朝律例，後官法部侍郎。九月，清廷命袁世凱為督辦商務大臣，以廷芳為會辦大臣。二十九年七月，設商部，以貝子載振（慶王奕劻之子）為尚書，廷芳與陳璧為左侍郎，並將路礦事務歸併商部辦理。十一月，調外交部右侍郎。三十年四月，正式成立修訂法律館。三十一年三月，廷芳與沈家本奏請永遠廢除凌遲、梟首、戮屍三項酷刑、死刑至斬決而止，清廷允其所請。卅一年至卅三年，刑事訴訟法及新刑律草案相繼完成，同時議定商律及民律，過去歷代法典民刑不分，司法與行政向來混而為一，改刑部為法部，大理寺為大理院，各省臬司為提法司、並定四級三審之制，於京外次第設立各級地方審判廳，仍附設檢察廳，以搜查案證，監督審判，不受裁判所節制。法部及提法司，祗綜理司法行政事務，決不能干涉或影響裁判，使行政權與裁判權截然分開，各有其職責，司法得以獨立，具備現代立憲國家之基礎，廷芳與沈氏貢獻至大。

宣統三年辛亥八月十九日武昌起義，九月十九日（十一月九日）廣東亦告光復，軍政府成立，廷芳任軍政府外交部長。十月十六日（十二月二日）南京光復後，十月廿八日（十二月十八日）南北雙方代表在上海舉行和議，北方代表為唐紹儀，（少川，抗戰時期在上海被刺身死。），廷芳被推為南方代表。

民國元年壬子（一九一二）一月，南京臨時政府成立，國父任臨時大總統，命廷芳為司法部長，並對外國記者發表談話：謂「伍君固以外交見重於外人，惟吾華人以伍君法律勝於外交，伍君上年曾編輯新法律，故於法律上有心得，吾人擬仿照伍君所定之法律，施行於共和國。……中華民國建設伊始，首重法律，本政府派伍博士任法部總長，職是故也。」但此時廷芳係和議代表，大部份時間在上海議和，部務由次長呂志伊代理。惟於司法部主管之職權，並不懈弛，其間曾與滬軍都督陳其美（英士）一度發生大爭執；緣上海中國銀行宋魯（漢京）經人誣告偽造帳目，侵吞大清銀行公款，滬軍都督為清查責任起見，特派兵在曹家渡將宋拘捕，羈押候訊。時監督吳鼎昌（達銓、曾任總統府秘書長，前數年在港病故）。以宋非同現行犯，而被遽行逮捕，實為藐視司法，侵越權限，特函司法部請予保釋。廷芳以和平確立，關於保障人民之自由，已於臨時約法規定，不應有損害民權違背約法之事發生，乃轉咨滬軍都督，反覆辯論清查與拘捕之權限，其言云：

「查司法與行政權限之嚴，今日三尺童子，亦知區別，而來咨橫相抹殺，此固法學專門，貴都督未嘗研求，本部可從寬曲諒。但即來咨所謂宋漢章於光復時原由本府委任，本都督自有清查之權，該經理抗傳不到，不得已派員在租界外捕獲數語，詳加尋繹，乃知貴都督未加詳審，既自信確有清查之權，以為兼有捕獲之權又似知捕獲之非，故復以不得已自解；而不知清查權與捕獲截然自為二事，萬難強為混合。如謂有清查權者，即兼有捕獲權，則凡債權者對於債務者，股東對於公司之經理，皆可任意拘留，不必申請法庭訊辦，而失主對於盜賊，尤可自由撻伐，不必復訂法律，復設法庭矣！二權之不能混，不得已而後加以捕拿，然就不得已三字觀之，乃真不得已，而以捕獲妄用權柄之權，貴都督用心及此，本部良為四萬萬國民同深感幸！特所謂不得已者，必經原告依法起訴法庭、正式簽傳，該經理抗傳不到，法庭之力既窮，請求貴都督輔助，如是而加以捕獲，乃所謂真不得已也。此案原告既未依法起訴，法庭本未簽傳，宋漢章何所謂抗？法庭既未請求貴都督，何所謂不得已，而遽加以捕獲，此蓋得已而不已，非真不得已，即不得輒以不得已三字自解也。來咨又謂原告具控之時，本部組織伊始，似又以此解釋受理之非，亦係不得已而後受理者。豈知民國草創之初，貴府同一組織伊始，本部不敢因貴部組織伊始，妄干行政之權，貴都督豈能因本部組織伊始，妄侵司法之權耶？來咨談以清查與捕獲為一權，又一再誤以得已者為不得已，二誤已甚，而尚有大錯之點，則來咨以以宋漢章於光復時曾受貴府委任，遂謂自有清查之權，而不知光復之初，為一時代，中央政府成立，又為一時代，但有都督府為一時代，既有司法部，財政部，銀行監督，又為一時代；若如來咨所謂光復之初，都督有權，能行於中央政府成立，一切機關成立之後，則中央政府可以不設，各部機關尤可以不設，而皆以一都督永遠執行各種大權可也。此而成為理由，今日清帝雖退位，舊時清廷委任官吏猶多存者，萬一滿人援貴都督為先例，是退位之清帝，仍可指揮從前委任之各官。宋漢章之案甚小，本部所不能已於言者，實懍一言恨邦之戒，不能不望貴都督勿護前過，而輕於持論破壞民國也。……清之末遺，立憲雖假，而司法成立所在，行政有司，未敢妄為侵越橫恣如貴都督所為。今日人民損糜頂踵，推倒滿清，以爭自由，貴部督乃為滿清行政官吏所不敢為之事，本部竊所未喻。來咨不欲持消極觀念，徇個人之自由，本部亦望貴都督勿施積極手段，壞民國之基礎也。宋漢章一案，貴都督既已違法受理，妄加誘捕，又不於二十四點鐘內送交法庭正式審判，是否侵越，難逃眾論。本部雖放棄權責，所慮效尤一起，將來貴都督解組之後，或有反其道以行之者，恐亦難以自保，而民國約法之信用，必因之立墮，關係不止訊案。本部敢盡最後之忠告，願請貴督迅將宋漢章交保出外候訊，飭令原告迅赴法庭依法起訴，從此咸信約法，尊重人權，不惟貴都督一身之幸，亦我全國全體之幸。萬一不蒙鑒許，人言可畏，本部惟當痛心息喙，以聽天下之集矢於貴都耳。」

筆者按：其美以革命元勳，開府申江；叱咤風雲，凌厲無前，幾無人敢攖其鋒，而廷芳竟然不為所屈，據理力爭，詞銳而語刻，不留絲毫餘地，使其美不得不有以曲從之，而將宋漢章交保釋放，未幾，臨時政府於四月一日解散，廷芳卸職。從此可知開國之初，革命黨人雅量為何如也。而廷芳所表現之遒勁風骨，不屈不撓之精神，尤益令人起無限景仰！

民國五年丙辰（一九一六）六月，黎元洪（宋卿）繼袁世凱為大總統，是年十一月，廷芳任段祺瑞內閣之外交總長。嗣因黎、段政見不合，總統黎元洪於六年五月二十三日下令免段職，以廷芳兼代國務總理。時北洋「督軍團」脅逼黎總統解散國會，廷二方堅不肯副署，黎乃召大辮子張勳入京保衛；詎張勳入京後，竟反促成為下令解散國會之罪人。八月四日、廷芳隨國父中山先生及程璧光等率海軍第一艦隊南下至粵護法。九月一日，國會非常會議在廣州選舉中山先生為大元帥，成立軍政府，任廷芳為外交總長，其哲嗣伍朝樞為外交次長。宣告戡定內亂，恢復約法。當國父倡言「護法」時，陸榮廷控制下之兩廣亦宣告自治。段祺瑞乃派兵南下進攻湖南威脅廣西，蓋陸榮廷對北洋軍人原持聯絡直系（馮國璋）反對皖系（段祺瑞）策略；故今亦應用兩面策略，進而調整國民黨之關係。然於國父組織之軍政府元帥一職始終不接受，預留與北京政府妥協之餘地。十二月二十八日，陸未經通知軍政府即響應馮國璋停戰佈告，並建議推岑春煊為南方議和總代表。七年一月二十日，陸與唐繼堯等策動之護法各省聯合會在廣州成立，正式推定岑擔任議和任務，就是顯然與國父之主張及軍政府對軍政府對立。在此以前，岑與北京政府國務總理王士珍早已文電往還，王並曾電岑前往北京面商；二月九日，岑響應長江三省督軍李純等所倡南北議和停戰之前提條件，因此，章炳麟

（太炎）大不以岑為然，譏斥其為「倪嗣沖第二、李完用第二！」

但岑春煊既有陸之武力支持擁戴，南來廣州集會之國會議員中之政學會份子與其他議員又與聲氣相通，隱然奉為盟主，此幫武人政客都認為國父之堅決主張對於他們投機取巧之伎倆大有妨害。護法各省聯合會成立後排除國民黨之勢力企圖因日見具體化，決定不用武力奪取而由國會決議修改軍政府組織法；改大元帥制為七總裁制。五月二十日，經國會非常會議，選舉國父孫中山，岑春煊、陸榮廷、唐繼堯、唐紹儀、林葆懌與廷芳等七人為軍政府政務總裁，以岑春煊為主席總裁。八月廿一日，國父遂離粵，經汕頭取道臺北，由日本赴上海。

民國九年庚申（一九二〇），軍政府在桂系把持之下，要與北洋政府總統徐世昌（菊人）謀取統一。三月廿九日，廷芳與參、眾兩院議長林森（子超）吳景濂等用反對岑春煊、亦離粵赴滬。六月三日國父、唐紹儀與廷芳等在滬聲明脫離，並否認廣州軍政府。八月、粵軍總司令陳炯明，奉國父命在福建漳州誓師，率粵軍三路由閩回師，討伐桂系岑春煊、陸榮廷等。

桂系盤踞廣東數年，剝削壓迫粵民過甚，當炯明回師，國民黨人又在粵境以粵人治粵口號四出策動民眾，故師行所至，多得民眾協助，八月十六日，克復潮汕、九月一日，進駐老隆，十月二十二日克惠州，廿五日進至石龍，廣州近郊民軍李福林（登同）（李福林微時為盜，以燈筒就衣裡偽作短槍行搶，故有李燈筒渾名）等宣佈獨立，粵督莫榮新倉皇出走。二十九日廣州克復。十一月廿九日，廷芳追隨國父自滬抵粵，恢復軍政府，重開政務會議，十二月，任廷芳為外交部長。十年四月，國會非常會議，選舉國父為非常大總統。五月五日，國父就非常大總統，廷芳蟬聯外交部長，孫大總統赴桂林督師北伐，廷芳則代行大總統事。（見國父年譜初稿下冊第四三頁）六月十八日，孫大總統對廣西下總攻擊令，令陳烱明，許崇智（汝為）、李烈鈞（協和）、谷正倫等部份路進擊。二十四日克梧州，七月十七日克潯州，陸榮廷等出走。八月七日、陳烱明率粵軍入南寧，九月三日，收復龍州，全桂底定。

民國十一年壬戌（一九二二）兩廣統一後，國父乃積極策劃由桂林入湘之北伐大計。詎料陳烱明陰謀破壞，對糧餉補給，供應時斷，並與北方反革命勢力，暗通音訊，時陳之重要幹部中，除參謀長鄧鏗（仲元）外，均非效忠國父之革命黨人。旋鄧因暗助革命工作，為陳所知，陳為遂一已之私，乃派人將鄧在廣州車站刺死（據後來發現證據、暗殺案主謀是陳烱明族弟陳達生等。）國父聞耗，大為震悼，而陳之陰謀，益為顯露。

是年三月二十六日，國父認為陳烱明有意阻撓北伐慮廣州有變，乃由桂林返粵，國父抵梧州時，陳烱明拒不應命往謁。當國父由梧州抵至省垣時，陳烱明已前往惠州，國父以陳既已擅離，乃派廷芳暫攝省政、陳所遺其他職務，亦分別委派他接任。陳至惠州後，原擬密調駐防桂林之葉舉部返粵、企圖阻擾，國父自梧州東下，惟時間上已甚遲矣。

六月十五日，葉舉等通電要求孫大總統立即下野，並出動兵力扼廣州要地，馬君武等往訪葉調停，葉使兩面策略：一方以好言安慰調人，一面派兵乃大舉攻襲觀音山。國父離府後，即槍聲四起，向越秀樓射擊，警衛團長陳可鈺，侍衛長姚觀順，隊長李揚敬（欽甫，東莞人，在台曾任總統府國策顧問）等率部抵抗，姚觀順受傷，幸能脫險，侍衛馬湘由間道護衛孫夫人至嶺南學校暫避。叛軍縱火時，原欲達成其一網打盡之毒計，尚不知國父及夫人均已先後安離，國父手著民生主義全編，即於是役焚燬，至為不幸，惜哉！

國父與隨員楚豫艦後（艦長招桂章）以該艦官艙小，即分居於永豐艦（艦長馮肇憲），十七日晨親率楚豫、永豐等艦還駐黃埔；準備討伐叛逆，適廣州衛戍總司令兼警察廳長魏邦來謁，應允以其所屬，駐紮大沙頭、東山附近一帶之部隊，由海軍協助，水陸發動，攻擊叛軍。當海軍砲擊廣州各要隘時，雙方砲火甚熾，國父在艙面指揮，其不畏危險之精神，實使當時艦上官兵深為感動欽敬。後楚豫艦駛至省河天字碼頭時，廷芳乘小艇謁見，國父告以陳烱明叛亂，我要打他，廷芳答請：「唔」、「難咯」、「但我追隨你」。國父以其身體欠佳，乃囑其上岸往香港休養。據廷芳之隨員稱：陳烱明之弟烱光曾到伍府，威脅廷芳交出省長大印。廷芳不應，即遭陳烱光用手摑面，重拳毆打胸部，於是憂憤成疾，至六月二十三日，逝世於廣州省立醫院，享年八十有一，彌留時，猶諄諄囑其子朝樞，以護法本末，昭示國人，無一語及家事。

廷芳自民元與國父共事，即深為國父所器重；民六以後，患難相處，共甘與苦，終至以身殉國，噩耗傳來，國父悲痛萬分，其風誼尤非稱擁護而退有後言者所能及其萬一。後人為紀念其豐功偉績，鑄有巍巍銅像一座，著長禮服（為名雕塑家李金髮氏傑作）立於廣州市越秀山，以供瞻仰，追思前賢，愈增愴懷無已！

——癸丑五月四日於臺北斧斤書屋

原載於《廣東文獻》三卷一期

伍廷芳與近代中文報業

林友蘭

我國報學論著，多稱伍廷芳是「中外新報」的首任主持人，又稱伍氏與何啟襄助陳靄亭創辦「華字日報」。「中外新報」和「華字日報」是香港出版最早的兩種中文報。「中外新報」更是公認的近代中文報業濫觴，戈公振的「中國報學史」，稱之為「我國日報最先之一種」。「華字日報」創刊，僅在「上海新報」之後，而比「申報」為早，在中國報學史上，也是早期的一家主要報紙。可見伍廷芳不僅是香港中文報業的拓荒者，而且是近代中文報業的先驅。

伍廷芳在清末辦外交，兩度出任駐美大使，入民國後，則翊贊國父，奔走國民革命，功在國家，史冊早有定論。伍氏之開始成為中國名人，是在光緒八年（一八八二）接受李鴻章的邀請，北上天津襄辦洋務之後。那時他已四十歲。在此之前，特別是他青年時代的生活，史冊多付闕如。他主持「中外新報」和襄助「華字日報」的記載，亦僅見於報學史。本文試以伍氏青年時代的資料為根據，進一步檢討他與這兩家報紙的關係，希望能對伍廷芳在近代中文報業的地位，有較公允的解說。

青年時代的伍廷芳

伍廷芳原籍廣東新會，道光廿二年六月廿三日（一八四二年七月廿九日）生於新加坡。父伍社常（榮彰），經商南洋。廷芳幼時伶俐，四歲隨家返廣州，在白鵝潭南岸芳村居住。太平軍攻陷南京後一年（一八五四），粵境地方不靖，廷芳一度為盜所擄，但憑他的機智，終於逃出賊窠。

「邑有福音堂，廷芳前往聽道，漸與英國牧師晏惠林諗。牧師為述歐洲之政體文化，心然向之。牧師知其志，更授以英文，約半年，勸勉出外求學，並以書介紹於香港牧師白利安。白氏見其謹厚純和，悅之，使肄業於聖保羅書院……。」（註一）

伍廷芳赴港求學時（一八五六年），僅十四歲，由他的親戚陳言提挈同行。陳言亦即是後來創辦「華字日報」的陳霞亭（註二）。伍廷芳和中文報業締結關係，受陳氏的影響至大。

聖保羅書院（St. Paul College 1843-1867），香港區聖公會主辦的一個教育機構，學生在校唸書寄宿，完全免費。校址就在港島中環的鐵崗，即今日聖保羅教堂的所在。該堂仍有一座定名為「伍廷芳紀念堂」的大堂，現已改為幼稚園教室。伍氏在書院攻讀六年，至一八六二年畢業，以成績優異被聘為香港高等法院通事（譯員），年薪二百鎊，折合港幣九百六十元，當時可說是相當優厚的待遇。

翌年，伍氏成婚，新娘何妙齡是何福堂牧師（註三）的長女，何啟的姐姐。婚後，伍氏仍在法院供職。一八七〇年調任巡理廳（Police Magistrates' Office）首席通事，以勤能著稱。一八七四年乃出其十數年節衣縮食所積之資，遠赴英倫，入林肯法學院（Lincoln's Inn）專習法律。越三年，經考試合格，獲大律師銜，返港執業，那是一八七七年五月的事（註四）。

伍氏在港英兩地，初以「伍敘」（Ng Choy）為名，及與國內官員交往後，始改為「伍廷芳」。一八七七年十月，他應邀出任李鴻章的法律顧問，但仍留港繼續執業大律師。一八八零年被委任香港立法局議員。一八八二年十月，北上天津，正式任李鴻章幕僚，從此告別香港，返國服務了。

中外新報創刊份的兩說

伍廷芳前半生四十年的事跡，且說到這裏為止。他和「中外新報」、「華字日報」的關係，發生於一八五八年或一八六零年至一八六四年之間，也就是他十六歲或十八歲至廿二歲的時候。當「中外新報」創刊時，他還在聖保羅書院唸書；「華字日報」創刊時，他已在香港高等法院任職。因此，他在兩報的工作，不可能專任，而一共做了多久，也沒有記載，但相信不會太長。

戈公振說：「香港之孖刺報，於民國前五十四年（咸豐八年）即西曆一八五八年，由伍廷芳提議增出中文晚報，名曰中外新報，始為兩日刊，旋改日刊。」又說：「中外新報為孖刺報之中文版。初該報因印刷中英合璧字典，曾購置中文活字一副。旋從伍廷芳之建議，附刊中文報紙，即延伍氏主其事。」（戈著「中國報學史」頁七六）。袁昶超說：「一八五八年，即清咸豐八年，在「遐爾貫珍」停刊後兩年，香港出現一種中文報紙，接近現代報紙形式，而且是中國人主編的名曰「中外新報」。……創刊時編輯業務也由伍氏主持。」（袁著「中國報學小史」頁二五）其他中國報學著作亦大致相同。

但是，一部分外人著述，則說「中外新報」創刊於一八六零或一八六一年，例如：

㈠李提摩太 **Timothy Richard** 的「中國各報始末」一文說：「教外第一次報，自咸豐十一年出，名中外新聞，開設香港，中國人為主筆。」（註五）李提摩太說的「中外新聞」，當指「中外新報」來說，咸豐十一年，就是一八六一年。

㈡景復朗 **Frank H. H. King** 和克拉克 **Prescott Clark** 合著的「晚清西文報紙導要」（**A Research Guide to China Coast Newspapers, 1822-1911**。一九六五年哈佛大學出版社印行），書裏明白說：「從一八六零年開始，孖剌報印行一種正式的中文報，名叫中外新報」（頁六五）。景復朗現任香港大學亞洲研究中心主任，他和克拉克曾查閱分藏於英美日三國若干圖書館的早期香港中英文報紙，他們的話似比李提摩太籠統的說法較為可信。

㈢歐德理 **E. J. Eitel**——此人是「香港早期史」（**Europe in China, The History of Hongkong From the Beginning to the Year 1882**）的作者，曾任香港督學，相等於今日的教育司。他在他的名著裏說：孖剌報發行中文版於一八六零年（頁四零四）。「香港早期史」一八九五年由香港別發洋行（**Kelly & Walsh Ltd**）出版，是有關香港早期歷史的唯一著作。

這三篇文章都是外人執筆。有兩篇直接的說「中外新報」出版於一八六零年。這麼一來，「中外新報」創刊的年份，至少有兩種不同的說法。直至目前為止，似乎還沒有中國報人找到或看過一份「中外新報」的創刊號，無法確證它在某年某月某日創刊，這不能不說是中國報學史的一宗憾事。

一八六零年創刊較為可信

「中外新報」在那一年創刊？中外報學著作，莫衷一是。如果沒有看到上述三篇外人著作，則「中外新報」創刊於一八五八年之說，是不會引起懷疑的。李提摩太和歐德理兩人，要比戈公振更為接近「中外新聞」創刊的年代，他們的文字也比戈公振的發表得早，而景復朗和克拉克的話，亦不無所本，這幾個外國人的話似乎也未嘗不值得我們考慮，此其一。

就伍廷芳個人的歷史來看，一八五八年，他十六歲，在香港只學了兩三年的英文。一八六零年，他十八歲，學習英文已有四五年的工夫。在一百多年前的東方社會，十八歲的伍廷芳，至少要比十六歲的伍廷芳有較可能主持有史以來用鉛字排印的第一種中文報，此其二。

據「晚清西文報紙導要」所載（頁六五），當年「中外新報」的首任主編是黃勝。至於伍廷芳與「中外新報」有何關係，該書卻沒有提及。黃勝是一八四七年一月四日，與容閎一同出洋的三個最早留美中國學生之一（註六）。黃勝在美國上學一年多，一八四八年秋，因病返港，入德臣西報習印刷術，後轉到倫敦傳道會印刷所工作，為英國漢學家理雅各校閱他的英譯四書，又獲港府委任為首席華人陪審員。一八六零年，黃勝已三十五歲，是香港中英社會知名的印刷商，亦以「黃平甫」之名聞於國內。因此，黃勝可能要比十六歲的伍廷芳更具備創辦近代第一家中文報的能力與資望，此其三。

有此三個因素，筆者覺得，「中外新報」創刊於一八六零年要比一八五八年較為可信。這些話只欲為「中外新報」的創刊日期進一解，並無意貶抑伍廷芳在中國報業中的地位或否定伍廷芳與「中外新報」的關係。伍與「中外新報」之間總有相當關係，否則前人不會把兩者拉在一起。由於黃勝在教會印刷所服務，而伍廷芳當年又是教會學校的學生，在「中外新報」創辦之前，他們兩人可能已曾相識（當日在香港的華人知識分子實在不多，而活動的範圍也不大）。伍氏當時學習英文已有相當工夫，黃勝挽他幫忙，在報中擔任譯事（但絕不是主持人），那是很有可能的。

華字日報的一項錯誤

說過伍廷芳與「中外新報」的關係，且續談他與「華字日報」的關係。

一八六四年「華字日報」在香港創刊。戈公振說：華字日報「為德臣報之中文版。動議者為該報主筆陳靄亭，而其戚伍廷芳、何啟實助成之。」民廿三年出版的「華字日報七十一年紀念刊」也說：靄亭公剏辦本報……「當時名流伍廷芳、何啟兩先生，實為之助。本報之得以成立，伍、何兩公之力不少也。」（註七）其他報學著作亦多相同。

一八六四年，伍廷芳已有家室，正在香港法院供職。陳靄亭創辦華字日報時，他給予襄助，那是順理成章的事。但何啟生於一八五九年，還是一個五六歲的孩子，那裏有力協助陳靄亭辦報，這顯然是一個無可否認的錯誤。何啟少年在香港中央書院唸書，年長留學英倫，考取醫生和大律師兩種專業資格，一八八一年返港執業。一八八七年聯合幾個英國醫生創辦香港西醫書院（即國父孫中山先生習醫的地方）。前人可能為他的名聲所惑，便舉他作「華字日報」的襄辦人，與伍廷芳齊名！這本是題外話，筆者之所以附帶提出，乃欲藉以說明早期中文報的記載，有多少不盡不實的地方，後人似宜細加辨別，才不致以訛傳訛。

大約五年前，筆者曾寫了「近代中文報業先驅黃勝」一稿，提出幾個人對「中外新聞」創刊日的懷疑。現據近年涉獵的新材料，再寫本文，以就正於海內報學報業先進與同道。

關於伍廷芳後半生與中國報業的關係，筆者見聞不廣，該書無多，只知辛亥革命成功後，伍氏出任外長，出資在上海發行英文「大陸報」（China Press）（註八）。一說伍廷芳和美國記者密勒（Thomas Mhilard）合資創辦該報（註九）。紕漏之處，尚懇同業先進指教指教！

註　釋：

註　一：見陳此生：「伍廷芳軼事」，民國十一年七月，上海宏文圖書館出版。

註　二：陳靄亭又字善言，早年事蹟不詳。一八七八年應陳蘭彬之邀，出任我國駐古巴總領事。返國後任開平煤局會辦。一八九七年四月，隨張蔭桓赴英賀維多利亞女王登位六十周年大典。後任開平煤局總辦，滬寧鐵路總辦。一九零五年八月卒於任。陳氏離港後，「華字日報」由其子斗垣主持。

註三：何福堂（又名進善），早年在馬六甲英華書院肄業。一八四六年在香港受倫敦傳道會按立為牧師，是繼梁發後的第二位中國牧師。

註四：見余啟興：「伍廷芳與香港之關係」一文，載於「壽羅香林教授論文集」，一九七零年出版。

註五：原文載於「時事新論」卷一，一八九八年強學會版。

註六：其他一人是黃寬。寬後來轉學英國愛丁堡大學，成為「好望角以東最負盛名的外科醫生。」

註七：見該紀念刊「本報刱造以來」一文。

註八：曾虛白：「中國新聞史」，上冊，頁一六七。

註九：「董顯光先生與新聞事業」，報學四卷十期。

原載於《廣東文獻》五卷一期

伍廷芳先生事略

王紹通

一、不屑參加科舉應試

伍廷芳先生，字文爵，號秩庸，廣東省新會縣人，於清道光二十二年（一八四二）六月廿二日生於新加坡，於民國十年（一九二一）六月廿三日卒於廣州，享壽八十一歲。他父親榮彰在新加坡營商，他年四歲，父親挈其歸國。學齡時期，他在鄉間私塾求學，因不屑參加科舉應試，年十四，赴香港聖保羅書院，凡六年卒業，供職於香港司法界，然非其志也，他節衣縮食，積奉餘，為他日留學之資。復以暇晷，與友人創「中外新報」，我國有日報自此始。

年三十三，赴英國倫敦，入林肯法律學院，專修法學。越三年，應試得大律師，以奔父喪歸國，旋至香港，操大律師業。越四年，被香港政府任為巡理府，復受聘為立法局議員。論者謂國人得為外國律師者，以伍先生為第一人，香港僑民得為議員，以先生為嚆矢，任香港法官者亦以先生為第一人。

二、歷任外交使節

伍先生自幼時，已懷經世之志，目睹中國積弱，發憤以匡救自任。適於這時合肥李鴻章聞先生大名。屢派員到香港敦促伍先生歸國，先生遂舍所業，離開香港前赴北京，就李鴻章幕府。其時李鴻章督直隸，治新政。津沽鐵路、北洋大學、北洋武備學堂、電報局，皆次第創辦，先生多所贊襄。於外交、締約，尤為盡力。

不久，伍先生奉派出使美國、日本、秘魯三國，保護華僑，力爭國體。庚子義和團事起，周旋壇坫間，多所補救，尤翕然為世所稱。任滿歸國，為商約大臣，駐上海，與各國締約，樹整頓圜法，裁厘加稅，收回領事裁判權，畫一度量衡之基礎。旋遷外務部侍郎，再遷外務部右侍郎，復與沈家本同任修律大臣，成民律草案，旋頒行刑律，凡前清凌遲、連坐、刑訊等條，皆被汰去，為我國刑法開新紀元，先生之名益被專重。然先生居京師日久，洞知滿清政府不足與有為，根本窳敗，非摧陷擴清，無由澄清吏治。

越明年，再被任用出使美國、墨西哥、秘魯、古巴諸國，耆年長德，所至之地，均受僑胞歡迎愛戴，經歷諸國外交使節，期滿歸國，憩於上海寓廬，而辛亥革命起，先生蹶然興起，倡議清帝退位，一時所謂縉紳士大夫，皆驚異之，而不知先生匡時救國之志，蓄意已久，故有一觸即發之勢。

三、被推為議和總代表

辛亥武昌起義，旋踵而南方光復已十四省，先生被推為外交總代表，駐上海，代表光復諸省，與各國交涉，各國承認光復諸省為交戰團體。旋兼議和總代表，先生揭櫫主張，以為今日之事，當合南北，共建民國。

先生在辛亥那年，是代表革命軍和清廷代表議和的。當革命軍在武昌起義，湖廣總督瑞澂逃亡，而袁世凱早存對滿清「取而代之」的私心，他以梟雄自恣，一面借革命軍以挾制清帝，一面利用他掌握的北洋軍力，獵取個人最高權位。此時，清廷內閣總理奕匡，素來和袁友好；協理徐世昌又為袁之羽翼；外國人也替袁宣傳，說「非袁不能收拾」，攝政王載禮在無可奈何下，始起用袁為湖廣總督，及後又出任內閣總理大臣，清廷軍政大權遂完全掌握在袁世凱之手，可以說是「司馬昭之心，路人皆見」了。

在這期間，人們都希圖苟安的心理，非常迫切，奸詐的袁世凱，遂擬進行和談，以軟化革命軍的銳氣，於是求助於英國駐北袁公使朱爾典，居中斡旋和平；朱以英國在華利益，既不欲援助清廷，又不願開罪革命軍，現袁氏請其斡旋和談，自然樂從。

革命軍自武昌起義成功後，事實上需要有統一的臨時中央政府，各省代表集會於漢口，公推譚人鳳為議長，通過「虛臨時總統之席，以待袁世凱反正來歸」。在討論過程中，代表有認為清政府已經名存實亡，今後和平與戰爭，問題不在革命軍與清廷之間，而在於革命軍與袁世凱之間，因為袁世凱在遜清朝廷中，已是一人之下萬之上，如果袁真願以舉手之勞，推翻滿清，建立共和民國，則革命軍唯有享以民國臨時大總統，方能引誘和打動得了袁世凱。

於是朱爾典居中斡旋和平任務達成，革命軍公推伍廷芳為議和代表，袁世凱派唐紹儀為總代表，於辛亥十一月十八日，假上海來市南京路市政廳，為息戰議和談判。

參加和議人員，南方首席代表是伍廷芳，參贊是溫宗堯、王寵惠、汪兆銘、鈕永建；北方首席代表是唐紹儀，參贊是歐賡、許鼎森、趙椿年、馮懿同。會議廳置一長案，伍唐並位上座，雙方參贊則左右列，王正廷代表武昌中央軍政府，得列席於伍唐之對座，但無發言權。伍唐相繼入席，互相查閱文件，各致簡單詞後，和談於焉開始。

當滿清宣統三年十一月十三日，就是中華民國元年元旦，孫中山先生在南京就任大總統，這一天，正是湖北雙方和談在上海討論國民會議的組織問題，這個議題有兩項重要關鍵：一是出席代表的產生，由革命軍所光復的十四省，和清廷所統治的八省，各派代表三人組織之，唐紹儀同意接受；二是開會地點，伍先生主張在上海召開，唐則表示須請示後方能答覆。袁世凱主張議和，目的在取得總統地位，八對十四顯然處於劣勢，大失所望，因藉口唐紹儀簽定條約越權，唐遂引咎辭職，所謂和議於是流產。

中華民國共和政府成立，國父膺任為臨時大總統，組織內閣，設陸軍、海軍、司法，財政、外交、內務、教育、實業、交通九部，各設總長一人，次長一人，伍廷芳被任命為司法總長。及段祺瑞等主和之電到京，清廷大震，王公大臣，驚惶莫知所措，乃授袁世凱全權研究退位辦法，袁奉旨後，即與伍廷芳往返電商，決定優待滿清皇室皇族等條件。

民國元年二月十二日，清隆裕后率幼帝溥儀以「……人心所嚮，天命可知，余亦何忍因一姓之尊榮，拂萬民之好惡，是用外觀大勢，內審輿情，特率皇帝將統治權公諸全國，定為共和立憲國體，近慰海內厭亂望治之心，遠協古聖天下為公之義。……」詔旨退位，結束了二百餘年之滿清帝制，國父以共和告成，乃率國務卿士文官將吏，謁明孝陵行祭告禮，以昭示天下。此其間，伍廷芳之於南北合贊共合，清帝退位，聯漢滿蒙回藏五族為一家，斡旋奔馳，厥功甚偉。

四、追隨　國父參加護法

清帝退位後，國父為了國家統一，將臨時大總統讓給袁世凱。袁繼任臨時大總統，先生退休凡五年。民國五年袁世凱死，副總統黎元洪繼任大總統，徵先生入京，任外交總長，未數月，兼代國務總理。民國六年，段祺瑞召開督軍團會議，黎元洪被督軍團迫脅下，解散國會命令，伍先生以武人毀法，甚為憤怒，堅拒不副署，雖被恫喝，不為所動，黎元洪決定解除先生代理國務院總理職，以江朝宗繼任，江副署解散國會命令。

先生憤大法的凌夷，念喪亡的無日，毅然出京，謀求戡亂討賊方法。這時候，國父已與海軍總長程璧光定議，率艦隊至廣州，開「非常國會」，以護法號召天下，先生繼至，同心匡輔國父已而兩廣武人陰懷異志，不聽國父命令。民國七年，國父辭大元帥職，至上海。先生仍留廣州，改組軍政府，任總裁，兼長外交、財政，終以跋扈武人，不可與共事，棄而歸上海，國會議員相率從之。

五、精研靈魂學

先生從民國八年四月起，開始研究靈魂學，著有「靈學日記」，暨「鬼友夜談錄」，其生平最傷心者，乃是這兩本現代的「聊齋誌異」，在陳烱明叛變時，廣州的總統府失火，付諸一炬，多年所研鑽筆記的心血，盡付東流。

大自然中的奧秘，無盡無窮，不可勝數，凡屬不能確知之事，總覺得它充滿神秘的氣氛。天有不測風雲，是因難於盡悉其中的底蘊；同樣的道理，人們有談鬼的雅興，正由於大家都不真知鬼為何物，而善於說鬼的人，從不稍持存疑的態度，斬釘截鐵，活靈活現，直講得鬼影幢幢，陰氣森然，愈是說得使人汗毛直豎，愈覺得刺激過癮，往往誇張渲染，言之鑿鑿，這是在農業社會中，豆棚瓜下唯一談天消遣之事。

先生是飽學之士，為什麼會窮其聰明才智，對靈魂學作不斷的發掘？與其說是與生俱來的天性，毋寧說是興之所好罷了。世間是否有鬼？此為始終爭論不決的問題，晉朝阮瞻曾著有「無鬼論」，而晉書阮瞻傳說：「有一客請瞻談論名理，甚有才辯，瞻與言鬼神之事，反覆甚苦，客無色曰：鬼神古今聖賢所共傳，君何獨言無，即僕便是鬼，於是變為異形，須臾消滅，瞻默然，意色大變，後歲餘病卒」。這一段記載，自然是阮瞻自已道出，否則後人撰傳不曾寫出。

科學家因找不出證據，所以對於鬼的觀念，是置於不議之列，規避不談。宗教則不然，基督教既認為人有靈魂，承認有肉體以外的存在；至於佛教徒對鬼的說法，瑜伽師地論上，有謂人死為「中陰」，七日一得轉生機會，至七七四十九日而為最後之一轉生云云。此間所謂「中陰」，似乎與一般所說的鬼不同，我們所知佛教六道之說，「地獄」與「餓鬼」應該都是鬼，如人死而為「中陰」，自「中陰」再轉入「六道」輪迴，則「中陰」即為「六道」之共同原理，如「中陰」即是鬼，則「地獄」、「餓鬼」即非鬼，但餓鬼既以鬼稱，豈得謂非鬼？這一問題很難置答。

如果有一天，人人均確知鬼怪之為物，縱然伍廷芳先生仍在世間不死，他必將不再擁有忠實的聽眾了。伍先生為了證明世間有鬼，最愛引述他親身經歷的故事以為佐證，可惜這兩本「鬼史」業已失傳，否則其與鬼為伍事，將更詳為後人知曉了。

就所傳伍先生談鬼趣事數則，作為拾遺，不論是否其親歷所見，仰或穿鑿附會，只是姑妄言之，姑妄聽之：

民國十年七月六日，國民革命軍正克服廣西潯州（桂平），這時伍先生正任廣州總統府外交總長，那天晚上，他正在書房中寫日記時，突然有一穿西裝革履的英俊少年，推門其入，伍在恍惚中問到：「是什麼人」？那少年笑答：「老處士何其神疲如此，我乃蘇曼殊也。」說罷怡然就坐。繼稱：「我自從脫離軀殼，飄蕩四方，今天來到此處，暫寄林寺，偶憶起居士窮具心得，故來探訪，略敘生前悰愫。」更稱：「鬼事古書所載，多認為無稽臆造，實則人生即死，若無精魄結合，不能成鬼，既得成鬼，則有鬼之真趣，祇不能將色相示人而已。

至於左傳稱鬼有所歸，乃不為厲者，尤屬荒誕，鬼既到處安樂，何有歸有不歸？又有何於作厲？再謂故鬼大，新鬼小，更為欠解。人世間所謂自由與平等，不過是嚷嚷而已，豈能認真辦到，惟有鬼界無一不真正自由與平等。」

伍先生聽罷，點首稱善。旋問：「人能否活至二三百年」？曼殊答稱：「人生活宇宙間，全賴精神之維繫，平時色慾飲食戕伐精神，消耗淨盡自然死，苦精神分量能克制色慾飲食，人自然亦可活至二三百歲」。伍先生欣然無語。

有一天，伍先生因公乘軍艦寶璧號往桂林，駛航途中，晚餐既畢，與高級軍官聊天，談到酣時又談鬼事，眾人不信，伍突指黑暗處，謂有一血淋身面，頭留刀痕之鬼，舉座為之毛骨悚然，只見一老水兵嚇得直發抖，艦長呼名詢之，方知龍濟光督粵時，此艦副艦長周天祿受人嗾使以斧砍殺艦長木全忠，拋屍於海。

尤以引為怪事者，兩人亦有與鬼相通者，伍先生駐美之紐約時，認識一美國人康樂華士。此人門禁森嚴，常拒外賓來訪，獨與伍先生契好，破例准其登門入室，伍見其室內黑暗，壁上懸照片四幀：一為諸人蝟集，立笑凝神具有；一為十人追逐，酷似跳舞；一為粗頭眼大，口闊腦尖；一為俯首視花之黑衣婦女。兩人坐定，康顧照片對伍而言，謂彼等皆其鬼友，汝若孤疑，今額勒夫人亦在此間，沖洗後果然依稀可辨。伍康因而均能與鬼相通，遂結為密友。

伍先生人亦咒罵鬼，嘗謂程玉堂之鬼魂常來糾纏；老友日本首相大隈重信侯爵，陰魂不散，亦偶有騷擾。有一晚，伍獨坐室中，窗外細風斜雨，室內寂靜冷落，突然高聲罵道：「滾出去！不許在此」！侍從叩門詢之，乃謂「有一無賴鬼纏擾不休也」。

六、陳烱明叛變，悲憤逝世

民國九年冬，粵軍自福建漳州回師廣州，恢復軍政府。十年五月，國會開「非常會議」於廣州，舉國父為非常大總統，國父於五月五日就職，以先生為外交總長、財政總長，陳烱明為陸軍總長，廣東省長兼粵軍總司令。是年冬，國父赴桂林，督諸軍北伐，以先生代行大總統。

民國十一年初，國父轉赴韶關督師，許崇智部隊粵軍入江西，克贛州、吉安、江西將士多與李烈鈞聲氣相通，姜伯彰等在贛北紛組民兵響應，聲勢大振，革命軍正乘勢長克復南昌，而陳烱明有叛變跡象，阻撓北伐，扣押北伐軍糧，國父輕騎回廣州鎮攝之，免陳烱明粵軍總司令暨廣東省長職，乃任陸軍總長。並令伍廷芳繼任廣東省長，伍接篆到任，即召集所屬訓話，隨召各科長面詢一切，並傳各職員遂一點名。

職員有辦理自治之麥芃者，先生呼其名為麥凡，麥芃即趨前糾正之云：「芃」係「蓬」音，伍答：「何得取此生字」！麥芃云：「此字並不生，係見諸詩經「芃芃棫本」一語」，伍默然無語。旋即呼及司法科員之單福康，此單字本音為「善」，伍竟以單雙之單「音丹」呼之，單福康不與辯論，因此省長公署同仁，嘗呼「丹福康」翌日，麥芃被免職，單福康仍留署辦事。伍幼年即在香港讀書，對中國字音是不甚研究的。

民國十一年六月初旬，國父帶著百餘名衛兵由韶關回廣州，即傳諭陳烱明來見，希望以大義感動陳，孰料陳烱明回惠州避不見面，並密令他的部隊於六月十六日晚上一時圍攻總統府，欲置國父於死地。幸有在粵軍總部任職之林直勉林樹巍先獲知陰謀與海軍總司令溫樹德同登楚豫艦，安全脫險。後改登永豐號，國父在粵蒙難，在永豐中與叛軍相持五十餘日，因陸上援軍未至，於八月九日離粵赴滬。

正當六月十六日夜深陳烱明叛軍圍攻總統府時，伍先生正在省長公署方睡，為砲聲驚醒而悲憤得疾，不幸於六月廿三日逝世於廣東省立醫院，享年八十一歲。彌留時猶諄諄授公子朝樞以護法本末，昭示國人，無一語談及家事。國父這時正在廣州白鵝潭永豐艦（後改名為中山艦以紀念國父）指揮作戰，聞耗，欽念老成，悲悼至極，海軍將士更為憤激。國父因而說：「伍總長之死，是光榮的死；惟老成凋謝，自後共謀國事，同德一心，恐無如伍總長其人了」。

先生生平好學，政事不暇，手不釋卷，其研究衛生之學，蔬食，絕烟酒，自謂壽可至二三百歲餘，繼治靈魂學，視形骸如逆旅，以為留此將以有為耳。然能於危疑震憾之際，泰然不易其所守。自締造民國之後，國法不斷為武人政客所敗壞，故以耄耋之年，當國事，犯危難無所懼，卒以身殉。其對於社會，如提倡國貨，倡剪髮不易服之議，以塞漏巵，皆有遠識，能造福於國人。夫人何氏，賢而有壽，子朝樞，能繼述志事，孫競仁、慶培、繼先，均隨侍在側。民國十三年十二月，葬先生於廣州東郊一望崗。（參考：鄒魯著：中國國民黨黨史稿）

原載於《廣東文獻》十三卷三期

胡漢民先生的教育思想

——紀念胡先生逝世四十三周年

鄭彥棻

黨國元老胡漢民先生的生平事蹟，及對其國家的不朽貢獻，相信讀過中國近代史的，都已經知道了。最近，重讀胡先生的年譜和自傳，看到他有一段關於學生訓育的話，我覺得很有意義，而且非常正確。另在胡先生文集中，也有不少關於教育上的名言偉論，所以我願意談談胡先生的教育思想，我相信，這對青年為人處世之道，是有所啟發的。

胡先生幼而好學，他在自傳中自認「知識欲頗盛」。當他十一、二歲的時候，便讀了十三經，而且涉獵及史記古文之類，下筆為文，已斐然可觀了。十六歲為著生活關係，設館課徒，開始致力於教育工作，後受國父革命思想的號召，認為「非遊學無以與革命黨人謀，即個人學業，亦猶不足充所懷之志願。」於是赴日留學，入弘文書院師範科，但以校中所授課業，不能滿足他「尋求革命方略，應經教育著手」的期望，復因反對清公使事件，遂退學歸國。

胡先生對教育工作是很重視而且是很有興趣的：當他廿五歲返國後，便應廣西省梧州中學總教習沈雁潭之聘，到梧州講學，同時，更改梧州傳經書院為師範講習所，由他自兼所長。

其後，又曾任香山降都學校校長。到了民國十年，他還創辦了執信中學以紀念「革命中的聖人」朱執信先生；擔任廣州市民大學特別講座，親授「社會主義倫理學」。當他任教梧州中學時，除了為學生講民族革命之外，教些什麼課目呢？在他自傳內說，他擔任的功課，叫做「修身學」，就是我們平常所講修身、齊家、治國、平天下中的修身。他為此編了一本教材，叫做「學生修身學」。說明教學目標「主實行」、「重道德」，並啟發學生的國家民族思想。全部計分十一章，都是教學生如何修身的。主要內容，有如下述：

胡先生的「學生修身學」可以說有兩大作用：一個「正其目的」，就是提出做人的正確目標，使人的努力奮鬥有著正確的方向；一個「勵其所為」，就是引導人的行為趨於正軌，要達到做人的目的。全部教材十一章之中，前面四章為「品格」、「職分」、「義務」和「希望」是屬於做人的正確目標；後面七章為「思想」、「感情」、「意志」、「習慣」、「裁制」、「公德」和「精神」是引導人從正確的行為來達到做人的目標的。

胡先生對這十一章都分別有說明，要點摘述如下：㈠關於品格的——學生為國家未來的偉大國民居社會上的重要地位，因此，品格應該甚為清高，不應妄自菲薄，應有「大雄無畏之心，奮發自強之氣」，對國家克盡「挽危亂」、「謀富強」的重大責任。㈡關於職分的——學生對國家的一切政令，學校的所有規則，應該絕對遵守，不得有越職犯分的毛病。學生在校為學的時日無多，自應把握時間做好份內求學的事，與克盡的職責，萬勿以「個人之私便遊於法律之外」。㈢關於義務的——學生對於學校，既有接受教育的權利，便有服從學校監督的義務，故學生應以服從校規為第一義務，猶之國民之遵守憲法為第一義務。㈣關於希望的——應摒除過去讀書是謀求功名利祿的陳腐觀念，而以能做到「國民先覺」自勉。務必辦盡心智，以推動社會進步，謀求社會公益，剷除社會國家擔當鉅任的願望，必須具備忍辱負重的精神。㈤關於思想的——學生應具有正確之思想，方能形成其高尚之理想，至於高尚其理想之方法則在於潛心靜氣於義理之中，不馳逐於流俗之世界，「理想注於親愛則殘酷之念不得而參之；注於篤實，則虛妄之念，不得而參之；注於適度，則過度之念不得而參之」，故思想必須是倫理上的，是具條理的。㈥關於感情的——學生對師長應有敬愛的感情，看到同學勤敏的，宜有奮勉的感情，發現同學有過錯的，宜生懲戒的感情，遇到同學有疾病痛苦的，應有憐憫的感情。相反的，不可因校規束縛自由，而感覺不愉快，因同學表現優美而生嫉妒，見到同學有過失，而存心輕視。「管理雖尚嚴，亦必於謹嚴之中，使得自然之愉快，獎勵賞罰亦本誘掖防閑之意，適中其道。」㈦關於意志的——為學貴乎有堅強的意志，蓋「心體力行之謂志，意志者實力而非懸力也；意志者統力而非分力也；意志者自力而非他力也；意志者決力而非疑力也。」故不為道聽途說所惑，才有成功的希望。否則意志薄弱或欠堅定，終生將無所得。尤其處逆境或接疑難的時候，如無堅定的意志，失敗是一定的，磨練意志，當在學生始。㈧關於習慣的——習慣成自然，學生平日一舉一動，如能養成不離道德的習慣，做到宗教家所謂心與神合，哲學家所謂心與理合的境地，便能事事出於自然，故學生在校應養成潔淨、有恒、勞苦、節儉、惜時、整齊、交際及信實等良好習慣，則他日投身社會，將無往而不利。㈨關於裁制的——學生要能自立自制，不能作無限制和無秩序的自由，也就是要為所當為，戒所當戒，凡有害公德的事而將被人干涉的，必須在事發前能夠自制，便可免卻受別人的裁制，所以學生必須不違反公共秩序，不破壞善良校風，不妨礙學校安全。蓋「人不可有所抑服，而獨不能不抑服於公眾之團體」，故為確保公眾團體之自由，學生必須自制，遵守校規。㈩關於公德的——學校的校規，國家的憲法，都是為著公共利益來訂立的，必須大家奉行，才可以集合群力，結成堅強的團體。公德實為團體中的愛力、粘力。學生在學時期，雖然尚未擔負保國的工作，但不能無此心志，這就是要實踐公德，以為將來保衛國家的基礎。各學校中所有的器具，應視為自己的財物，加以保護而不讓其有所受損，公園種的草地花木，不但不要踐踏，而且要加以愛護和培養，這些都是公德。同學中應互表同情，互相規勸，免為團體之玷，是亦公德之一端。㈩一關於精神的——「精神的作用，始於無形，終於無量」主要的計有六項：一是教師授課時，應有集中注意聽講的精神。二是學問求進步，要有舉一隅則以三隅反的發揮精神。三是求學不要敷衍要有刻意勵精和日新又新的求益精神。四是自治的精神，凡自己可以處理的事，應自力為之，以補學曰管理所不及。五是運動時要有振作的精神，讓動作自然，這樣便可鍛鍊身體日趨健康，可以克苦耐勞，擔當重任。六是學生對學程的長遠及學科的繁多，要有愉快的精神去研習，始有光明成功的希望，否則心存憂煩與厭苦，所學即使不至半途而廢，也要事倍而功半了。

最後，胡先生把這十一章總括出來，訂定了校訓五條及戒律七條，以為全部教材之總結，其意義頗為簡明。我現在就把它簡要的說明：

現在各級學校的校訓，一般來說，都祇用幾個字或齊齊整整的幾句話講成的，但胡先生所訂的校訓，卻不是祇重形式，而是富有教育意義與針對時代需要的。這五條校訓是什麼呢？我現在逐條列舉如下，並簡要的加以銓釋。其實即使不再說明，大家看到了每一條文字之後，就會明白它的意義了。

校訓第一條：「吾人當銘記此身，為中國之國民」。這很明顯的，首先，就是要學生常常記住自己是中國的國民。大家要知道，當時滿清政府腐敗，我們的國家隨時都有被外國滅亡的可能。因此，他在校訓的第一條就是要喚醒青年不要忘記本身是中國的國民，也就是呼籲大家不要忘本，一起愛國，要上對億萬世之祖宗，下對億萬世之後來，當前則完成自己作為中國國民所應負之責任。

校訓第二條：「吾人當以誠實為宗旨，見義勇為」。這就是說，每一個人在修養和道德方面，一定要誠實，不要虛偽，更不可欺騙別人，因為有些人行為不檢，做了壞事既不承認，也不改過，這便是對人不誠實，故此要求大家做人一定要誠實。見義勇為可以說凡是應該做的事，便要勇敢的去做。而且誠實和勇敢是貫通的，「誠是革命的動力」，誠者擇善固執，也自然見義勇為，所以說「精誠所至，金石為開」。這在當時是暗示青年要參加革命，打倒滿清政府。見義勇為就不畏難、不怕死，就會踴躍參加革命。

校訓第三條：「吾人對於他人，當存心敬愛，而互勉為有益公共之事」。是教學生要以愛為出發點，存心敬愛他人，這是符合我們國父所倡導之「博愛」精神的。博愛所以行仁，所以國父常常親書「博愛行仁」四字，以勉世人。同時，本著互愛互助之心，互相勉勵，共同為社會服務，去做對公共有益之事，這也是符合國父「人生以服務為目的」之遺教的。

校訓第四條：「吾人當強健其善勉勵之精神與體魄。」這就是要青年們加強彼此間相互勉勵的精神與及養成康健的體魄，共同向善，備為國用，亦即是要吾人強身報國。並提醒大家必須先有強健的精神和體魄，才可以為國家效力。

校訓第五條：「吾人當圖為世界之最上等人，以立身行事」。就是每一個青年，應該立志以做世界上最高尚的一等人為目標，朝此目標來立身行事向上奮發。國有國格，人有人格，提高人格，即所以提高國格，使中華民國成為世界上最強盛的國家，中華民族成為世界上最優秀的民族。這五條校訓，可以說對己、對人、對社會、對國家、對世界，應該負責盡職的都包括在內了。這是胡先生從事教育工作時所手訂，用來積極勉勵學生如何做人做事的，當時胡先生才廿五歲！胡先生訂了這五條校訓之後，還是怕學生有所怠忽或警覺不夠，又加訂了七條戒律，從消極的方面來勸誡學生。

這七條戒律又是怎麼講的呢？

第一條：「不可無愛國心，而甘為他人之奴隸。」這可以說是重複校訓第一條的意義，而從反面更加以說明的。換句話說，每個人都應該要有愛國心，如果國民不愛國，國家便會被滅亡，這樣便淪為他人的奴隸，也就是說一個人而沒有愛國心，這個人便是甘願受他人奴役。這一條是啟發大家的愛國心，其理至明。

第二條：「不可專懷私利，以害合群之公德。」這是要求大家萬萬不可以個人的私人利益為重，而至損害了公共的道德。七十五年前胡先生諄諄以這公爾忘私的話告誡大家，但到了七十五年以後的今天，這種自私自利不顧公德的人，還是隨處可見。所以，我覺得這一條非常重要，希望大家特別注意實踐，一切須以公德為重，實踐國父「天下為公」的訓示。

第三條：「不可不檢點行為，致傷一己與學校之名譽。」這是要求每一個人要隨時隨地檢討自己的行為，有沒有做得不對的地方，如果有的話，則不單祇是害了自己，也同時破壞了學校的榮譽。大家想一想，七十五年前胡先生便已要求學生注意到維持學校的榮譽，現在在學的青年們，行為上有沒有損害到你們的校譽呢？大家應該徹底自行檢討，有則改進，無則加勉。

第四條：「不可不講求衛生，致頹廢其有用之身體。」這很明顯的要大家注意講求衛生，保持身體健康。大家都知道，健康欠佳，身體就會頹廢，這樣，就幹什麼都不行的了。辦學的人對環境衛生的措施，也要特加注意，以免傷損學生的健康。

第五條：「不可不深切勤勉，致失寶貴之時間。」就是說大家一定要懂得光陰之可貴，把握時間，勤勉求學，也就是古人所謂「寸陰是惜」，萬勿把時間浪費，否則少壯不努力，老大徒傷悲了。學校對於學生課程的編排和作業活動的配合，也要力求適切，以免浪費學生的時間。

第六條：「不可不顯職分，致侵他人之權限。」每個人都有他的職位與本分，但有些人所做工作，每每不顧自己的職分而侵及了別人的權限，這就是不懂得應該站在本身崗位上去努力，做了不是自己應該做的工作，以致妨害了他人的權責。這一條是希望大家懂得守分的道理，各盡職能，各守本分。學生參加社團服務，就得遵守這些原則，以養成優良的習慣。

第七條：「不可自欺欺人，心性日見墜落。」我常常發現有些人，做錯了事情後，以為別人不知，自欺欺人，不承認錯誤，不勇於改過，這樣一來，他的心性就一天一天的逐漸迷失而趨於墜落，卒至不可救藥，故自欺欺人，結果祇是害了自己，大家不可不儆惕！

上述這些，就是胡漢民先生在七十五年前，為勉勵他的學生所訂的五條校訓和七條戒律，可說是他早期教育上的思想和措施，到了今天，仍是我們青年人的金科玉律。所以我樂於把它特別提出來，希望青年們能身體力行，成為現代的有為青年。

胡先生的後期教育主張，則著重於三民主義的教育。他在民國十八年國慶紀念大會致詞中，痛心地指出我國過去教育措施的錯誤時說：「在目前的所謂教育之中，究竟有無主義？實際上究竟採納了幾分之幾的三民主義？是否已根據三民主義，作過『百年樹人』的長途計劃？繼而提出「一、教育以民族為本位，以無限進展文化為任務；二、今後多數人的國民教育，與少數人的人才教育，應同時並重。」並認為：「教育先導被教育者去發揚民族精神，再謀發展其人的個性不遲。民族精神必不妨礙各人的個性發展，因為它正需要各種好的個性去充實表現它。不過彼此先後輕重之間，不可倒置。我們要知道，個性的發展，很容易變為私的發展，倘不經嚴格的訓練，有主義的教育，而放任失當，便會走到純私的發展上去。」這是強調民族教育是何等的重要。

隨後，胡先生在民國十九年四月廿二日，第二次全國教育會議上，曾以「今後教育上的四個要求為題，作了一次演講時，更提出下列的主張：

一、政教合一——胡先生認為人是不能離開教育與政治的範圍，故政教不能離開，如果分離的話，它的影響，將使政不成政、教不成教、國不成國。所以要奉行三民主義，去創造一個三民主義新中國，政治的目標，在求民族生存、民權普遍、民生發展，而教育當然不能離開這一目標。這可以說是對學生修身學中「品格」和「希望」方面進一步的說法。

二、嚴格訓練——教育脫不了生活關係。所謂生活，一定是社會生活，而非離群索居的生活，社會生活，無論如何，總少不了紀律。教育既負有目前或將來生活上的責任，那麼養成受教育者恪守紀律的習慣，總之它的目標之一。教育者能使受教者對於紀律願守、樂守，那纔是真正的教育。學校的規章，等於社會的法律。要社會守法首先要培養人民的法治精神；要學生遵守紀律，也應該如此。社會的法律不能無懲戒，學校的規則中也當然不能無懲戒。所以今後的教育中，需要啟發、誘導、訓練，絕不能放任、因循和敷衍。這一點是與學生修身學中關於「職分」、「義務」、「制裁」、及「公德」等章是一貫的。

三、著重教育樂於教育——第一、政治當局和社會一般人，都要認教育最重要，最應努力去做的事業。政府編列教育經費預算，不應在各種經費預算之後，應該列入最先的一項。

教育界要特別著重教育事業超出一切，對於一切改進計劃，要拼命努力去實現。展堂先生為此更特別引述廣東俗語：「不敬先生，天誅地滅！誤人子弟，男盜女娼。」認為如果政府及教育對於教育事業不盡責努力的話，大家可以拿這些去罵他們。第二、教育界要具犧牲精神，不為物資所限，為民族、為國家，以教育為終身事業，當不難使所務者成為大事業，這就是精神方面無上的快樂。他更引用孟上所說：「……得天下英才而教育之，三樂也。」的話，說明如本屬英才，而得以教育之，固然樂，如果不是英才，經自已教育成為英才，更是樂中之樂。這是和學生修身學的「意志」和「精神」二章有關的。

四、大中小學可銜接可自主——大中小學之間，固應銜接一氣，以完成教育的過程。但揆之國情，事實上，小學畢業生未必多數升中學，中學畢業生未必多數升大學，如果中小學僅為少數能升學的畢業生著想，如何和上一級教育銜接，而忽視了多數不能升學的畢業生就其所學去做人、去生活，那是大大不妥的。所以，在中學教育完成時，對於上一級教育的銜接，要有彈性，接也可，斷也可，至於小學也應如是。

胡先生在民國十九年時還有一點重要的教育思想，就是「教而後富」。這是針對孔子所說「富而後教」而發的。他認為當時我國正民窮財盡，假如等著富而後教，一再的等下去，不祇富不會自至，也許中國已經沒有了，還談什麼教呢！所以要轉移「富而後教」的觀念為「教而後富」。因為唯有教育才能發達人的智識，提高人的能力，發揚利用厚生的文明，增加我們精神的物質的享受。像我們的農業，本著數千年的傳統，單以經驗來從事農作，智識上既沒有科學的灌溉，生產上自不會有科學的應用，這樣，試問怎能增加農產？富裕生活呢？因此，祇有教他們識字，學習農業的科學智識，進而應用到生產方面去，才能使農業進步，生產發達。這單就農業方面說，拿現在台灣農民生活富裕之事實來看，足可證明胡先生「教而後富」的理論是非常正確的。

總而言之，胡先生對教育的作法和主張是互相配合，前後一貫的，可以說都是我們應該努力的方向，到現在仍然是值得教育工作者所體會實踐的。

原載於《廣東文獻》十卷一期

胡展堂先生對憲政的貢獻

鄭彥棻

今年十一月廿六日是胡展堂先生的百歲誕辰。展堂先生是革命元勳，一生對國家和革命的功績和貢獻，昭垂史冊，不用多說。他對我國的民主憲政，也有非常卓越的貢獻，在我國憲政史上，展堂先生也功不可沒，其嘉言懿行，實足永垂不朽。

展堂先生幼年隨父遊幕粵省各州郡，看到當時官府中腐敗，便有改革之志，曾自記：「七歲時，寓高州府衙，與老僕過衙中審訊處，逼刑扑犯人，犯人號呼如豕啼，余急走避，數月不敢出」。及長，以舌耕為活，漸與新思潮接觸，更以提倡新學自任，某年元旦曾自書大門春聯為：「文明新世界，獨立大精神」，可見先生自幼即富民主思想與革命精神。但以所學不足，便決心赴日留學，為了籌集留學費用，還先參加鄉試，中了舉人，然後為人捉刀，得金六千餘，赴日留美。

展堂先生初渡日本，入弘文學院學師範，但覺得所學不副自己所望，第二次去日本，便改習法政，就讀於梅謙次郎主持的速成法政，得讀當時的歐美法政名著，并對日本明治維新的經過，有深切的認識，便確立其民主憲政的信仰和革命建國的決心。時值國父赴日組織同盟會，先生一見傾服，便和他的夫人陳淑子、妹寧媛同時參加同盟會，國父也賞識其才華，初任為評議部評議員，旋任秘書，掌理機要文書。其後同盟會刊行機關報　國父便採納展堂先生的意見，定名為「民報」，并以先生為編輯，發刊辭也是由　國父口授而先生執筆的。該報正式揭櫫民族、民權、民生三大主義，展堂先生在該報撰文，發揚三民主義思想和民主憲政的主張至力，先生原名衍鴻，漢民也就是當時開始使用的筆名。

當時旅日留學生的思想很複雜，由於康有為、梁啟超等先後創辨「清議報」、「新民叢報」等，鼓吹保皇言論，另有一部份人則主張君主立憲。同盟會雖有章炳麟、鄒容、陳天華等先後著「駁康有為書」、「革命軍」、「警世鐘」、「猛回頭」等書，痛加駁斥，大為風行。但這些書都著重提倡排滿，專言破壞，少談建設，還未能打破保皇立憲思想的優勢。「民報」出版後，乃積極闡揚三民主義思想和民主憲政的主張，并針對保皇立憲的謬論，與「新民叢報」展開筆戰。展堂先生所撰「民報之六大主張」、「排外與國際法」、「告非難民生主義者」、「斥新民叢報之謬妄」等文，都傳誦一時。梁啟超自知不敵，曾求和無效，「新民叢報」終告停刊，保皇言論也消聲匿跡。革命思想和民主憲政乃成為當時留學生政治思想的主流。

民前五年，展堂先生隨　國父離日至南洋各地奔走，運動革命起義，仍時刻不忘闡揚革命思想，宣傳民主憲政：初抵新加坡，便和當地同志籌劃創刊黨報，定名為「中興日報」，於是年八月出版，該報發刊詞也是先撰述的。國父抵河內後，先後發動黃岡、惠州、防城、鎮南關、欽廉、河口諸役，展堂先生則奔走各地，聯絡策應。鎮南關之役，更曾隨國父登關發砲，參與實戰，諸役先後失敗，展堂先生於翌年七月抵新加坡，協助國父處理善後。當時東京同志也多已回國潛入各地從事革命，革命思想已漸瀰漫於國內。但南洋各地，保皇立憲的人士仍到處煽惑華僑，阻其贊成革命。國父乃命先生為「中興日報」撰稿，與保皇黨機關報「南洋總匯報」展開筆戰，所撰「嗚呼滿洲，所謂憲法大綱」一文，傳誦一時。更由 國父口授大意，撰「立憲問題」小冊，印數萬份，散佈各地。又奉派為南洋支部長，赴各地宣揚主義，指導黨務，朝動南洋各地僑胞踴躍參加革命。所以，在開國以前，展堂先生除參加革命行動，策動各地起義外，其宣揚革命主張，駁斥保皇立憲謬論，使民主憲政思想深入人心，厥功至偉。

辛亥革命武昌首義，展堂先生在西貢聞訊，即偕一批華僑從軍青年返港，策動廣東響應。廣東光復，被推任都督，在位雖僅兩月餘，國父由美歐返國，即隨國父北上任臨時總統府秘書長。在這期間，先生除了整理內部和組軍北伐外，還注意奠立民主憲政的基礎：一面制定「臨時省議會選舉法」，成立省議會，其中同盟會代表廿人中，并有十人為婦女代表，開我國婦女出任議員的先河。一面致力澄清吏治，整頓縣政。他曾追述當時情形說：「當時原無所謂省政府會議，各省多採省長獨裁制，兄弟為集思廣益，每星期內，都召集省府同人，開一次會，商量種種。遇到某縣出缺時，便請大家選賢與能。可是大家往往搜索許久，搜索不出，不得已便找本府裡面各廳司長、科長、秘書等，供職多時，人品很好的，去承乏一下，以為其人總可靠了，那知結果還是不行，還是常常鬧亂子。當時凡經察覺舞弊的縣長，兄弟毫不客氣，馬上把他撤換，如果交代不清，罪情重大，立予逮捕，按法懲治」。由此可知先生對憲政基礎的重視和他的民主精神。

在開國時期，先生對我國憲政的最大貢獻，還是他在臨時總統府秘書長任內為亞洲第一個民主共和國建立政制所作的努力。雖然 國父於民國元年元旦就任臨時大總統，四月一日即辭任，只有短短三個月期間，當時情勢又動盪不安，但展堂先生仍秉承 國父指示，盡力為這新建的民國建立憲政基礎。當時，雖然還沒有憲法，但總統府咨送參議院的臨時政府組織法，便有人民權利義務的規定，以保障人民自由權利，而臨時大總統就職後，先後頒布多項政令，首先便廢除清代官場稱呼，宣告五族共和、保障人民自由權利、嚴禁刑訊、禁止買賣人口和販賣「豬仔」、嚴禁鴉片等，以徹底掃除滿清腐敗氣習，建立民主法治觀念。展堂先生更自定總統府由秘書長至錄事，不分官級，一律月俸三十元，并由公家供給膳宿，以示平等，充分表現其民主精神。又先後下令各省實行軍政分治、統一財政、整飭吏治、慎選賢能、重視農事、切實賑災等，以奠立憲政基礎，減除人民疾苦。在這三個月當中，先生致力建各項典章制度，更不遺餘力，無論官制、軍制和財政、教育、司法、實業、交通甚至考試、銓敘等，都訂立了各種基本制度，看到這段期間的開國文獻，我們不能不佩服這一位卅四歲的幕僚長的卓見遠識和他對民主憲政的貢獻。無怪他記述這期間的辛勞說：「余治總統府文書，大小悉必過目，四方有求見先生（指 國父），必先見之，忙勞彷彿在粵時。余與先生同寢室，每夜余必舉日間所施行重要事件以告，其未遽執行時，必陳其所以，常計事至於達旦」。

臨時政府解組後，展堂先生除曾一度返粵復任都督外，袁世凱叛國，先生即追隨國父，奔走各地，策動討袁、護法諸役，為維持中華民國莊嚴法統而奮鬥。嗣隨國父以廣東為革命基地，組織軍政府，改組中國國民黨，重整革命陣容，國父逝世後，共黨對先生極力排擠，先策動改組國民政府，解除其代行大元帥職權并兼廣東省長的職務，嗣復藉廖仲愷被刺案迫其離粵，直到先總統蔣公繼承國父遺志，率師北伐，於民國十七年四月召開四中全會，實行清黨，定都南京，展堂先生才赴京出任國民政府主席、中央政治委員會主席、中央宣傳部長等職。但當時寧漢分裂，黨內意見仍很分歧，未幾先總統蔣公宣告下野，先生也就辭職居滬。這段期間，以內亂頻仍，先生僅能為維持民國法統和堅持革命主張而艱苦奮鬥，直到民國十七年完成北伐，統一全國，先生才對訓政綱領的訂頒及五院制度的建立，有卓越的貢獻，展開我國憲政史嶄新的一頁。

民國十七年國民革命軍收復平津，統一全國時，展堂先生正偕孫科、伍朝樞諸先生奉派赴歐美考察，宣揚國策，敦睦邦交，并致力取消不平等條約。六月抵法，當時我還在巴黎留學，法國國慶那天，曾承展堂先生召見於旅邸，暢談其五權政制之意見并囑合照留念。先生等在巴黎聽見平津收復的消息，并聞東北亦將易幟，全國即可統一，認為應即依照 國父手定革命程序，實施訓政，奠立國基。即致電中央，提出「訓政大綱案」，建議實施訓政，并試行五院制。經中央接受後，展堂先生便由歐歸國，經港時，粵省將領請先生留粵主持政治分會，為先生所拒，對所謂「分治合作」，並不同意。抵滬後發表訓政大綱提案說明書，說明訓政綱領與五院設立之原則及其制度，其中主要部分有二：一為政治會議綱領，一為國民政府組織綱領。關於原則上之說明有四：一為應世界之環境與國民之需要，二為訓練人民之政治能力，三為訓政之責任在昭示黨與政府之關係，四為從革命過程之所經階段。關於制度上之說明有五：一為政治會議，二為國民政府組織綱領之全部精神，三為立法院與其他各院，四為總理五權憲法，五為考試監察兩院之職權。說明至為詳盡，可見其思慮之周詳。嗣中央於十七年十月先後制頒訓政綱領、國民政府組織法和五院組織法，便多接納先生的意見。其中訓政綱領，尤為訓政時期約法頒布前的國家根本大法，也可說是中華民國自臨時約法被袁世凱破壞後的第一個根本大法，其全文如次：

「中國國民黨實行總理三民主義，依照建國大綱，在訓政時期訓練國民使用政權，至憲政開始，弼成全民政治，制定如左之綱領：

一、中華民國於訓政時期，由中國國民黨全國代表大會代表國民大會，領導國民，行使政權。

二、中國國民黨全國代表大會閉會時，以政權付託於中國國民黨中央執行委員會執行之。

三、依照　國父建國大綱所定選舉、罷免、創制、複決四種政權，應訓練國民逐漸推行，以立憲政之基礎。

四、治權之行政、立法、司法、考試、監察五項，付託於國民政府總攬而執行之，以立憲政時民選政府之基礎。

五、指導監督國民政府重大國務之施行，由中國國民黨中央執行委員會政治會議行之。

六、中華國國民政府組織法之修正及解釋，由中國國民黨中央執行委員會政治會議行之。

國民政府組織法和五院組織法公佈後，展堂先生被任為國民政府委員、立法院院長，而依國民政府組織法及立法院組織法，立法院為國民政府最高立法機關，有議決法律案、預算案、大赦案、宣戰案、媾和案、條約案及其他國際事項之權。當時全國統一伊始，百廢待舉，民主法治基礎之建立，更有賴於立法，先生就任第一屆立法院長，從事立法工作，對民主憲政基礎之奠立，貢獻至大。

先生就任第一屆立法院長時，便發表「三民主義的立法精神與立法方針」一文，主張「立法宜寬，行法宜嚴」。并闡明將以三民主義為圖案，為中國創造一部合於國民需要之法典。又指出「三民主義的立法，必須立於社會公共利益之平衡基礎上，依此基礎，確立下列六個範圍：㈠關於社會之安全者，㈡關於社會團體和制度者，㈢關於公共道德者，㈣關於社會財力之保育者，㈤關於社會經濟之進步發展者，㈥關於文化的進步者。以後的立法方針，必須依照上項社會公共利益而定」，而「中國經歷長期紛亂之餘，社會之安定為立法之第一方針，經濟事業之保養發展為第二方針，社會各種現實利益之調節平衡為第三方針」，可見先生對社會立法的重視和以法治鞏固憲政、完成建設的卓識。

先生主持立法院，計由民十七年十二月立法院成立起，至民廿年三月止，雖然僅兩年多的期間，但許多重要法典，如民法、刑法、土地法、公司法、票據法、海商法、保險法、民事訴訟法、刑事訴訟法、地方自治法、工會法、農會法、漁會法、工廠法、礦業法、勞動法等，都是這時期完成，使我國法制燦然大備。而每一立法，都將三民主義的理論和精神，融會貫通於法典之中。尤其民法的制定，先生曾講述「新民法的新精神」，認為公法「只能解決民權主義的問題，若解決民族主義，民生主義的問題，必須應用私法民法」。這新民法的制定，可說使中國社會走上一次看不見的革命，也是先生對中國社會改革的一大貢獻。而在這期間的立法，奠立了法治基礎，對我國憲政的貢獻，自更足永垂不朽。

展堂先生任立法院長期間，真是備極辛勞，誠如林主席子超追悼胡先生時所說：「他在立法院長任內，自始至終，沒有一次開會不出席，他住在南京，中間也沒有一次離京他往。」而據當時立法院同人記述，先生除了特別出席其他會議外，每天上午八時，一定到院辨公，應由他主持的各種會議，都必親自主持，討論至為認真，往往竟日會議，由早到晚，先生都始終精神貫注。所以，他主持立法院期間能有如許成就，絕非偶然。

展堂先生畢生致力革命，努力國事，奔走呼號，冒險犯難，參與開國、討袁、護法、北伐各次革命戰役，其功固不可沒，而他對三民主義民主憲政思想的闡揚，和每次在革命政權建立，為推進民主憲政、實現三民主義所作的努力，亦有輝煌的成就與貢獻，尤其在民初任總統府秘書長時對民國政制法制的建立、在粵主政時對地方建設的推進，全國統一時對訓政綱領的頒行與五院制度的建立，在立法院任內對民主法治基礎的奠立，其貢獻都是非常偉大的，在先生百歲誕辰前夕，追懷這一位憲政人物，實使人有無限的景仰和懷念。

原載於《廣東文獻》八卷四期

革命聖人——朱執信

杜如明

遼陽易換卿難得，我亦逢人說項斯。定以文章憎命達，不徒清節畏人知。牛恩李怨寧多事，雁後花前恰有思。翹首與君共西望，有人飄泊海之涯。

懷執信——胡漢民（民國四年）

豈徒風誼兼師友，屢共艱虞識性情。關塞歸魂秋黯淡，河梁回首語分明。盜猶憎主誰之過，人盡思君死太輕。哀語追摹終不是，鑄金寧得似生平。

哭執信——胡漢民（民國九年）

國父生前曾經說過：「朱執信是革命的聖人」。又說：「其革命之熱情似英士，而學問過之」。所以當粵軍漳州回師，驅逐莫榮新及政學系殘餘力量，使其退出廣州，重以廣東作革命策源地的時間，國父自港返粵，曾非常傷感的說道：「桂系雖已驅除，但執信犧牲，我們付的代價太大了」。因為執信先生就是為這役，在虎門策反而殉國。

我家和朱家是世交，而且忝附蒹葭莩的遠親，他的叔丈（即他太太楊道儀的叔叔）是他老太爺棣垞先生臨終託孤的老師（名字忘記），他老師有一個兒子叫做楊用之（法政學堂畢業，以後當過書記官）是先君的好友，當我隨侍時，片片斷斷有關於朱先生生平，多少和現在史藉記載有些出入，用之又是執信先生的至親，而且是「師兄弟」，見聞或較確，所以本文除參酌史籍所記以後，略有補充。

一、家世

朱氏本來是浙江蕭山縣人，漢錢塘侯雋六十五世孫。他的祖父遊幕至粵不歸，遂籍番禺。他父親啟達先生，字跂惠、號棣垞，始終在粵，是番禺秀才。遊於同邑汪穀庵（田名瑔，字英生）之門，汪更以女妻之，即是執信先生的母親。汪穀庵是精衛的叔祖，所以執信先生一向叫精衛做四舅。棣垞先生繼父業，習刑幕，對於桐城派的古文辭造詣極深。廣東文徵作者小考敘他「深植厚溉，毓實黜華，為嶺南近代古文家」。不獨文章詩詞作的好，而且好古琴，精聲律，能以琴音辨人浮沉囂俗，陶邵學嘗謂其品行似元結，文章似陳善道，藝術似姜夔。但個性耿介，曾經入張之洞幕，張禮節稍疏，便留函責之，拂袖而報，執信先生曾致函弟妹亦有謂：「先人初無他貽，為此耿介之性，實賦諸我，倘靦顏苟活，豈不有忝於祖。」可以具見其一生狷介，不隨浮俗，甚至嫉惡若仇，實由於父親的影響。棣垞先生一九〇〇年病歿於廣州，年祇四十七歲。四壁蕭然，祇有遺書棣垞集四卷，外集三卷，琴說二卷，琴譜若干卷，和其他圖書法帖等，此外便一無所有。臨終以執信託於楊氏，而生活賴穀庵兒子莘伯，仲飛（即他的母舅）等照顧。所以莘伯題執信遺墨詞有：「回首卅年舊事，情誼幾如父子」之語，他原名大符，字執信，以後赴日，始以字行，丁父憂後，從岳父楊氏學刑幕，更利用父親的遺書自修。以後又從二母舅仲器習數學，為演算習題，常至深夜不睡。那時汪莘伯繼丁伯厚任教忠學堂校長，執信亦隨母舅入學肄業。

二、留日時期

一九〇四年（光緒三十年）他考取北京大學預科，那時岑春煊任兩廣總督，考選官紳子弟赴日留學，他也以第一名入選，因此捨棄北大預科，而和汪精衛、葉夏聲、陳融、古應芬、張樹枏、杜之杕、金章、莫鴻秋、胡漢民、姚禮修等一同東渡，入法政大學之速成法政科（兩年畢業），他主修是經濟學。

一九〇五年六月， 國父到日本，成立中國同盟會，第一次在東京赤坂區檜町，借黑龍會會所開會，到有十七省同志，廣東的由胡毅生率領，到有朱執信（那時仍名大符）、汪兆銘、李文範、張樹枏、古應芬、金章、杜之杕、姚禮修、張樹棠等。即席宣佈成立中國同盟會，公推 國父為總理，舉右手當天盟誓。這是他參加革命之始。七月中旬，又假赤坂區霞關子爵阪本金彌邸開第二次正式成立大會，通過會章，選舉幹事，分執行部、司法部、評議部，他和胡漢民、汪精衛，均任評議。

同盟會成立後，將「二十世紀之支那」月刊改為民報，於同年十月廿一日在東京牛込區新小川町二丁目八番地出版，標舉三民主義，他擔任撰述。於第一號發表「論滿洲雖欲立憲而不能」一文，繼又發表「論社會革命當與政治革命並行」，及「德意志社會革命家列傳」

等文。這時民報是和保皇黨的「新民叢報」唱對台戲的時間，他是民報前期的健將。

三、開國時期

一九〇七年夏，朱和陳融、杜之杕、葉夏聲、曹受坤等回國，那時廣東法政學堂是夏同和任監督，（即校長），貴州人，是清末狀元，聘任他們當教員，朱教經濟學，杜教比較憲法，陳教民法，葉教國際法，曹教刑法，他們都是以教書掩護革命工作，鄒魯，陳炯明，都是法政學生，由朱吸收加入同盟會。

朱眼光遠大，認為革命事業，不能單靠筆桿，一面聯絡巡防營和新軍（新軍由趙聲負責，巡防營由鄒魯負責），一面聯絡各地幫會、民軍。

一九〇八年十月，光緒和西太后同日殂逝。黨人在豪賢街朱宅會議決於十一月十四日謀在廣州舉義，以廣州花塔街之六榕寺，光塔街之清真寺，西瓜園十四號，興隆坊六號，馬鞍街之姚家祠，師古巷之古宅，府學東街之廖家祠，觀音山之觀音廟，八處作機關，計劃是由鄒魯聯絡之巡防營發難，趙聲以新軍應，朱以綠林應。巡防營由譚馥設立保亞會，以後因發保亞會票（即黨證）致事機敗露，為李準發覺，譚馥，葛謙，嚴國豐等先後殉國，這次舉義便胎死腹中。

一九一〇年，朱又與倪映典、鄒魯、張伯奮、姚壁樓、吳雨蒼等，運動陸軍速成學校（原陸軍中學）一二班（陳濟棠亦是該校學生由朱及鄧鏗吸收入黨），虎門講武堂畢業者充當巡防營官長畢業學兵營長任新軍頭目，以為革命基幹，朱及倪映典、方楚喬、莫紀彭，黃俠毅等設機關於廣州天慶里寄園，後遷至南關餘慶坊，高第街宜安里。又設機關於清水濠，朱及胡毅生運動南番各屬軍均已成熟，因械彈關係，擬俟標營開操後定期舉義，乃因舊曆除夕，新軍吳英元等在惠愛七約繡文堂為取圖章事與警兵衝突，倉卒發難，倪映典於元月三日馳至燕塘，率兵向廣州進發，至劉王廟遭清兵截擊，遂爾失敗，史稱庚戌新軍之役。

一九一一年三月由黃興所主持之攻督署之役，（俗稱黃花岡之役）事先決定選鋒，朱則另有任務。因改期事朱臨時至小東營黃興處，見已準備出發。這時朱正穿一截衣，（按截衣係長衣，不過上下兩截不同顏色，像長袍之上加馬褂）。有些同志譏笑他，說：「百無一用是書生」，穿長袍馬褂，怎能夠衝鋒陷陣去革命。他一聲不響，索剪刀，將長衣下截剪去，右手拿短鎗，左手持炸彈，臂纏白毛巾，隨隊出發，跟著黃興後面，藉著螺角號聲，直撲督署。攻入二門，與黃興，林文，李文甫，嚴驥等，搜索張鳴岐。遽料張從督署後牆，將腰帶作索，沿墜後樓房逸去。署內已空無一人，朱乃在房間，覓得一長衣替換，助黃興將火種置床架上而出。由黃興率方聲洞、羅仲霍、何克夫、李子奎、羅坤等十餘人，擬出大南門與巡防營會合接應。至雙門底與清兵遇，方聲洞中鎗殉難。十餘人遂走散。朱乃逕回法政學堂，至門外，始棄手鎗及白毛巾。清兵時紛紛搜索，見法政學堂門前有手鎗及黨人標誌之白毛巾，乃入內搜索。夏同和出面干涉，謂學堂絕無黨人。朱持書作閱讀狀，毛已微抖。清兵疑之。夏云此君有辮髮，係本學堂教習，我敢以狀元資格保證，清兵乃怏怏而退。按朱當在日留學時，同志有諷其剪去如豚尾之辮髮，朱不答，有欲行強者，朱以刀相拒，自此以後，床頭恆置一刀，有強迫者，輒以刀相持。斯役乃以一辮免於難。清兵既畏夏退出，夏即語朱曰：「大符，速走！朱猶掩飾，夏莞爾曰：「余久已知君為志士，何必假惺惺耶？」朱乃間道至學生林雲陔家，乘肩輿至西濠口，趁橫水渡赴河南，轉以沙艇趁河南輪赴港。（此節多採用楊用之丈口述，似較詳盡）。

辛亥革命成功，胡漢民任廣東都督，朱任總參議，復任計核院院長。（等於審計處。楊丈即在計核院任職）。勾稽預決算，絲毫不苟，洵足樹立廉明政治作風。

四、中華革命黨及討龍時期

癸酉二次革命失敗，這是革命的最低潮時期， 國父認定國民黨已變了質，是普通政黨而非革命政黨。袁世凱刺殺宋教仁以後，逆跡昭彰，但是許多黨人還是不能重振革命精神。所以在一九一四年（民國三年）組織中華革命黨。六月二十二日舉行總理選舉會，國父當選為總理。七月八日於東京築地精養軒開成立會，九月一日發表成立宣言。頒佈黨章。並創刊民國雜誌。這個時期，許多革命同志意見和 國父相左，如黃興等便跑到美國去，李烈鈞、陳炯明、楊文蔚到南洋去。當時以全力支持者只有胡漢民、陳其美、朱執信、鄧鏗等。邵元沖紀敘中華革命黨略史說道：「胡漢民、朱執信、廖仲愷、許崇智、鄧鏗、居正、田桐、蔡濟民等一班同志，協力來幫助總理組織中華革命黨」。朱並擔任民國雜誌的撰述。（總編輯是胡漢民，經理是居正，編撰朱氏以外尚有戴季陶、廖仲愷、邵元沖、蘇曼殊等）朱氏事後並撰有「中華革命黨起義之經過」一文。

「袁氏解散國會以後，始有中華革命黨發生。當時實以逆察袁氏勢必稱帝，各省機（基）礎缺如，故各黨員不惜犧牲，潛入內地，遍為運動，前仆後繼，乃費數十萬，漸以擁護共和反對謀帝之義，灌輸於各省人民心中，而促以實行。其時屢集團隊，謀得根據，疊經起事，雖未得成；而人民反對袁氏之情，天下共知，袁氏能定中國之一語，不復為中外人士所信。袁氏圖帝之日，東南群起，中華革命軍實於二年來為之倡首，而不怠其準備，以致斯也。

至袁氏假託民意圖稱帝號，雖受勸告，仍以決無亂事誓諸友邦之前。當時雲南未起，各地闃如，陳英士先生以十餘萬之資，運動海軍，策畫陸上起事，始有肇和之役。當時氣勢，實足以寒袁氏之膽，振國民之氣，而以真正民意示外人。厥後雲南繼起，遂克有成，然推其本原，不得不祧自肇和，正猶武昌起義之前之有三月廿九之役也。中華革命軍實先護國軍而起，而以甚大之好影響與護國軍者也。

今更以廣東論，雲南既起以後，激戰數日，俾以全力防北江，西江，繼以決死之隊，攻襲肇慶，雖其事不成，而龍濟光益嚴於防守。又於黃麻涌戰，奪取清鄉行營，脅其軍艦，此攻彼襲，殆無虛日。龍氏之警備軍不能抽調，實緣於此。故西行之軍，數僅三千，當時其銳已抵剝隘。剝隘為雲南咽喉，倏忽不守，使無李協和將軍之東下，陸都督之獨立，雲南之事未可知也。而龍氏在廣東有兵五萬人，僅以三千往滇者，中華革命軍牽制之也。廣西獨立之後，莫擎宇獨立於汕頭，而中華革命軍支隊亦攻克汕頭，以為之應，又發難於雷州，南海，香山。而運動濟軍，使內搖動。龍氏獨立，實亦以軍隊之內搖為一原因。獨立之初，龍氏雖倡禍海珠，而不敢取消獨立。則民軍實脅之。岑西林設都司令部，所管軍隊，自李耀漢外，皆陸續調集，其時陸都督已移師入湘，而龍氏不敢生心者，前有廣西莫司令之軍拒之，後有中華革命軍特之，而陳競存之軍又活動於惠州方面故也。袁世凱死，中華革命軍宣佈解散，而龍氏負固啟釁，鄧仲元實提中華革命軍之一部份，控扼東路，絕其交通，龍氏窮蹙，始與李莫之軍停戰，鄧軍之力，亞於滇桂，而鄧軍亦中華革命軍之一也。都計中華革命軍在廣東人數萬七千餘人，自石湖而降，黃蔴桶，紫金洞，香山，樂從，佛山，石灣，江門，新寧，高州，雷州，北江，石龍等處，大小數十戰，而運動濟軍之費又在外，支持四五月，解散之日，不索公家一錢。蓋廣東全役，自始至末，所費數十萬元，一一皆由華僑籌助者也。

以長江下游論。肇和失敗以後，英士先生仍不屈，日孜孜以圖進取，遽有襲擊策電及強奪〇〇二役，宋亞藩以身殉之。陸上運動北兵，不止一次，雖未能發動，而袁世凱不得不留二師之兵於上海，以牽制英士先生及今副總統馮公。既而有江陰砲臺等役，雖仍歸挫敗，而袁氏卒亦不敢移上海一兵他用，使無英士先生督中華革命軍於上海，則袁氏至少可移一師以上之兵力於他方。當蜀、黔、湘、顎之間，戰事正殷之際，袁氏於彼方多此重兵，其結果何如，當為國民所能想見。夫袁氏之欲死英士先生，至出數十萬以購此凶徒，正以英士先生之能當彼一敵國故。而英士先生手所經營者，江蘇而外，浙、贛、皖、豫等地，皆有完密之布置。值浙省獨立，浙事遂停；而各亦以袁死罷兵。統計前後海軍及長江下游各省發動支持解散各費，過百萬元，亦未費政府一錢也。

以湘楚言。雲南起義之後，即有湖南兵變之役。當時雖云失敗，實足以動顎吏之心。自是以還，顎兵只自保治安，不復為袁敵滇，則中華革命軍為之也。湯氏據湘抗義，中華革命軍實與護國軍共同驅之。黨中志士以謀去湯死者至夥，卒使湯氏自去，不可謂民軍無功也。

以滇蜀言。滇地固為首難之區，然當唐公未發之前，聯結士卒，勉以反對帝制，皆中華革命黨人為之，董鴻勛實主其事，以此所費亦復數萬。而滇軍上下一致服從唐公命令，有進無退，皆中華革命黨所夙鼓勵者也。滇軍入蜀以後，盧師諦受中華革命軍委任，以鉅資特起一軍，為滇軍助，顯樹功名，眾所共知。

最後則山東之東北軍，於袁氏肘腋之間特起，承其空虛，使袁氏不得不割其大部分之兵力以自防，而南軍因之益振，其功尤著。而其舉事支持之費，皆由中華革命黨給之；至其解散費，則中華革命黨僅任一部，於是政府遂不得不出鉅資以為解散，觀此益可知他處解散之不易矣。

其他各省市置而未及發，或雖發而無顯著之事跡，姑不計論。即以上所列陳者論，可知二百餘萬之費，止為其一部分，尚有就地籌劃不在此二百萬之內者。試以岑都司令所部較之，當時都司有廣西之接替，有龍氏之撥餉，而李耀漢等所部皆就地自行設法，李協和所部費用，亦多出於地方，解散全由陸督軍擔任，然尚須借日人百萬，由政府擔任，另由政府撥與鉅款，數過百萬。顧吾人不得不謂岑都司令所用，皆極節約，二百餘萬之要求，為理之當然，不容訾議，以此例彼，當可釋然。」

編者按：本文係黨史會庫藏史料。原稿未署作者姓名，但細審墨跡，實為朱執信先生手筆，依內容事實推斷，當係民國五年所作。

又根據邵元沖所紀錄：中華革命黨進行方略，中華革命黨的總理就是革命軍大元帥，當時指派到各省負責軍事責任的同志，廣東方面是朱執信，鄧鏗。

朱氏奉國父指派回粵，主要的就是驅逐龍濟光。朱負責西南方面，並以策動各地綠林與鄧鏗在東北而策動的軍隊相呼應為主要任務。一九一四年十月下旬，惠州綠林首先發動，十一月十日，朱氏在佛山率領民軍起義，與龍軍激戰三日。一九一五（民國四年）朱氏又配合雲南起義，號召番禺南海，澳門廣九沿線綠林於一九一六年二月，分三路襲擊石井兵工廠及廣州。二月五日朱氏又親自潛入番禺石湖村指揮，與龍濟光的濟軍相持四日，斃其砲兵團長及營長。及袁氏逝世。中華革命軍結束，朱氏始赴上海。

一九一七年，國父在廣州組織法軍政府，朱氏又參加，一九一八年奉命赴日和頭山滿犬養毅等洽商，希日人勿助北洋軍閥。國父被桂系迫辭去大元帥赴津，朱亦追隨至滬，從事建國雜誌著述。

五、策動粵軍回粵及元門殉難

自從民國六年，　國父提出護法的主張率領海軍南來。省長朱慶瀾交出警衛軍中的二十營，改為省長親軍，而　國父於七月十三日，由海琛應瑞兩艦送到汕頭，隨即派朱氏等赴廣州。十七日　國父到穗，在黃埔登陸，未幾朱慶瀾因桂系排斥，也將省長親軍交陳炯明接統，自已離粵，由李耀漢接長省長。不久這親軍二十營也被桂系借援閩為名，逼去漳州。而廣東便完全落在桂系陸榮廷軍閥手中。延到民國九年，北方政局變化，漳州方面革命武力亦由二十營擴展到一百零八營，編為兩個軍，分由陳炯明許崇智分任軍長。　國父亟盼粵軍回粵，重新建立革命武力，六月廿九日派朱氏及廖仲愷到漳州促其反攻。因為朱氏和陳炯明有師生關係，廖氏和他也是惠州同鄉。但陳氏遲遲不決，朱氏及聯絡（鄧氏任陳炯明的參謀長兼第一師長）力促，八月十二日始在漳州公園誓師回粵，這是朱氏策動的結果。粵桂兩軍於八月十六日開始接觸，二十日便佔領汕頭，然後分兩路挺進，桂軍節節敗退。朱氏又奉命向虎門要塞策反，以響應粵軍回粵，又聯絡魏邦平李福林屆時響應。那時要塞司令是邱渭南，八月十六日致電粵督莫榮新：

「莫督軍鈞鑒，本日拂曉，忽聞威遠所屬各臺，連放空包砲四響，司令機即電詢該總臺長任憲，據聲稱，係上下機擋所發，並探沙角各臺，亦有浮動，立即分派步隊馳赴制止，並查拿為首之人，業已先逃。據各總臺長稱，連日因積欠月餉，各士兵嘖有煩言，因此不無有受黨人運動等語。司令曉以大義，各臺兵一律服從，除俟密查為首之犯，另行呈請辦理外，謹先電聞。司令邱渭南叩銑印」。

莫榮新於十八日急電陸榮庭：

「萬火急，武鳴陸老師鈞鑒。南寧譚督軍鑒，民密，虎門要塞，已受逆黨活動，昨曾樹旅開炮，逆跡昭著，邱渭南全失指揮能力，是夜派員馳諭，能否消弭，尚未得知，粵防吃緊，已達極點，請飭馬師長，陸旅長，趕速率領八營，兼程來粵，由三水搭車抵省，以救危急，而固根本。臨電急切，乞賜施行，榮新叩，巧午印。」

到九月六日，虎門正式宣佈獨立，朱正慶任務完成。不意降軍與黨人鄧鈞之部衝突，朱急赴調停，於九月廿一日抵達，被降軍包圍，朱高呼：「我是朱執信，你們不要鬧」。聲猶未畢，即已中彈殉國。年僅三十五歲。隨後十一月，粵軍克服廣州， 國父重抵穗垣，翌年五月五日就任非常大總統。朱氏奉葬在東門和黃花崗相鄰的山上。以後另建執信紀念學校，由他的夫人楊道儀任校長。國民政府定都南京後，又發行有紀念郵票一種，以作紀念。

原載《廣東文獻》二卷三期

鄒魯先生傳

張鏡影

公諱魯，字海濱。先世居閩長江，有應龍公者，宋憲宗時官資政學士，廉直有聲，鄉人廟祀之。元兵南下，舉族擁宋宗室走粵。宋亡，相誡不仕，故歷元明清無干祿者，遂為粵之大埔人。

公性鈍於記誦，敏於悟解。年十一，識夷夏之義。塾師張竹士命作「魯仲連義不帝秦」一文，援筆即曰：「秦西戎之國也，異類之人也。」師大驚曰：「此可致文字獄也，慎之。」暇喜繪事，嘗自畫梅。題：「自有非常奇骨格，愈經霜雪愈精神」句。竹士見之曰：「有此氣魄，第不免顛沛，然終之成也。」其革命思想與氣節，幼年已流露之矣。

年十九，讀於韓山書院，值興學堂，縣令多塞責，徒具虛名。乃與同里張煊，以鷹洋四板為辦學籌備資，得師竹士助，卒創立樂群中學。後至省，睹潮嘉子弟負笈廣州者眾，學堂不能容，向隅者徬徨逆旅，即以囊金百二十元創潮嘉師範以納之，粵人至今稱道弗衰。

當甲午中日之後，列強於中國劃定勢力圈，國人怵瓜分之禍，群謀救國，主張有二——國父之革命與康梁之維新是也。公以維新謀皮於虎，難成事。惟革命符其志，遂由南洋吉隆坡楊穆如介入尤烈所組之中和堂。中和堂者，興中會南洋之支會也。乙巳七月註籍同盟會。

戊申十月，清帝后相繼殂，人心浮動，與朱執信、趙聲姚碧樓密謀起義，眾推公主持防營先發難，執信以民軍應，聲以新軍應，設總機關於廣州清源巷。事將舉矣，防營嚴國豐因持有發票被捕，票者有如今之會員證也，事洩，嚴國豐葛謙死之。避香港，與胡漢民謀再舉。清吏知防營有票者眾，慮窮治激變，寢其事。旋返穗，陰結各縣民軍。庚戌正月倪映典欲以新軍舉事，被舉赴東江組民軍，甫集民軍於汕，乃新軍未及期而猝發。敗訊至，潛回，得其師丘滄海之庇，任廣東諮議局書記，並主講兩廣高等方言學堂。及庇倫會議設統籌部於香港，將大舉於廣州，由公創可報司宣傳。未幾，溫生才刺清將軍孚琦，為文盛贊其死。清吏摘文中「溫生才乎，汝何愚不可及也。乃在此多難發生之地，犧牲一生，作地理歷史上之紀念物。曾左彭胡何嘗非英雄，乃必步趨史徐後塵，濺血東門，始為英雄？」數語，斥為妄言，禁其發行。及三月二十九日之役，與策動新軍於嘉應會館。未及入城，邏者躡踪至，走香港，謀刺李準。準適為廣東水師提督，庚戌及三二九兩役，皆敗於其手也。陳敬岳林冠慈願任其事，籌貲壯其行，炸準，傷其足，準自是歛其狼鷙。

辛亥八月，武漢光復，廣東議響應，公任駐港籌軍實援應各江義師之責。東江之師與清軍相持不下，即募死士二百，槍如之，尅期馳援。而各江亦因公敦促，先後舉兵，廣東遂於九月十九日樹漢幟。然此時也，清廷猶集大軍拒武漢。公立組北伐軍，任兵站總監，與蘇浙淮軍會金陵。適　國父返國，當選臨時大總統。而清將張勳尚踞徐州，虎視南京。國父命北伐，多遲徊不進。公獨赴前線督師，聯浙淮軍攻克固鎮南宿州。張勳敗走，進佔徐州，北京震動。此一役也，促成清廷退位。及　國父辭臨時大總統。公即首請解散北伐粵軍，以明國父建國之誠，於此可知其純以大局為念，而不以個人得失為心，時年僅二十七歲耳。

初，胡漢民先生督粵，請長財政，卻之。至是，粵紙幣值貶十之五六，力請任官錢局總辦。允以幣值提高後卸去。於是嚴令各縣稅收拒收現金，使紙幣外流。省城則陰廣置兌換錢莊，提高其值。擠兌之風漸息，幣值逐漸漲與現洋相埒。辭之北京，任粵督代表。以計撓袁世凱授陳烱明督粵之命，而世凱藉陳傾胡之計不售矣。

二年春，國會正式成立，當選眾議院議員。此同盟會改組國民黨，國民黨籍議員占參眾兩院席位泰半數，世凱懼甚，知公有為而廣交遊也。陰命陸建章以鉅金四十萬賄之，使另組新黨，以孤國民黨之勢。公嚴詞拒之，且曰：「寄語當道，萬勿以國幣作人權利爭奪之資。」及宋教仁被刺案大白，內閣總理趙秉鈞實為承命主使者。趙不赴上海檢察廳應訊，公提索質之。世凱知國民黨之慊已也，亟欲向國內用兵，以除異己。進行五國大借款，未經國會通過，四月二十六日夜私簽約於匯豐銀行，公是夜具劾政府違法借款彈章，洋洋數千言，提出國會，揭之報端，舉國駭然。迨奧國秘密借款成，又彈劾全體國務員，秉鈞雖因此去職，而世凱愈急布置軍事。六月，突下令免國民黨籍贛皖粵三省都督職。於是有湖口討袁之舉。公預得捕訊，其廝役皆袁之間諜，卒以計免走上海。奉　國父命助陳烱明起兵援應長江，詎龍濟光自梧州東下，廣州燕塘兵變，烱明出奔，公避香港，密約廣東警察廳長陳景華於中秋襲濟光，事洩，景華及黔人孔陶安尹哲卿均死之。乃東渡日本，佐組中華革命黨，與胡漢民居正朱執信戴季陶諸先生共主民國雜誌筆政，以亞蘇筆名揭世凱帝制陰謀。逮歐戰暴發，世凱竟允日人提出之二十一條約，易其承認帝制。舉國憤慨，　國父知人心可用，分遣黨人赴海外籌款，策動革命。公於是有南洋之行。聞改元洪憲，遄歸香港，派羅侃亭李一球陳鉅海入汕頭，樹討伐之先聲。不幸致敗，侃亭等均以身殉。未幾，雲南起義，李烈鈞率護國軍由滇入桂，公與朱執信鄧鏗謀以民軍內應。負指揮水東北海責，迭遭挫敗，同志巫紹先劉雲鵬歐陽華喪其元。

　　五年五月，世凱羞憤死。黎元洪以副總統繼位。八月，國會重開，國民黨藉議員集於北京張宅，有主張擁岑春煊為領袖者數人，公厲聲曰：「本黨自有領袖，何須認他人作父。且廣東此次起義，敗於岑之陰謀，其何以慰死者於地下？」議者語塞。然此數人即另結合而衍為後日之政系學者。時張勳踞徐州，密謀不軌，人皆懾其威而莫敢言，公獨提案請嚴治之。勳揚言將不利於公，公泰然安之，未嘗有戒意。而段祺瑞主閣袒勳，遂提十大質問書，段無以辯，既而假參戰為名，向日借款擴軍，將以實現武力統一之迷夢。國會知其用心，不直其議，公斥之尤力。段嗾使流丐充公民團圍國會，欲脅其通過，議員退席者多被毆辱。公於段蒞會說明時，厲聲質之，曰：「汝秉國之鈞，拳流丐為爪牙，威刦國會，是賊人也，賊則人得而擊之。」言已，以杖直前叩段。議員群起和之曰：「擊殺此獠！」紛擲筆硯如雨下，段抱頭自後門竄去。假督軍團脅黎解散國會。黎免段職，張勳乘機以調人入京，擁廢帝溥儀復辟。段舉逐之，自復其職，目無約法。六年七月，　國父率海軍南下護法，非常國會集廣州，組軍政府，舉　國父為大元帥。時莫擎宇受段指使，據潮梅叛。公奉命任潮梅軍總司令討之。率第一支隊司令金國治由興寧進兵，迭破之於鐵橋藍關五華，潮梅指日可定。兩廣巡閱使陸榮廷陰謀尼之，密使桂軍沈鴻英誘殺金國治。改編其部伍，削護法軍力。公通電斥陸。陸尋勾結政學會議員議改軍政府大元帥制為七總裁制。公與林森居正焦易堂諸先生力爭，卒未能阻其議，遂隨　國父赴上海。

九年秋。　國父命粵軍自閩回師討陸系軍，公奉命起義勇軍於東江，有眾三萬餘人，擾其側背，故粵軍得以破竹之勢，規復全粵。國父返穗，任公兩廣鹽運使。年餘弊絕，課入倍增。軍府度支，賴以不匱。

十年四月，參眾兩院聯席議決組正式政府，舉　國父為大總統。議北伐，決先援桂，以除肘腋之患，問計於公。公曰：「陸系師長劉震寰，黨中老同志也。已預有密約，如攻桂，彼由內應，不難指日下也。」即派范其務秘至梧州告震寰。六月，粵軍西上，震寰驟起應之，陸系軍瓦解。七月十九日榮廷遁走越南，八桂底定。　國父督師桂林北伐，陳炯明陰尼之。命公開諭，不聽。人心浮動，　國父令改道韶關出師，自回廣州鎮攝。十一年六月十六日，炯明叛，惡公悉以鹽款資北伐，誘公至白雲山，欲囚之，因與廣西省長馬君武同行得免，誠險矣。

方是時也，奉軍敗，徐世昌下野，直系擁黎元洪復位。八月一日開國會於北京。其未南下參加護法之議員，主張繼續民國六年國會，意在否認非常國會。公與謝持刀闢其議，堅持繼續民八以維法統。於是國會有民六民八之事。公先後撰「國會本身法律商榷書」二篇，闡明依法應繼民八之義，言民六者始語塞。公此來也，名為出席國會，陰實推進黨務，北方青年受其感召而入黨者眾。蓋自二次革命後，北方黨務摧殘，至是復蘇，其後北方革命運動之興起，此實與有關焉。

冬，國父召至滬，任大總統特派員，主持討逆，瀕行， 國父問曰：「幾時可成事？」對曰：「一月籌款，一月進行。」 國父笑曰：「勿乃匆促乎？」曰：「足矣。」南下，設機關於香港，遣人如桂，以大總統名義命劉震寰為桂軍總司令，楊希閔為滇軍總司令，楊希閔者，滇軍不容於唐繼堯而率部退桂也。於是滇桂兩軍自梧州夾江東下，粵軍陳濟棠莫雄則約併退至封川下游，反戈響應。廣州附近則魏邦平、朱卓文、陳策、譚啟秀、周之貞、胡文燦、徐維揚、梅萼、方瑞麟籌異軍突起，楚歌四合，陳逆倉皇遁走東江。十二年一月十五日，克復廣州，為時未逾兩月也。 國父因駐滬統籌大局，未能即至，命公與胡漢民、李烈鈞、許崇智魏邦平諸先生全權代行大總統職權。廿六日沈鴻英乘滇軍楊如軒旅部開江防會議之機會欲殺公與漢民，滇軍悟其奸，以兵護公及漢民先生走，得未及難，陳策踰垣傷足。蓋沈欲殺公與胡、陳，使滇軍無以自解於 國父，聽其挾之北降，且以紓陳逆之困也。

國父返粵，命胡漢民先生為廣東省長，公長財政，其時駐軍多截留稅收，僅震寰明大義而又與公交深，獨交出，滇軍則擅截留如故。雖軍需孔亟，卒賴籌措，未呼庚癸，政費亦能按月支給，無復聞枵腹從公之怨聲也。尋命兼長國立廣東高等師範。冬，又奉命併國立廣東高師，廣東法政大學，廣東農業專門學校為國立廣東大學。十三年夏成立，公為校長。國父尤重視廣大，不僅為國家培育人才，並須為黨訓練幹部，故自十三年一月二十七日始，每週必蒞校講三民主義，其講稿由公校讀，琢磨字句，必至文理無瑕，始簽請為定本。其第一第二信正稿公處，廿七年日機炸其寓所，燬之，良可惜也。公暇必巡視教室，故生無廢讀，師無怠教。而於安南臺灣朝鮮及苗黎子弟，尤廣招致，供其膏火，其播革命之旨遠矣。

國民黨改組，任中央執行委員會常務委員。奉命兼青年部長。其時共產黨員以個人身份加入國民黨，願為革命致力。第陰仍在青年中滲入新學生社，爭取青年。公密令各校員生成立黨團，另由學生組民社民權社。而民社不限於學生，深入農工，以是共產黨不得逞於青年。國父北上疾發。由粵赴京侍疾，簽證國父遺囑。時蘇聯大使加拉罕請旅京國民黨中央委員吳敬恒于右任戴傳賢諸先生及公會於其使館。介與偽庫倫政府某外交部長相見。請承認庫倫政府。並謂：「此係根據孫中山先生民族自決之議。」公不待畢其詞，起而斥之曰：「吾黨總理確有民族自決之訓，但民族自決，旨在使中華民族團結而自立，非予人以分割中華民國領土，尤非民族自決之後，將中國土地併入他國也。」言已，拂袖而出。戴謂公曰：「微公，吾儕為俘矣。然吾儕自此識蘇俄之真面目，而蘇俄亦知吾黨非易與者。」

初國民黨之聘共產黨鮑羅廷為顧問也。國父在日，未敢為祟。及逝世後，結汪精衛以固其勢，逕以政治會議決定國民政府組織人選，弗經中央執行委員會之決議，公斥為非法。鮑深惡之。會廖仲凱遇刺，鮑逕請捕公。今總裁蔣公語鮑曰：「事無佐證，何能擅逮？」鮑曰：

「政治鬪爭，異己者除，何須佐證。」卒拒之。而鮑亟欲去公，乘五卅慘案起。授意汪於中央執行會推公與林森北巨宣傳，意在假黃祖以賊彌衡也。

十四年十一月十二日，公與執委林森居正覃振謝持石青陽石瑛戴傳賢邵元沖沈定一葉執倉茅祖權監委吳稚暉張繼諸先生集於北平西山國父靈前舉行第一屆第四全會，即世所稱西山會議也。預備會時，吳稚暉先生任主席，正式會議時，僅戴傳賢邵元沖兩先生未蒞耳。通過解雇鮑羅廷，開除汪精衛與共產黨派李大釗、林祖涵、譚平山、于樹德、毛澤東黨籍，取消政治委員會。樹反共之先聲。及南京武漢相繼清黨，汪精衛力主張成立中央特別委員會，團結黨內同志，既而有竊議西山派把持特別委員會者，汪亦突謂特別會為不合法。公遂與居正林森諸先生離南京，以示純係為黨，個人犧牲在所不惜。

十七年一月十四日，環遊世界，十二月歸，息影申江，著二十九國遊記，紀各國名勝，尤詳各國政治經濟教育與乎興衰之探索，附以評論。復繼續完成中國國民黨史稿。先是，民國七年，公與朱執信先生痛「三二九」烈士之英烈，將年遠湮而不彰，相與蒐集史料，詎執信死虎門之難。公遂亟成「黃花崗革命史實」一書，以志悼念。國父序其簡端。曾於十二年梓行。十三年重編三月二十九日革命史，於殉難諸烈士之姓名年籍，尤證精覆。考國父知公具良史才，命編纂「中國國民黨史」將其所存史料悉授之。公即向海內外廣徵資料，所積綦多，草創三年，而黨事奔馳，時作時輟，至是，杜門成書，十八年二月付梓。初名「中國國民黨史料，胡漢民先生親為校閱，引萬季野明史稿之義，為更名曰「中國國民黨史稿」。

國民黨自興中會迄國父北上逝世，有系統紀載之史自此始。

十八年秋，卜居日本箱根之強羅，有以肥遯責之者，公以櫻桃汁調色畫菊題詩見志曰：「摘取櫻桃作紫紅，染成秋菊付飛鴻：好將心事傳將去，猶是稜稜傲骨躬。」

十九年六月，北平成立擴大會議，公經朝鮮，歷東北赴會，力主黨權歸諸全黨，政權還之全民。東北軍突入關，會議選太原，公日夜完成約法草案，即當日北方各報所載之太原約法也。

二十年春，返粵。夏，北上天津，土肥原以甘言餂公，公斥之曰：「汝欲擁余逐張，汝視余如何人也。我國稍有知識者，決不甘為傀儡以出賣國家，況余革命者乎？張學良為我國官吏，政府自有權任免，其行為如何，政治如何，皆我國內部事，何勞異國過問？至東北首長，更無需君擁護？」土肥原知不可動，慚去。公自是知日本將有事於東北矣。二十年冬，和平會議開於上海，公為粵方代表之一，和平會議者，當「九一八」國難時，國民黨內謀團結之會議也。會後舉行第四屆第一中全會。立法院院長胡漢民先生不欲居京，眾推公副之，欲其在京代行，堅辭。舉覃振先生以代。惟任國民政府委員會及西南政務委員常務委員。中央以國立中山大學為公手創，數年來尠有擴展，仍請公長之。其時西南黨政事宜，胡漢民先生在港，鄧澤如蕭佛成兩先生年事已高，遂叢集公身，然御事井然，大計無廢，尤銳意振飭中山大學，正校風，擇教授，置圖書，實院系，籌鉅款，篳路藍縷，大啟石牌校舍。而院所各抱地勢，曲磴回廊，花竹掩映，幽靜宜人。成為國內最完備學府。意國公使及英德法領事與香港大學監督並亞歷山大學會代表，先後競來參觀，莫不譽為盡美盡善，紛請交換教授及保送學生。其見重於國際也如此。

公自「九一八」「一二八」後，疑中央無禦侮決心。憐於包桑之危，毅然以西南為抗日中心，其平夙談話講演，無不以此為旨歸。對中央每有微詞。及二十四年春，土肥原游說西南，由其語中，得悉中央積極準備抗日計劃。未幾，日議員訪澳團經香港，於千歲館發表談話，頗譏中央不能與日共同防俄。遂憬然悟向者之誤解中央，即赴港與漢民先生言，往者已矣，今後應與中央推誠合作，以赴國難。是年十一月，中央召開五全大會，戴傳賢，馬超俊兩先生至西南執行部出席，眾猶猶豫。公獨起曰：「國難已至嚴重時期，尚不急謀團結，豈革命救國者之態度耶？今中央既從事抗日準備，實現西南主張，不出席，其將何辭以自解而見諒於國人？」眾為動容，從其議，卒使五全會於精誠合作氛圍中進行。中央欲公任考試院院長，迭命孔祥熙、葉楚傖先生徵其意，公曰：「此之來也，力排眾議，若任是職，則人將謂我為爭權而來，與出席之本旨相背矣。」堅辭。其時五院院長名單已擬定，各報紛出號外，定日舉行選舉，因公拒任，臨時宣告延期一日，幾經商洽，公僅允任中央常委及國府委員，然因此而西南亦有不諒者。二十五年春，胡漢民先生自海外歸香港，中央命居正、葉楚傖兩先生敦促如京，漢民先生因故不能北上。日人認為有機可乘，松井即繼土肥原至西南，旨在慫恿抗拒中央。初，土肥原之謁公也。稱臨行曾覲日皇請訓，以示其來之鄭重，謂南京無誠意，願借款械與西南合作，共同防俄防共。公告之曰：「余反共最早而又最堅決不渝者，如日本誠意與中國合作反共防俄，應即還我東北，否則無合作之可言也。」土肥原無詞而退。及松井來見，告之曰：「日本之於我國，口蜜腹劍，侵略多方，於黃河流域則用搶，長江流域則用嚇，珠江流域則用騙，余如見其肺肝然，縱有如簧之舌，終不足以搖西南之人心也。」松井臨行請與中山大學交換教授。公曰：「余夙不信君懷有善意也」。翌日，將與松井談話約錄揭之報端，松井見之，語人曰：「鄒魯在西南，吾計不售矣。」

夏五月十五日，胡漢民先生逝世，展奠三日，公於開弔次日，乘人不注意之餘，潛赴香港，藉故出席世界大學會議及德國海德堡大學五百五十週年紀念會，遺書西南政委會及執行部，略謂「國難當前，應捐成見，服從中央決定，鞏固黨國，增強禦侮力量。若假抗日之名，陰作顛覆中央之計，內戰既開，兵連禍結，轉為日人所乘。坐收漁人之利，瞻念來日，心痛難勝。至盼以國家為重，立遏是議，國家幸甚，民族幸甚。」蓋雅不欲眼見分裂，身陷漩渦，背其團結抗日之主張也。公於世界大學會議上提出改革教育哲學，應以仁愛為基礎，以謀勝殘去殺，而維世界之和平，各國代表一致贊許，交大會指定研究委員，擬具體辦法。而海德堡大學授公法學博士，以病不克與英倫世界教育會議，返國，適西安事變，舉國惶惶，情殷急難，扶病如京。旋張楊悔悟，事已。返粵，道出廬山，今總裁問曰：「何時來京？」應之曰：「抗日事起」。總裁曰：「恐為期不遠矣」。七七事變，公即如京，隨國府遷渝。二十七年出席武昌中全會，南下廣州，知日軍必襲廣州，南北夾擊我國，議遷中山大學，以策安全。教育當局吝其遷移費，日兵由大鵬灣登陸，廣州不十日陷，倉皇點校，圖書儀器損失甚鉅，常引為憾。

當武漢撤退，人心危疑。公暢遊青城成都，覆痕遍諸名勝，所至為詩紀之，其遊蓉武侯祠詩，尤膾炙人口。詞曰：「門額大書昭烈廟，世人都道武侯祠；由來名位輸勳業，丞相功高百代思。」廿八年，卜居巴縣白鶴鄉，距陪都五十里許，清溪環繞，流水潺潺，四圍田疇，綠蕪如裀。公種瓜於園，種蓮於塘，縱羊於野，泛鴨於溪，儼然世外桃源。公自書聯懸於堂曰：「廟堂非高，江湖非遠。圖書滿架，瓜果滿園。」另榜聯於門曰：「宅邊有竹未有柳，門前種瓜兼種蓮。」於此足見公襟懷之恬淡也。

及國防最高委員會成立任常務委員。五中全會時，有以「徵黨員應以何種階級為對象」而問者，公於聯合紀念週上講「吾黨一以貫之」，闡述本黨目的，在天下為公，即今術語之全民政治，徵求黨員，應以全民中之服膺本黨主義，願為國民革命者為對象，絕非徵求黨員於某階級中也。

旋日德義三國締軍事同盟，形成侵略與反侵略陣線之世界大戰情勢。公回憶舊遊二十九國，陷於烽火，因著「舊遊新感」一書，論斷德、義、日必自取滅亡。其時德義日勢正囂張，卒皆如公言不爽也。

三十一年十中全會，提「戰後和平原則，以奠定世界永久和平案」。其中於戰後應注意者。厥惟消滅戰勝戰敗觀念，和平不應有地域之區分，各民族間不應有岐視之心理，經濟政治應以謀全人類生活水準之普遍提高，袪黷武之軍國教育，而代之以仁愛互助教育數端，皆謀國際永久和平之灼見也。十二中全會時，公鑒於聯合國勝利將屆，首提召集國民大會，實施憲政，以還政於民，復鑒於戰禍酷烈，其原因在人類知識不平等，為建國計，非積極提高全國國民知識水準不為功，因提「全國國民應免費受高等教育案」。及世界教育會議開會時，公撰「教育與和平」一文，譯為英語廣播，並分致各代表，極受重視。

三十四年二月，羅丘史會於黑海雅爾達處分波蘭，與昔俄普奧處分波蘭如出一轍，有乖國際間之道德及法律，公憤不平。曰：是將復種亂因矣。及悉涉及東亞及中國問題在內，公為文斥其犧牲弱國，以謀妥協，何正義之有？時吳國楨任宣傳部長，以密約未宣布，恐公文影響邦交，一再請緩發表。公遂於所著回顧錄第二冊中痛責雅爾達會議之不當。及三十五年二日雅爾達密約宣布時，公即撰「自雅爾達會議密約發表後之意見」一文，忠告英美蘇，勿在樽俎上處分非侵略及反侵略之盟國。一切締約，須遵國際法定程序，以正義人道公平為準則，否則，和平終不可恃。此文甫揭，掀起國內輿論上之共鳴，群起作嚴正之批評。

及制憲國民代表大會前夕，共黨代表無誠意履行協商所訂條件，公因與民青兩黨主持人有舊，斡旋其中，卒破共黨聯合陣線國民大會之如期開幕，公與有力焉。

行憲後，公當選監察院監察委員，當于右任先生副總統落選時，公即函上於總統蔣公，請黨提名于先生為監察院長候選人。公與居正遲遲報到，及院長選出後，始出席焉。自南京陷後，共軍大舉南下，公力主守廣州。十月九日，共軍進逼曲江，廣州秩序大亂，公備毒藥於身，願以身殉羊城。其夫人趙淑嘉勸之曰：「君黨國元老，與國共存亡則可，廣州則君無守土責，焉用殉？蔣公在臺謀復國，應留此身前往佐之，斯為義耳。」扶之登車去。總裁聞公脫險至香港，命人為公備寓所於臺北，公即乘輪至。三十九年本黨改造，公任中央評議委員。時中共在大陸藉民生主義即共產主義，大肆宣傳，騙惑兆億。公為「斥新舊三民主義謬說」文長萬言，歷敘國父講述三民主義經過證明總理所言之共產主義，乃各盡所能，各取所需之崇高民主政治社會，非馬列史毛幫之所標榜之無產階級專政，實為奴役全人類之暴戾主義，揭載海內外報刊。誠本黨之一重要文獻也。

四十二年春，右手忽痲木不仁，兩足亦屈伸不從意，醫囑靜養，公雖養疴陽明山，然心不忘著述，遇各種紀念日，輒應各報之請撰文以勵國人，故身雖靜而心不靜，以此纏綿，不愈不劇。四十三年二月八日（農歷正月六日）為公秩壽慶，總統蔣公親蒞寓祝嘏，故舊連日設宴公寓，公素患高血壓，興奮過度，十二日破曉，腦溢血，群醫束手，昏迷逾兩日，以十三日戌時卒於臺北浦城街寓所。享年七十，葬於天目山之陽，鏡影隨公有年，知其行誼較詳，據實為傳。敬為贊曰：

公秉乾之剛，備恒之德：履謙之吉，明漸之義；故能畢生革命，開國翼國；事識機先，憶合符節。而其襟懷亢朗，不尤不忒；全大捐細，與國休戚。乃數奇亢龍，雖尊居黨國元老，然貴而無位，謨未盡顯，豈非天哉！

原載於《廣東文獻》一卷二期

鄒魯先生對教育的偉大貢獻

——為紀念海濱先生百齡冥誕而作

鄭彥棻

一、

鄒魯海濱先生是我最崇敬的校長。他在我大學時期，啟迪我的革命思想，輔導我信仰三民主義，介紹我參加中國國民黨。當我在高師畢業後，留我在附小任訓導主任，並選派我赴日本考察教育，赴法國深造；在我供職國際聯盟時，邀我回校主持中山大學法學院；當我為黨國服務期間，經常賜予教誨和指導。師恩深重，使我終生難忘。民國三十九年，海濱先生來台後，我和他同住在台北浦城街，每逢假日，輒趨候聆教，使我感受更深。

海濱先生生於清光緒十一年農曆正月初六（西元一八八五年二月廿日），今年國曆二月七日，是他的百齡冥誕。在他百齡冥誕的前夕，回憶他生前服務黨國的往事，又湧現心頭。他的勳業文章，及其對黨國的貢獻，永垂史冊，用不著我多說。現在僅將其興辦學校，培育革命青年及其對教育的特識和遠見，就個人的瞭解和體認，略加敘述，藉表虔誠的追思，並供從事教育的參考。

二、

海濱先生是民國十三年本黨改組後的第一任青年部長。他之所以被任這一個職務，和出任以前所以被　國父任命為國立廣東高等師範學校校長，與其後出任國立廣東大學校長的原因，在他的手著「回憶錄」中可見一斑。這是因為國父知道他很留心青年問題，對教育方面也很有見解，而且有辦學的經驗，所以就將作育青年和進一步把青年與本黨結合起來的大責重任，放在他的肩上。海濱先生何以能承擔這樣的大責任呢？除了因受國父人格的感召、主義的薰陶外，還要歸根於他幼年和青年時期所受的教育。

海濱先生是廣東省大埔縣人，父名應淼，母親木氏。大埔縣城裏，姓鄒的祇有海濱先生一家，由於長兄早夭，除了父母，沒有伯叔諸姑，沒有兄弟姊妹，可說是「門衰祚薄，煢煢子立」。惟其家庭貧苦，父母對他更格外鍾愛，教以灑掃應對，處理家中雜物，使他體會到慈愛的真諦，養成刻苦耐勞獨立奮鬥的精神。

海濱先生的父親，稟性忠厚，內行純摯，常勗勉他立志讀書，為人處事之道。他的母親，性情和藹，勤儉持家，常攜他到孔廟遊玩，講些聖賢豪傑的故事，啟發他讀書敦品，見賢思齊。他八歲入塾啟蒙，勤讀不輟，三年讀完四書，兼及古文，時文和千家詩。十一歲至十四歲，承塾師彭祖佩循循善誘，讀完了詩經、易經、禮記和唐詩，並已學會作古文。後又從饒史庭師聽講春秋、左傳。十五歲，因自覺天資魯鈍，改名曰「魯」。饒師問他是不是以孔子自況，他惶恐答道：「某何敢以孔子自況，因為天資魯鈍，從實取名，所以名魯」。饒師喜道：「很好！『參也魯』，我雖不是孔子，卻期望你做曾參」。可見饒師對他的厚望。

海濱先生十六歲的秋天，他母親因久病失調，溘然長逝，為了報答親恩，益發憤苦讀。十七歲，又從張竹士師聽講周禮、史書及經世之文，自己看完通鑑易知錄，資治通鑑及鳳州通鑑。後來又瀏覽史記、漢書、老子、莊子、墨子、孫子及文選等書。十七歲的冬天，往潮州韓山書院讀書，離家較遠，經濟更為困窘，「焚膏繼晷，兀兀窮年」，正是海濱先生那時生活的寫照；但也奠定了他深厚的學問基礎。

海濱先生十九歲那年，往大埔縣新創辦的新式學堂讀書，課程除算學、英文外，與私塾館無異，甚表不滿，在作文中偶加批評，被教師斥責說：「你說這學校不好，你有本事辦一個好的給我看」。他受責之後，便決心和同學張煊倡辦學堂。鄉人聽說兩個年輕人要辦學校，都表示驚異，但海濱先生卻不顧一切，努力以赴。結果：得到一個舊同學的哥哥捐了四塊大洋作開辦費，又得到各方支持幫助，終於創辦了樂群中學；在翌年春季開學時，還附設了一個小學。許多同學受了他的影響，都各回本鄉辦學，竟前後一共創辦了二十七個小學。

海濱先生在初試辦學成功之後，他自己卻去另一同學在家鄉所辦的樂群小學任教，一年後，雖然學校和學生家長都挽留他繼續任教，他自己深覺學識不足，卻決心深造，負笈廣州，原想投考師範學堂，不料當時卻沒有師範學堂可考，祇澳門有一所師範學堂，卻又辦得很糟。於是海濱先生又立志在廣州倡辦師範學堂，他自己說：「說來也許可笑，我是一個小縣生長的人，廣州是一個初遊的省城。人地生疏，毫無憑藉，竟倡議辦師範學堂，談何容易？」。但是他絕不氣餒，本著滿腔熱誠和勇氣，四處奔走，請求人幫忙。首先把他自己從家中帶來準備作一年讀書和生活費用的一百二十多塊大洋作開辦費。經過一個多月的努力，終於創辦了潮嘉師範學堂，以便利潮州到廣州投考師範的學生就讀。在辦學期間，還於晚間到理化研究所上課。不久考入廣州法政學堂，於民國前四年畢業。他一面讀書，一面興學，艱苦備至，這種興學創業精神，粵人至今稱道弗衰。

海濱先生曾回憶說：「自從四塊錢辦成了樂群中學，一百多塊創立了潮嘉師範，我真覺得世上並無難事。而拿破崙所說他的字典沒有『難』字，的確不是誇言，只要認定目標，埋頭苦幹，沒有不成功的道理。」我覺得海濱先生興學的成功，可媲美於山東乞丐武訓。這固然是勇氣和毅力過人，更重要的還是由於他自幼深切感受讀書的艱難，聯想到別人，興起對教育的那一份狂熱和執著，才能使他衝破一切困難而有志竟成。

三、

海濱先生於民國十三年接受國父交付培育及輔導革命青年的重任，長期致力於青年和教育工作。首先在廣東高等師範學校校長任內，努力使大量的青年學生樂於接受革命的薰陶、為國發掘人才，替革命增加新的血液，使能擔負時代的任務。其後，創辦廣東大學，建立西南最高等的基礎，使其成為當時國民革命策源地的廣東青年運動中心。另成立平民教育委員會，在廣州市普設教場達二十餘所。稍後，更在中山大學附近十鄉村創立鄉村服務實驗區，培育一般社會青年，使能自立自強，以充實國家人力資源。

海濱先生不特對國內青年，勤於培植，尤其對於海南島和粵北地區文化較為落後的黎、苗、傜等族青年，早已擬訂優待辦法，鼓勵他們入校求學。而且為造就海外青年幹部，更盡量便利海外華僑青年回國升學。據該校校刊所載，民國二十四年統計資料，中山大學暨附屬中小學校的僑生，就有一千四百五十七人。他們來自海外在自由祖國就讀的僑生，其地區的普遍，人數的眾多，可謂先後輝映。

最值得稱頌的是海濱先生對於備受壓迫的弱小民族，像那時還未獲獨立自由的韓國、越南及尚未歸還祖國懷抱的台灣青年學生等，莫不予以優待，由學校供應費用。這種遠大的眼光，實不愧為一個具有崇高理想，實踐三民主義的教育家。

民國十四年，海濱先生已離粵北上，由於法國里昂中法大學保有國立廣東大學海外部的留學生名額，須待補充，海濱先生在滬拍電回粵，建議學校，選派教授一人，男女同學十一人，前往法國深造，我也是被選派之一員。當我們一行出國北上辦理出國手續之時，在滬晉謁海濱先生，他非常高興，還和我們一起到杭州，盤桓了幾天。臨別又贈詩寄意，並囑各帶三民主義大字本一套（共三本），隨時研讀。他那教育後進，扶掖後進，鼓勵後進的熱忱，真令人深為感奮。

海濱先生自接長高師以後，就住在學校，每天清晨，在大操場策馬或散步，日間並不時留心授課情形。因此，海濱先生經常和在校的同學多所接觸，不特同學有事請謁，他都隨時接見；而且也常常約見同學。我在校期間便和其他同學一樣，不時給海濱先生約談。他為人和藹，晤對之際，往往從日常生活，談到學業和思想。學生有所陳述，他都專心靜聽，使人如坐春風。他約見學生時，除談話之外，也往往賜贈一些有關革命主義和本黨先進的著作，給同學們閱讀。到了適當的時候，他就分別徵詢同學對中國國民黨的意見，必要時便親自介紹入黨，我便是在民國十二年，由海濱先生介紹入黨的。他這種循循善誘為黨國培育青年的熱誠，使我畢生難忘。

海濱先生除個別指導青年外，在公眾場合所發表指導青年的言論，「澄廬文選」中所留下的講詞，即有「大學生與中學生」、「學生與學校」、「學生與生活」、「大學生與國家」、「研究學問的精神」、「團體生活」、「我的讀書處世談」、「大學畢業須到民間去改造社會」等八篇之多。當然，實際上並不祇此數。海濱先生每當學校新生入學或舉行畢業典禮及其他適當時機，都常親自講話。關於讀書和研究學問，他說：「總理說過，『要做大事業的人，尤其是革命黨，不可不讀書』。常人不讀書，祇是害己；而做大事業的及要做革命的，不讀書則害了國家社會。」「研究學問的方法，已不僅著重知識的搬輸，而在於搬輸後的實證工作。這不但理、工、農各科如是，其他如社會科學的研究，也要做種種調查和實踐的工作，使得明白社會上真實的情況。」「大學要注意理論與實踐相互貫串，必須將理論與實際聯結起來。在理論方面去認識實際，而更須在實際方面去反證理論。」關於做人和立志，他說：「總理曾說過：『革命的基礎，須從革心做起』，何謂革心？這毫無疑義的是作「心理建設」，要大家革除「自私心」「懦怯」、「頑固的思想」和「缺乏自信心」的缺點」。「要改造思想，最先應把『各家自掃門前雪，莫管他人瓦上霜』的傳統腐敗思想去掉，其次要恢復『殺身成仁，捨身取義』和『至大至剛』以及『智、仁、勇』等等的德性」。諸如上述的嘉言，不勝枚舉、苦口婆心語重心長，所以海濱先生實在是一位循循善誘，誨人不倦的青年導師。

四、

關於海濱先生青年時期在其家鄉辦的樂群中學，及在廣州所辦的潮嘉師範學堂，上面已有敘述。至於他對教育的特殊貢獻，我曾在東大書局經銷的「師友風義」一書中，有比較詳細的敘述，現僅將其事績簡述如下：

民國十二年春，　國父在平定陳炯明之亂後，回到廣東積極整理政治、軍事及教育。先將廣東高等師範學校改為國立高等師範學校，並任命海濱先生出任校長，賦予整理教育責任。翌年春，廣東局勢稍定。　國父決心將革命事業從頭做起，一面改組中國國民黨，重建革命組織；一面創建黃埔軍校和廣東大學，培養文武革命幹部。並派總裁蔣公籌辦黃埔軍校，派海濱先生將當時廣東的三所專科學校——國立高等師範學校、廣東公立法科大學及廣東公立農業專門學校合併創辦國立廣東大學，以海濱先生為籌備主任。

民國十三年六月，廣大籌備工作告一段落， 國父乃正式任命海濱先生為國立廣東大學校長。廣大分設預科及本科，本科則分文、理、法、農、工五科，還附設初級師範、附屬中學、附屬小學及幼稚園，學生二千五百餘人，來自全國各地。

民國十四年，總理逝世，為了紀念總理，國立廣東大學改名為國立中山大學。海濱先生旋因反共被鮑羅廷等排擠離粵北上，直至民國廿一年二月重任校長，乃將理工學院分為理學院及工學院，添設各系，並增設研究院和師範學院，又先後接收了廣東通志館、兩廣地質調查所及歸併國立廣東法科學院、省立勷勤大學工學院、並新設土壤調查所、稻作研究所、民眾法律顧問處、經濟調查所及鄉村服務實驗區等，使中山大學規模益為宏大，並使學校與社會更為密切關聯。

海濱先生重長中大，最重要的還是石牌新校舍的籌建。經積極按照計劃進行，多方籌款增建校舍，於民國二十三年秋，先將農工理三學院遷入新校開課，至二十四年秋，文法兩學院亦遷入新址。國內外來校參觀人士，對校舍規模之偉大，營構之精美，莫不交口讚譽。海濱先生在任八年，是當時歷任校長任期最長的一位，經過他的艱難締造，確已成為公認的西南最高學府。

海濱先生擔任廣東大學校長時，即有專設的海外部，主持選派學生到國外留學事宜。當歐戰結束之後，李石曾、吳敬恒兩先生倡導勤工儉學，青年赴法留學者頗多，其中粵藉的也不少，後來這批學生中有的經濟情形，漸感拮據，海濱先生乃承擔了其中六十名的費用，因此中山大學的海外部名額，定為六十人，學成回國者對國家社會，至有貢獻。可見海外部的創設充實與擴充，海濱先生實具遠見卓識。

五、

海濱先生既對教育有無比的熱情和興趣，而又不斷努力興辦學校和從事教育工作，對教育自有深切的研究和體驗，因此，他的教育思想和教育主張，都能與時增進非常卓越和切合實際需要。他自民國十七年環遊世界考察各國教育歸來，更認為我國教育非徹底改革不可。在民國二十一年返粵重長中山大學時，便草擬了一個方案，向西南政務委員會建議，設立西南改革教育委員會，從事教育改革。民國二十五年他往德國參加世界大學會議時，更提出「改革教育哲學基礎原理案」，提出他的仁愛互助的教育哲學思想，和由教育實施世界和平的主張。民國三十一、二年間，抗戰勝利在望，他又提出戰後和平原則和全國國民皆受高等教育的主張，建議中央採擇。

在上述這些意見和主張中，充分表現了他教育思想的偉大深遠。第一、他認為教育應培養國民的愛國觀念和做人觀念。他主張愛國教育與人格教育，而反對殖民地教育。第二、他認為教育應注重實用。第三、他認為教育要把理論與實際聯結起來，學校與社會必須互相配合，通力合作。第四、他重視生產教育。認為教育應注重培養國民的生產技能和勞動習慣，使每一個人都成為社會生產份子；而且學校應由消費而轉入生產之單位。

此外，海濱先生對我國學制的改革，主張廢除寒暑假，以縮短修業年限，延長義務教育年限至全國國民皆受高等教育，以及對課程的修訂，教材的編審，各科書籍的編譯等，都有很卓越和具體的見解，充分顯示他的教育思想富有革命性和實用性。可知海濱先生不僅是教育家，也是教育學家和教育哲學家。他對教育的理想抱負之高遠，至足敬佩！他對教育的貢獻是非常偉大的。（民國七十三年二月六日於台北）

原載於《廣東文獻》十四卷一期

革命畫人高劍父及其畫

杜如明

革命畫人高劍父先生逝世將及二十年了。我和劍公是世交，更是廣州清遊會及越社的社友。文酒之會，承教的機會特多，謹述所知，以悼念這位畫壇宗匠。

不論藝壇上的朋友，對國畫中的嶺南派如何評價，但是能開一代風氣，有理論，有見解，而其才力又足以副之，篤行實踐，其作風，能夠影響百數十年，甚至千百年，在中國畫史上創一新頁，藝壇上不能不公認有這一個宗派的崛起和存在。劍公這種氣魄確算不凡。

談到嶺南派的畫，世人都不會陌生所謂嶺南三大家——高劍父、高奇峰，以及陳樹人先生。他們都是從出一門，由居廉居巢師承而來，即嶺南人氏所稱「居派」。以後求新，求變，另闢蹊徑，而成今日之嶺南派。樹人先生，從政日久，歷任要職，主持僑務者十餘年，又少蓄門弟子，而高氏兄弟卻畢生瘁力於畫，更創辦春睡畫院，天風樓，栽培不少後進，所以確立嶺南畫派的宗匠不能不推二高，而奇峰是由劍公領導而來，所以嶺南畫派以高劍父為創始宗匠。

世界是進步的，文化也是與時推移的，文章藝術，決沒有一成不變。不論其變是進步，抑退步，但變總是變，而其變也必有其時代的背景，及創造者的環境與個人因素。例如王摩詰，當安史之亂，身陷賊中，昕夕祈求昇平，故將心靈融會筆觸之中，和平嫺雅，變北宗而為南宗。明末清初，朱耷身遭國變，禾黍之痛，化作鬱勃之氣，渾化在筆楮墨間，而開八大一派。劍公生當清季，內憂外患，紛至沓來，舉國人士，都希望變革，革命怒潮洶湧澎湃，遂從居派之和平逸雅，一變而為蒼莽雄恣，又以歐風東漸，舉凡制度文物，都受西方文化影響，藝術亦不容再抱殘守缺，一變而為中西文化交流之畫風；所以我們論高氏的畫，應該先論高氏的革命事業。

劍公是我的父執行。先君直畬公和他是革命的同志，在民元前已經是戰友。但余生也晚，且並非從事繪畫的藝人，所以少年時和劍公接觸的機會不多。及至抗戰勝利，解甲歸里，參與廣州清遊會和越社，才得以時常親炙。劍公是清遊會的創始人，社友中如楊善深、方人定、關山月、趙少昂、容漱石、葉少秉等，多數是出高氏昆仲之門。談起世誼，劍公和先君都是親身參與革命行列，而又淡泊仕途的同志，所以和我有更深的感情，每每談到「想當年……」便傾箱倒篋，話沒有停。故此區區對劍公民元前後的事知的或較他人為多。

劍公加入同盟會是在留日時期，他東渡是和樹人先生一起去。到日本沒有多久，便一起加入了同盟會，又沒有多久便奉命回國參與實際的革命工作。辛亥前後，廣東各次的舉義，劍公可說無役不與。像最轟動天地的三月廿九日之役，他和潘達微、何劍士，在香港跑馬地的統籌部拈鬮都得了生鬮。得了死鬮的人參與攻擊，得生鬮鬮人在外接應及運輸槍械。（朱執信先生也是得生鬮到起義那天是臨時參加的）。所以攻督署的行列，劍公並沒有參與。丁

未 國父命日人萱野自長崎用幸運丸運械至廣東汕尾，接濟許雪秋等起義，劍公的任務是接應。失敗以後，二辰丸事件，他決定參加，但又因中變失敗。己酉三月他在香港和劉思復、謝英伯、朱述堂等八人，奉命組織「支那暗殺團」，計劃刺殺清吏張鳴歧李準等。林冠慈──紅花崗四烈士之一便是由劍公推介參加，擔任行刺水師提督李準的執行員。劍公和朱述堂任輔助員。臨出發前，劍公給林冠慈陳敬岳兩烈士以毒粉各一包，屬如失事被擒，可即吞服自殺，免受酷刑。結果李準重傷，林冠慈當場殉難，陳敬岳被捕處決。事後國葬於廣州東郊紅花崗。

當辛亥時期，廣州河南有兩所學校都是同盟會的機關。一所是光亞學堂，在海幅寺，何劍士當校長，他擅寫漫畫，是一個天才橫溢的革命畫師。校內教職員清一色都是同志，先君在該校任文史教員。另一所是南武公學，在海幢寺，何劍吾當校長，劍公是該校的圖畫教員。兩間學校都是假禪寺做校舍，假校舍作機關。對衡望宇，聲氣相通。日間各自授課，晚間關起門開聯席會議，策劃革命。經常參與的黨人像潘達微，（黃花崗營葬人死後特准附葬黃花崗）陳樹人、李紀堂、謝英伯、岑學侶、林直勉、朱述堂、以及兩校的教職員。劍公和先君都是經常參加的同志。另外開設一間裱褙店叫做「守珍閣」，在附近的環珠橋旁的擔扞巷，由劍公主其事，以後便做「時事畫報」的發行所。

中國有畫報創始於上海的點石齋。其時照相未普遍，並不像現在畫報的照片鋅版，而是由畫師繪就石印發行。點石齋畫刊發行後約一年，劍公就在乙巳年和何劍士潘達微陳垣等創刊「時事畫報」。這是革命畫報的嚆矢。點石齋畫報是上海一班名流主辦，內容除社會新聞以外，只有關於藝文方面有所介紹，與革命作唯一的目標。漫畫部份以何劍士及劍公執筆為多。尚憶清廷發表派滿人鳳山繼任廣州將軍，以鎮壓革命活動，時事畫報便刊出一幅「鳳山行裝圖」。繪鳳山行李滿篋都是利刃，表示鳳山來粵將大開殺戒，這種大膽露骨的宣傳，真可算是置死生於度外的作品了。

劍公的畫風，受其革命事業影響，所以有一種兀傲不凡的鬱勃之氣，躍然於楮墨之間。而且政治開創一個新局面，畫壇亦應開創一個新局面，這就是革命，這就是嶺南畫派變的時代背景。

劍公少年時曾有志於乘風破浪，入了黃埔的水師學堂，大概因為富有藝術家的氣質，愛自由，重理想，而不慣受軍事管理的拘束和將弁的部勒，因而退學，轉而學畫。清季粵中畫人的畫風趨向於恬淡，從何丹山（翀）以後，以居廉居巢兄弟為大家。何翀法新羅山人，但工草蟲。居氏兄弟學惲南田，以花卉見長，亦工草蟲。古泉寫黃蜂，獨步南中，潤格以為蜂多少算價，每蜂一兩白銀。（奇峰弟子趙少昂氏近時亦最工草蟲花卉，徐悲鴻謂時下花卉草蟲以趙少昂為第一，亦是淵源居派而來的。）所以居氏兄弟在粵中隱執藝壇牛耳。劍公與居氏都是番禺人，同住廣州河南，既然學畫，便很自然的投入居氏門牆。可是劍父從遊居氏不久，古泉梅生相繼謝世，對於劍父真是最大的損失，伍懿莊為居古泉的大弟子，對居派畫已深得三昧，而且在晚清時，潘盧伍葉為粵中四大豪門，以洋務起家，履豐席厚，雅好藝事，伍崇曜曾刻粵雅堂叢書，與海山仙館叢書，都是蜚聲南國。因為富厚，所以收購歷代名畫之富在廣州算是最著，比潘仕誠的海山仙館還多。劍公因此再師事懿莊，另行拜師大禮。伍氏鑒他的誠意，盡將秘藏古畫，供其瀏覽臨摹，奠定他在藝壇上的基礎。日後劍公對國畫認識的淵博，工力的深厚，胥得於此。加以他的天才和勤奮，其成就可以想像得到，縱後來他不另闢蹊徑，開嶺南一宗，亦可稱名家。可見藝術的造詣，並非可以倖致的。劍公是寠人子，忘卻衣食，一心一意只從事於畫，好像紅樓夢中的香菱學詩一樣，不只入迷，而且彷彿著魔。坐時用指畫著桌上，臥時用指畫在被上，愈困而愈勤。人們說：「詩窮而後工」。在他言：「畫窮而後工」了。他住在一幢陋室，不只是「陋」，而且是「漏」，天降雷雨，便其樂（落）也融融。藝人又多不修邊幅，帳頂塵積盈寸。有一次，臥在床上，瞪目視帳頂，看雨漏滴在積塵上，滃濛有致，突然歡呼大叫，因為他正從這些漏滴裏，領悟了撞水撞粉的畫法：即所謂破墨法。從前畫人寫雨寫水，都用線條勾勒，如果寫「雲破月來花弄影」，一個圓圈，兩三條線條，便算雲，便算月，那末像高氏的「松風水月圖」的題材便沒法能將這種靈感形諸於畫面了。然而劍公發現了破墨法以後，那種空濛之致，卻能表現無遺。迄今南中畫人都無法否定這種畫法。時下國畫大師黃君璧先生，最初從學於粵中李瑤屏。和居派和高派都沒有淵源。可是黃氏寫山水最工烟雲，而寫烟雲也捨棄勾勒而用破墨，可說受了劍公的影響。

樹人先生是居梅生的乘龍快婿，他的畫當然受居派薰陶最深。劍父和樹人先生同時赴日，同時加入同盟會，又同習美術。但因受時代的影響，對於西畫中的構圖，投影、透視、和尺度的比例，都發生了很大的興趣。可是他們國畫的根基太深厚了，認為畫不特要形似，而且要美；不特要美，而且要有生命，要有哲理，這些在西洋畫是不易求到的：但是漢畫的只求筆趣，只求意境，卻又與現實脫節，真善美的「真」也就無從發揮。劍父因想到郎世寧以洋人寫漢畫，參用西洋，並無損於漢畫的精神，可見透視、投影、構圖、比例都可以融入漢畫中。以前寫國畫祇重臨摹，臨摹是以前人為法，未可厚非，可是專靠臨摹，便始終不能脫古人的窠臼。取法乎上，僅得其中，想百尺竿頭更進一步，真是戛戛其難。要知畫就是畫，我們要捕捉一剎那的靈感，以靈感陶融入於事物，更將大自然的美，將自己的靈感，揉合來才能算是畫。倘只有幻想，便沒有實感，只有寫實，便沒有靈魂，必須陶冶一爐；始能達到真善美的境界。他這種超卓的理論，馬上獲得了樹人先生的共鳴，而開始嘗試揉合漢畫的筆法，糝以西洋畫的「光」、「色」、「透視」、「比例」而替國畫另開一個新的境界。他們自稱是「新國畫」，而一般人稱之為「折衷派」。甚至也有墨守繩法的人說這是東洋畫的翻版，不是漢畫。其實這才是偏見，而在新舊思潮交替中，這種爭議似乎也是勢所必然的事。可是我們從劍公的作品來衡量，他的線條，他的勾勒，他的皴法，都是筆筆從古人而來，不過入而能出，從舊中求變，但千變萬變，仍然是國畫，並不等於其他人的全盤西化，將西洋畫或東洋畫橫植過來，否定固有的文化。即如宋儒揉合佛家的理論，而創為理學，我們不能說理學是佛而不是儒。他們只是始基於傳統，而突破傳統，不為傳統所困，所羈絆而已。

劍公從日本回國以後，負有兩重的使命，一面積極從事於政治的革命，一方又從事於藝術的革命。丘逢甲先生主持兩廣方言學堂監督，聘為教師，看到劍公在江南勸業會展出的崑崙飛瀑圖和畫虎，大感驚佩，因作二高行古詩贈劍公兄弟。有云：「嶺南今日論畫事，二高傑出高於時，渡海歸來筆尤變，丹青著手生瑰奇」。又說：「昨聞大高忽畫虎，群雄草澤爭驚猜，畫虎高於真虎價，千金一紙生風雷」。更說：「奇峰之峰劍父劍，乞為我寫攜劍崑崙看瀑圖」。足見其畫之求變，求新。前人寫山，只寫華嵩衡泰。眼光那裏有崑崙，那裏有喜馬拉雅，這可見他眼界之大，著筆之高。

劍公畢生從事藝術教育，其教畫的秘訣是寫畫要有個性，要自由發展。畫中有我，不可隨人低昂。要寫生，不要專靠臨摹，只靠臨摹，便給古人束縛。劍公最精闢的理論：「我們學古人，但古人又學誰呢？所以取法古人，不如取法自然。取法古人僅得其規矩，取法自然可得其生趣」。可見其理論並非要摒棄古法，而要於古法之外，更師法自然，取法自然便應以名山大川為臨本，而不僅以古畫為臨本。

革命者是實行家，不單是理論家。因此，劍公寫花卉，便蒔花卉，寫鳥獸便蓄鳥獸。寫山水，便縱遊天下名山。「桂林山水甲天下」，劍公便赴桂林。（他桂林寫生的山水作品特多）更赴喜馬拉雅山，以至歐陸。寫佛像，便至印度。總以所見所感，寫出自己的畫。司馬子長的文章是從各山大川得其氣慨，高劍父的繪事則是從名山大川得其性靈。

在畫言畫，劍公繪事最精於構圖，筆觸之下，什麼都可以入畫，別人寫簡單的題材，構圖常患於披離，患於枯槁，但在劍公寫來只見精力瀰漫。我在廣州一次看這位畫師的畫展，有一幀「文明的毀滅」，寫的是狂風暴雨，把一個十字架打歪。地面上有紛披的殘紅碎綠。這個題材真不易處理，想像中畫面一定很披離散漫，而且枯槁。但是觸入眼瞼的卻是出人意料的一片大氣磅礴。又看到「南國詩人」一幀，整幅巨製，只寫一個高士，並無依傍，但看來這個詩人的孤高、落寞，正沈緬在他的詩的境界：「此身合是詩人味」。這些作品，不只是神來之筆，而是千錘百鍊，將整副精神，整個生命，寄託於所構成的圖面。又如譽滿國際的「松風水月圖」，寫風中的松，水中的月，盪漾的波濤，碎散的月影，漂浮的松針。有靈空的幻想，有真實的感觸，有人生的哲理，有宇宙的秘奧。而並不覺得披離，不覺得散漫，有筆有墨，有光有色，有漢畫的蒼勁，有西畫的柔和。神韻生動而能表現於構圖。又，如「秋山行旅圖」，雄偉似荊浩關仝，細膩似范寬李成。筆筆有法度，筆筆有精神。還有，寫幽蘭變柔媚為矯健，寫紅棉得兀傲而蒼莽。從筆觸而言，無一而非國畫，氣韻生動，天機流暢。其造詣之極，如詩中老杜，非前人所能範圍。

劍公曾致力於民國肇造，但清社屋後，卻把整個生命寄託於繪畫。所以他對藝術最嚴肅。他名滿天下，但卻是下筆不苟。如果他答應你寫幅冊頁，他便關起門來，同樣的寫四五幀，鋪在地上，貼在壁上，左看一看，右覘一覘，選出其中認為合格的一幀送你，其餘的馬上撕掉。他對藝術的刻意，就是忠於藝術的表現。

他對畫的理論似乎很高超，但說起來卻又平易近人。有一次廣州清遊會雅集，我請問文人畫與院體畫的異同。他說畫就是畫，嚴格來說，只有好與壞，而不必問其文人之畫抑畫工之畫。不過文人倘太重神韻而忽視工力，畫工重視工力而忽略神韻，這卻是各得一偏。比方一個人不特要有健康的身體，而且要有高超的品格，而沒有健康的身體，亦只是一個病夫。人仍然是人，卻不能說是「完人」。有工力而無神韻，有神韻而缺乏工力，畫仍然是畫，但不能說是上好的畫。

嶺南派的畫，有他的理論，也有他的成就，在藝術的立場來說，自有其不可動搖的地位，有其不可遮掩的光芒。只是有些學畫的人，沒有深的素養，沒有真的靈感，變為沒有筆，也沒有墨，只憑顏色塗抹，僅憑筆趣，而忽視工力。卻要自命為嶺南派，這真是差勁，劍公晚年，欲救其病，極力提倡新院體，新文人畫，以矯其弊。

嶺南派的創始是二高一陳。若論其優劣，則各有千秋，難為軒輊。奇峰先生聰穎過人而體質較弱；丘滄海說：「小高溫清而癯，大高短小雄有疵」。這不僅形容他們的體格，而且批評他的畫風。奇峰的畫飄逸絕世，秀氣襲人。像國府所收藏他的遺作「秋江白馬圖」，一種清秀氣質，撲人眉宇，色澤的明豔，用筆的流暢，構圖的嚴謹，真是並世無匹。林子超題他的墓碑為「畫聖」，其成功真不讓元方。但如說沈雄渾厚，筆力恣健，劍公似勝一籌。而論源流，居派的清新秀逸，奇峰所得獨多。樹人先生祖祧外家，更資益友，他的成就也是夐乎高遠。可惜是一行作吏，藝事稍疏，雄恣不及大高，飄逸亦遜小高。可是精細雅澹，著筆無多自然有緻，深得居派之遺，則又似非二高所及。

一個宗派的樹立，有其理論的根據，一個風氣的做成，也有其不可抵禦的力量。嶺南派既出，流風所被，不論持論或有異同，而受其影響則一。劍公已矣。「如可贖兮，人百其身」。希望這種革命精神，能夠保持不墜，中國畫壇，日新又新，「江山代有才人出，各領風騷數百年」，則劍公可以不朽了。

原載於《廣東文獻》一卷三期

高劍父大師的畫學

春睡弟子

高師劍父足跡遍天下，即舟車所過，無論大小城鎮與村落，必登陸一遊。品茶吃飯畢，即開始他旅途上第一件必須的工作，就訪骨董店、書肆、裱畫店，搜羅名畫與古籍，並考察當地藝術界的情形，與物色藝術人才，收羅失路的藝人，尤注重寒士，他以高粱文繡中難得子弟。其門下之能成就者，亦多屬出身寒微之輩。

他最輕財仗義。革命暗殺時，毀家抒難。他造就藝術人才，至為苦心。他自待至薄，寧自己節衣縮食以助人。他的門人中，十之七八係免費的。免費外而供給膳宿用具等費者亦不少。更有供給六七年而助以千數百元與外國留學者。他這種天性是與生俱來的。其少時僅能自力，即資遣兩弟；奇峰，劍僧東渡留學。

他每到名山大川，必偕其弟子與俱。甚至在國難數年中，他家產蕩然，難逃至某一地方，必集合其弟子於孤村肅寺中講學，以其賣書畫之資或乞諸其鄰，以助諸生的膏火，真是「風雨如晦，雞鳴不已」。有隨之二十餘年的，其誨人不倦，數十年如一日。

他在中央、中山兩大學教授時，最注重旁聽生。常言甘蔗旁生。一時當地畫人，及各校之圖畫教員環而聽者如歸市。無力求學者，則帶歸所辦之春睡畫院。除供給食宿外，更將他的作品與所藏之古畫，各國畫譜畫籍借給他們。聞十數年來，此項損失難以數計的。

在校上課之餘，注重課外訓練與野外寫生。每逢假期，則在春睡畫院教授。據他的弟子言，及暑期的兩個月工夫，已勝在校一年了。

他凡有義舉，及提倡藝術，都不惜捐資。我知道他幾件關於此類的事。中山大學的學生組織什麼美術會，什麼畫展，每次總捐二三百元，並捐贈藝術參考品千數百種，尤以中國美術協會捐金之外，更贈以各國名畫（印刷品）各國藝術畫籍畫譜等三千餘種。社會舉辦的慈善事業或寒衣藝展等，他捐自己的書畫數十幅，他所藏的歷代名畫四五十幅，他的春睡畫院同人作品數十幅或百餘幅。此在廣州我所目擊的，其餘不列了。

危城講學

敵機大炸廣州大北數次，他的畫院亦被燬一角，而教授如故。直至諸生散盡，廣州棄守前一日出走。他最豪於膽，死生是置諸度外的。

他淡於榮利，視功名富貴如敝屣。辭尊居卑，辭富居貧。不與雞鶩爭食，不作踻角之爭。任人如何攻擊，如何詆蜞，他絕不與較。忍辱負重，寧處枯寂淡泊的生涯，聚精會神，不惜犧牲，來復興我國的藝術，冀我國的藝術，成為世界的藝術。

創作的經過

他的國畫已深入宋人之室，而西畫亦有相當的修養。所以他就提倡中西藝術的結婚，就產生一種折衷的畫派，故人稱之為「折衷派」，又稱為「新派」，更有人稱之為「崑崙派」。（聞他少時曾夢遊喜馬拉雅山及崑崙山，以後就愛畫崑崙山，因名其畫室為崑崙山館。）

他出名巴拿馬萬國博覽會的崑崙雨後圖，美國報章極推重之，贈丘滄海之「仗劍崑崙看瀑圖」，當是其得意之作。

嗣海外歸來，其作品又參入埃及、印度、波斯之畫法，故又名之為「新國畫」。同時又創「新宋院派」，即（宋院畫的現代研究），卻像歐西的「新現實主義」，這可算是進化的宋院畫了。

宋院畫是以形與色見稱，在當時實了不得的寫真畫。較之西畫與攝影，那就相去很遠，且有不少刻畫與板滯的。當時確是黃金時代的無上神品。可是到了現代，就成了過去的作風了。

高氏常言這派正在研究中，去成功之途尚遠，但是我覺得他這派畫，美學的條件與科學的條件一一都備，已深合現代繪畫的論理，如果他再用功下去，我敢信他這派畫，有成為世界藝術的可能了。

新文人畫

文人畫是文人遊戲之作，不重形色與理解，只抽象玄渺，以意為之，所謂寫胸中逸氣而已。東坡詩：「作畫論形似，見與兒童鄰。」其實東坡了無畫學基礎，祇可寫幾筆墨竹，故唱此高調與藏拙。況多以摹仿相尚，不能寫生。即寫人物，至今尚作唐宋人衣冠與宮室、器用等物。清代二百六十多年的服裝，及三百年來，西洋輸入的文物，與近代一切科學畫的東西，未嘗現於畫面。有之恐亦如鳳毛麟角了。他的新文人畫，是保留我國故有的畫法與氣韻，而用簡單的線條，作現代的衣冠文物，可稱之為現代的文人畫了。

沒骨山水人物

國畫寫人物，必先鈎勒而後著色。自郎世寧以西法畫人物，沒用骨法，不加線條，純是十四五世紀的西洋畫風，無我國固有的筆法，即膾炙人口的香妃像，終欠靈秀之氣。他的妙處，是得西畫之法，全欠中畫之神。嘗見高師舊作「午夢初回」與「寒盟」二幀。一作處士午睡初醒之圖，以「赭」、「粉」二色，先畫其全體，其衣服則以墨水亂塗數筆，其肌肉因有「膠」與「粉」，則吸收墨水較輕。此外則屬宣紙，吸墨水較重，即著於宣紙處的墨濃，著於赭粉處（即肌肉）則墨淡。雖亂掃幾筆，即覺紗衫之內，肌肉隱現。「寒盟」一幅，寫一仕女伏於樹幹，以袖半掩其面，似失戀欲哭之態，身穿紫色薄紗，微露其體，畫法與上圖略同，亦是大刀闊斧的意筆。

他又喜作沒骨山水，這種山水，古法雖有，古人不過偶一為之，開始自張僧繇。張畫不易得見，幾成絕響。千百年來縱一遇之，亦不過是簡淡、抽象、平面的文人畫罷了。高師一經點染，雖寥寥數筆，亦能表現其畫面的立體。

唐時王洽，有「潑墨畫」，成為千載美談。所謂「（李成惜墨如金，王洽潑墨成畫）」。但王洽或酒後，或一時意到，偶然之作，未曾聞他一潑再潑。王洽以後，迄今尚無繼之者。

高師這種潑墨畫，看他下手，便覺可笑，提筆點染，令人可驚。他不只潑墨，而且潑色。他把墨和各種顏色，潑於紙上，而成一絕妙的畫。他嘗言此為妙手偶得，不足為法。其較巨製的潑墨畫，有時以手將色墨灑上，有時更以指或掌，將色引開，使成雛形，見某某部略近於某山之影，某樹之形，某物之色，或雲，或水，或人物，或花鳥魚蟲，然後揮毫，因勢利導，使之成畫。撲朔迷離，其形其色令人有意想不到的趣味，其妙處都在形跡之外得之。

健全的國畫，即臨摹古畫。無論人物、山水、花鳥、魚蟲、工筆、意筆，就先把他改為有形似的，透視的，隱定章法，調和顏色，再以光陰法，遠近法，空氣層，成為合理化的中國畫。

此外，高師即仿各家亦多有變其法者，尤以變米家法為最顯著的，並付某君論其米派的山水。

藝術思想

藝人的思想有偏重主觀的，有偏重客觀的。我國的作家畫多偏重客觀。書家畫即（文人畫）多偏重主觀，但他的藝術思想，是主客觀並用，主觀能客觀化，是中庸之道。他嘗言，

「現在應打破抱殘守缺，藏諸名山，傳乎其人的封建傳統的思想，藝術須隨時代而演進的，要創作的，非模仿的，要大眾化的，非貴族的。晚近歐西藝壇，亦有許多過於偏重主觀的，率性亂塗，令人觀者莫名其妙，即專門家亦不易了解的。蓋其發揮個性，只自怡悅，與我國的狂生高士同一觀念。

他的主張，既自怡悅，又能悅人，可謂自利利他，主客並育。但他亦有高簡怪異的作品的，雖橫塗堅抹，寥寥數筆而得其神全不似之似的妙處，所謂狂怪求理是。於其作品中，時表露其超世間的人生觀的哲學思想，與天真蕭瑟的個性。「太晤時報」評，謂其藝術內容，含有東方哲學思想，與印度學同一玄理。不知高氏哲學，亦從蒲團上得來。

我很愛他下列那幾幅，如「初轉法輪」，「生老病死」，「落花如夢」，「雪裏荷花」，「風雨空山」，「三生石上」，「殘山賸水」，「風雨中的孤蝶」，「孤夢」，尤以「孤蝶」、「孤夢」兩幅為最。國難後，他作品多屬抗戰與難民為題材，作風不無少變了。

「孤夢」係寫一鴛鴦栖於雪上。背景為殘蘆野水，荒渚寒灘。夜色微茫，荒寒幽寂。水中半現殘月之影，似沉似浮，以示水月鏡花，花殘月缺之意。鴛鴦不作雙栖而畫獨宿，可謂創見。蓋千古畫鴛鴦都作雙雙親狎，而配以春江花月，繁華絢爛之景，而他偏畫建淒清殘缺之意。上題「灘頭午夜慣蕭瑟，孤夢初回月影寒。」十四字，是他的斷句。

風雨中的孤蝶，又是他畫蝶的創格。從來畫蝶都畫在春花爛漫，與春光明媚的當中。雙雙追逐，或三五成群。更有寫百蝶，以形容滿園春色的熱鬧。他只畫一蝶，在瀟瀟暮雨中。

飛來飛去，色枯粉腿，似夜來無處棲止的淒涼景況，讀之令人泫然欲泣。上題二絕句：「憶昔蓮台繡佛前。依人小影舞扁遷，如河魂斷南華夢，小刼娑婆又一年。」「三春金粉學離離，疑是滕王譜裏飛，寒雨瀟瀟催欲暮，夜來孤影傍誰歸。」聞是幀是他有感而作的，詩意幽怨悱惻，傷心人別有懷抱。誦唐人句「即今西望腸應斷，況復當時歌舞人。」句可為此中詠之矣。

他的哲學以為過於美滿，反失人生之真趣。豪華金粉，他嗤為市中富貴，世俗之榮。他總以為「東坡所謂：『人有悲歡離合，月有陰晴圓缺，』以悲為美，以人間不能十分美滿為真美，所以他無論詩書畫，都是表現這種殘缺美。生平不作豪華絢爛之景，有二次友人請他宴會，實係騙他去作畫。知他擅畫牡丹。他的牡丹法，係從徐黃，與居氏昆仲及自己寫生得來的。而抵死不肯為人畫。友人偏要他畫，否則不放歸，且把他的衣帽手杖等收拾起來。他無奈寫了一幅雨中牡丹，白花墨葉，在烟雨模糊中，表出一種荒寒淒淡之氣。上題一聯云：「別有玉杯承露冷，無人起就雨中看。」唐句也。題未畢，別客又伸紙而前，他拿起墨筆亂塗一大堆，像柴不柴，枝不枝的東西。枝頭點些朱色，就將那朱筆和墨頭上：「未被金蓮躪損的牡丹芽。」數字，即擲筆而去，成為藝林佳話。又一次予適在座，友人再三強之作牡丹，他屢卻之不得，無奈調脂弄粉。諸友以為此次必破他的戒，皆暗笑之。他作牡丹三朵，兩朵落盡，草地上已落紅成陣，並題：「爛漫卻愁零落近，叮嚀且莫十分開。」一聯，喻繁華如夢，帶有箴貶之意。主人身為權貴，顯赫一時，睹此寒意，頗有不懌。然他大都如此，作品中總帶些禪理與詩的境界，「劍父生平最蕭瑟，中年書畫動江關。」予曾套唐人詩調贈之。

授課方法

嘗見其於中央大學上課，這課教畫松棹上插著一枝松開遍了松花。課室與隔壁的教員作畫室，四壁懸掛著「松」五十餘幅。其中有廿多張。係他自己的作品。每幀一法，自松子起而「萌芽」而「雅松」而「壯」而「老」而「枯」，其間開花結實，風雨晦明，朝暉夕照，雲霞雪月，烟露霜嵐，種種寫法與配景，應有盡有，種類約十餘種，以「赤松」「白松」「喜馬拉雅山松」為很少見的。此外有歷代畫松的古畫、外國畫松的油畫，與影片，俾諸生參考，而以植物學解釋之。蓋他的教授法，係以展覽的方式，作有系統的研究，俾學子知松的構造與性質、姿態，及各畫的源流派別法度與轉變，俾諸生知各家的畫法，與物體的原理。識見既廣，膽子漸大，就敢變化，而能創作。各畫與參考品，懸置課室一星期。第二課則更換之。某生嘗對余言謂，高先生授一課，我們三個月都做不了的。他授課如此認真，蓋非為飯碗問題，其實係傳道式的作「新國畫運動」。此外尚借各骨董及參考品，與諸生課外及歸家研究，他無論怎樣損失在所不計的。

這課教畫松花之餘，即席作一松花中堂，上題「鬼燈如漆照松花」七字，蓋長吉詩也。

雪的山水

又一課，教畫雪景的山水。其教室設備大致如「松」差不多，不過教材不同耳。四壁懸掛的古畫雪景山水外，有他舊作雪景山水二冊。一冊自「欲雪」始、而「初雪」、「霽雪」、「晴雪」、「春雪」、「殘雪」、「曉雪」、「月雪」、「積雪」、「暮雪」、「融雪」、「艷雪」。另一冊，全寫喜馬拉雅山風景，都是冰天雪地的，中以「雨雪交飛」、「夜雪」、「雪影」、「冰層」、「冰瀑」、「冰湖」、「流冰」、「冰中積雪」等幅，為人間罕見的景界。有配以宗教的「骨塔」、「風幡」等。有配以土人生活及「索橋」、「怪獸」等。更有一巨幅寫冰中的群山萬壑、冰上都蒸發為煙、山下亂瀑縱橫，奔騰汹湧，覽之使人驚心怵目的。聞此圖為水災之發源。民廿一年我國空前之水災即濫於此。高師嘗言，當時驟睹此景，只嘆為天地之奇觀，而不知祖國正受水災之大禍，並詠其喜馬拉雅山觀雪詩，可以知當時之景況矣。尚有幾幅立軸寫爛漫的春花，為雪所壓的。有一堆堆的雪自花上卸下的，地上的雪半消，而為拖泥帶水的，此係春雪或在江南所畫的。其他關於禪理的，有「雪裏芭蕉」、「雪裏荷花」二幅，上題七絕二首，聞是他舊作的：「百畝西湖香襲衣。花開十丈影參差。霜欺雪壓一彈指。爛漫須防零落時。」「曾見冬心雪裏荷。分明畫外說維摩。寒塘為寫榮枯影。卻比冬心寒更多。」

其餘有各國畫集參考書影片之類，並附題畫詩跋與畫題等。影片中有二幀是我懇注的，一為「風雪關山」氣象甚為偉大，有尺幅千里之勢。聞為中山先生所畫的。當時懸之越秀樓。（中山先生行館在嶺南廣州越秀山麓。）陳烱明背叛時為砲火所燬，此畫亦同歸於盡之。一為「甑破冷無烟」，寫風雪中的貧民窟的婦孺，在破屋中啼飢之景，情況甚覺淒涼的。

他教到人物更為複雜。人體各種動作、顏面的表情、筋肉骨格的顯露，似根據藝用解剖學，大約從西畫方法出來的。山水除我國固有的六法外，則注意透視、光學，與空氣層。

教畫魚，又分鹹淡水、半鹹淡水與熱帶幾種，各魚在水如何動作，某魚在水中某層，某層有某種植物，某層與某漁混合，某至某魚有鱗幾片，他都教過的。予嘗參觀數次，每課大都如此，他雖教一花一葉之小，亦由初開、半開、全開至到殘落，而花的交搭、穿插、掩映參差、高低向背，各不相同。即一蕊之微，亦隨花的開落程序而轉變，他最重方法與畫理，無微不至，可謂徹底矣。他教人寫生，以極似為原則，謂由不似寫到似，自似寫到不似，是為不似之似，先摹擬自然，而後脫離自然，意在象外領之，乃得相應時，則可我用我法，所謂「先與古人合，後與古人離」也，他授課不盡在教室，時在野外，即一草一木，應如何寫法，如何折取，「指點雲山入畫圖」每於山顛水涯、石上或樹下，就講授起來。假期各校之生，亦在其春睡書院授課。暑假則帶領其一班弟子，於名山古剎中，又作其臨時的課室了。

昆　蟲

他童時從昆蟲畫師居古泉先生遊，專習花卉昆蟲。嗣東渡留學，先欲完成一健全的昆蟲畫派。在東京時，曾到美濃國入名和靜「昆蟲研究所」，專研究昆蟲學。此為高師一人，從無我國人去研究的，再以昆蟲學理，而佐以師法，冀別開一昆蟲畫的作風。他對於昆蟲畫，可謂苦心孤詣了。聞其童年學畫時，捕養昆蟲來寫生。每於清夜，獨步瓜棚豆圃，荒烟蔓草間，察昆蟲的狀態。月黑則攜小油燈，以黑藍二巾覆之。近蟲聲處，先揭黑巾察之，再揭藍巾窺之。其時窒息微步，使蟲不驚。他嘗言當是時也，蟲我兩忘，真不知我之為草蟲耶抑草蟲之為我也。所以他的昆蟲有如是之神。

他畫昆蟲既變師法，即其構圖，亦別開生面。從古畫昆蟲，都作小品扇冊之類，他偏為巨幅，而配以山林樹石。是山水畫中之有昆蟲，昆蟲畫之有山水者也。曾見其下列那幾幅都是巨幅的中堂，其「寒蟬抱葉飄」一幀，寫岩壁上飛瀑亂流，石隙秋樹數根，紅葉為風飄落，一蟬抱葉隨風墜下，有空谷聽秋聲的詩意了。

「**蜻蜓立鈎絲**」 一小艇半藏蘆葦中，釣竿斜插在魚龍的孔中，構圖集中上部，只釣絲垂下，絲末立一蜻蜓，蜻蜓的紅影，淡淡印於水中，餘則烟波蕩漾而已。

「**空山無人水流花開**」 此幀左右作大小崕壁，中有飛瀑，壁上遍開的杜鵑花，一青蟲隨絲墜下，崖下則流水落花而已。

「**蟋蟀骷髏眼孔啼**」 此幅寫一骷髏，半埋荒草，一蟋蟀於骷髏眼孔中振翅而鳴，圖中除蟋蟀一點褐紅色外，餘作青光色，景象悲涼，如聞鬼哭，聞光復前，暗殺黨人入黨之夕，黨員須對骷髏匕首而宣誓，三十年前此物殊不易得，取之可入以毀墳滅骨罪，高師黑夜於叢塚中搜得之，他是為該黨主盟，聞是圖為他當時所見云。

「**風暄蝶渡江**」 寫一泓綠水，溪畔細草淺沙，蛱蝶一雙，飛翔其上，蝶之白影，倒映水中，翅傍有一極淡之翅影，似虛似實，若有若無，有呼之為八翅蝶者，蓋欲表其翩翩飛舞的動態，殆受未來派的影響歟！且蝶翅大不盈寸，竟能施諸中堂之上，綽有餘裕，不覺其空虛。

「隨王」　是圖寫蜜蜂分巢，群蜂千百擁王而出的狀態，蜂之或高或下，或遠或近，翻飛穿插，形形色色，蜂群中隱約許多黑色的線條，係長各蜂剎那間疾飛的動態，有線條之端，微露蜂影，蓋線條之意，即天空中海星所過的餘光的道理，且蜂的翅，不是如尋常畫法四翅分明的，其翅的糢糊不定處，係刻意表示其振動之意。

「蝗禍」寫蝗蟲一群，橫飛蔽野，寫法與上圖約略相似，但蝗的參差紛亂，幾乎不可辨別，下有殘禾一堆，蝗蟲十餘隻，尚於其中嚼之。

「蛛絲網晨露」　寫秋樹一株，敗葉數片，蛛網縱橫大小約有十餘個之多，網形完整有之，半邊者有之，殘缺者有之，網中皆無蛛，只有些已乾的花蒂與殘葉而已，網上都掛著一串串如珠的朝露，紙的上端作淡赤色，以表晨色光曦微的景色，這幾幅以微小的生物而作大景，在大自然中，有世界微塵的哲理。

畫訣

高師有畫訣：

㈠大膽落筆，細心收拾。

㈡寧使不通，切勿平庸。

㈢虛實並用。

㈣若避虛就實，不若避實就虛。（蓋以虛處取神也。）

㈤以虛處彌補空間（如寫一長空萬里或海天無際的景，則以天光雲影、日月星辰、烟嵐霧靄、虹霞流星、落花落葉等補之。）

㈥真美合一。

㈦調劑零整，以零破整，以整補零。

㈧調和粗幼大意是筆畫的當中，總帶些細筆以調和之，庶免粗獷之氣。

㈨筆須巧拙互用。

㈩疊要乾濕齊施，虛皺、半乾半濕皺、有拖泥帶水之意。

⑪集中美點，即忠實寫生，於必要時可放棄其弱點或為雲氣風雨掩卻其一部或採入另一美點移入於相當之處。

⑫由不似寫到似，由似寫到不似。

⑬取捨美化。

⑭疏中求密，密中而通，要放出空白。（十五）畫之全面固須音樂化，即線條筆法亦須音樂化。

⑯筆欲去而意欲回，即回鋒能停留之意。

(七)細意經營，大筆揮灑，雖最粗之筆，最簡之局亦須小用筆剛柔相濟。

調劑兩部，粗筆山水，須縱横馳驟，如大刀闊斧劈去，其細部，則甚工，亦有工筆人物而配意筆之景的。

鈎染混成，古之鈎勒法，必先以墨雙鈎，而後染色，他有先著色而後鈎勒者，有半鈎半染者，有似鈎非鈎者，有全用色來鈎者。

不可離古，不可泥古。

意境要新，筆法要古。

(大)緊筆中須帶閒筆。

(九)不執著現實，亦不離開現實。

(廿)心手一元，注重思想意義，未下筆之先，已早定了題目，所謂意在筆先，不是只知筆法、賦色、意法已也。

畫　法

國畫多有水墨畫，全幅以水墨為之，水墨之外，鮮有全幅以色寫成者，高師往往以色代墨，為色的單純化，無論山水、人物、花鳥、魚蟲，全幅用赭藍朱綠或雜色等一色寫成的，在遜清時代，則以朱赭二色為多，以示不忘朱明之意，其「風雨斜陽」「雨後山光」「雨後斜陽」「雨後月明」「雲過月來」等作，都是復明的暗示。

有全幅只畫一蟲、一鳥，甚至僅畫一鳥頭、一鳥羽、或一隻人的手，便算一幅畫，竟有不成為畫的。人問其故，他云：「我作畫，有時則慘淡經營，有時絕無成見，興到便畫，不管其物體的整與碎。如有一部份的美，或有一點趣味，我就畫。那一點能成畫與否，非所計也。」此所謂胸貯五嶽，目無全牛者乎！

用具，他無論何筆「竹」「木」「籐」「草」「禾稈」「蔗渣」「紙」「樹枝」「樹葉」「炭」「蘆根」「海綿」「牙簽」拾起便畫。

有用木炭來先作線條的陰影，再以墨筆皴擦其上，而後著色的。有用色粉筆淡淡寫成，再以筆墨色彩加上的。有時墨光色素，與色粉筆的色融化混合，而發出異彩的。

一次於六榕寺之榕蔭園，劉耀岐索他作畫（鐵禪住持之兄）。時夜已深，風雨大作，未便扣乃兄的禪關，來借畫具，高乃於園中折些樹的枝葉，與水菓的皮來作畫。直至天明成了十餘幅。

有一次杜其章往廣州訪謝英伯，適高師在座，杜氏即出帋索畫，其時又無畫具。高乃取舊報紙作筆揮毫，而以牙簽鈎之。

一次於滬上赴友人宴，酒東主人請其作畫，他一時高興竟作起畫來，就拿起抹枱之巾蘸水墨揮之。風馳電掣、淋漓如潑墨。座中觀者為之一驚，忽於友人褲帶上，解下一古玉，蘸濃墨鈎之，其狂如此。餘興未闌，再以棹上之「楊桃」「果皮」作畫，復成小幅，甚為古拙，有印泥劃砂之妙。殆受原始藝術「穉拙化」的影響歟。

他的顏色，多是自己泡製過的，但有時也很隨意，亦有用葉液果汁為之。有時也會用油畫顏色。嘗見其畫「流星」「夜光蟲」「螢火蟲」用油畫的「黃」與「白」點在發光的部份。

紙亦不拘甚麼紙，生絲、白布、草紙、木炭紙、竹片、木板、或獸皮不等都可以用。他常言：「不論任何物質，施於何種物質上，皆可為畫。」但能表現他的感情，發揮他的個性便了。

書法

他的書法奇趣橫生，獨樹一幟，要亦不盡由碑帖中來的。聞他不假臨帖，輒於深夜瀏覽諸碑，將精華鈎出，貼於起居飲食之處，時時觀之，謂祇以意取，心領而神會之。有時於畫裏得之，或由物體與動物爭鬬之形脫化而出。即見一張椅棹，一碎「甎瓦」可悟字之間格，見「樹枝」「樹葉」「籐籮」「野草」無不可悟字之用筆。

如孩提之字，狂人之書，他都欣賞搜求，兼收並蓄，不肯放過。有時畫法透入於書，時而書法參入於畫。更有以色代墨的，或以色作飛白書。間有以墨作雙鈎字，而以別色填之，一若作雙鈎畫者。有人嘲他為兒戲。他云：「我國書畫同源，字亦為藝術之一，況屏聯掛軸，非日用必須之物，實為裝飾品耳，此雖遊戲之作，謂之美化的裝飾書法無不可」。

他更注意到顛狂人的作品。以神經病院有數百人，總有會書畫的。即平時不會書畫，有時狂起來畫幾筆，確有驚人之處。有時似畫非畫，若原始藝術一般，又有未來派的作風。那更有趣，真不可思議的了。他曾提倡狂人藝術展，謂有時能利用他的狂態，會引起怪的傾向，與新的動機，產生我的創用。聞他在南京、廣州時，願備紙筆畫具到病院請其試辦，但未如願云。在畫裏求畫，帖裏求書，等於故紙堆中討生活，很難殺出重圍，另樹一幟。有時借些例外的材料，反而得意外的收穫，觸類旁通，一觸機，一會意，便可成為我的創作了。倉頡見獸啼鳥跡而造字，張長史見擔夫爭道而得字之法。見公孫大娘舞劍器得字之神，聞鼓吹而知筆意，鮮于伯機見車轍，皆能悟入草書之書法。近來藝人多主張還純反樸，回復自然，從藝術起源方面著想，尋求其新生命，故能形成其「稚拙化」的作風，人云亦云，終難出人頭地云。又云：如攻詩文，必須讀萬卷書，行萬里路。太史公五嶽歸來，文有奇氣。如只於詩集中求詩，必無新意。換一句話，最普通如寫信，若只靠信札，而不讀書，亦必無佳札云。

京滬書家，評其書法，大都謂，古之善書者，曰飛舞，曰古拙，然飛舞易，古拙難。高氏書法，飛舞處風馳電掣，古拙處印泥劃砂，是飛舞中帶古拙，古拙中之飛舞也。兩者本不可得兼，高師竟兼而有之，且字體博大奇古，別饒韻味，是狂草中別闢溪蹊者也。其推許如此。

古評其書，謂雄壯易流於俗，秀逸易流於弱。高則豪邁秀逸，兼而得之。蓋高以最軟之筆而作最健字，故有棉裏裹鋏之妙。

教畫

他教人作畫，先求六法中的規矩準繩，加之意義與學理，及各家的法度與忌病，澈底闡明。學者既得以上諸法，就要各自尋求新出路，各就學理而創作，俾各能自名其家。他嘗言，「既不可死守古訓，亦不可默守我法，蓋學我者病。但願學我的人，都不似我，而個個有他自己的我。」

他又因人而施教的，視其人的個性與筆性而定。筆性粗豪的，就導之雄壯一派。筆弱的則使之寫秀逸一派。筆鈍滯的使之古拙一派，蓋古拙中，最易犯「腫死實」之病，則以秀韻之畫，閒逸之書，使之懸掛作座右之銘，時時臨摹觀摩，以調和而救濟之，使古拙中帶有靈秀之氣。如限於天才的，則使之學能品一類。如腕力脆弱，寫枝榦樹石纖柔無筆者，則導之「積撞」一法，如居派的撞水法焉。他用筆雖以雄健雅重為主，但又不是筆，如上之旨，一味雄健，食古不化的。他寫樹石建築物，則用健重筆，如寫楊柳，櫻、梨、飛絮烟雲之類，則用柔筆，使之輕鬆。燕子、蝴蝶的用筆亦是輕快的；倘太雄、太重，則成為對鐵燕、石蝶了。

他嘗云：「我國即古之大家，從不注重質的表現。其筆重的，無論寫什麼都要重筆，以重為佳，故每犯「石雲」「鐵蝶」之病。筆輕的無論寫什麼都要輕，以輕為秀，即樹石屋宇，金人石馬，亦不能表出厚重之質，故又有冥器之譏。」他又云：「假如畫一塊白石與一塊豆腐，同是方形，同是白色，倘不能表出其質，則白石與豆腐不分，有時則表豆腐之質或反比白石為硬了。」

他有時寫一件物體，竟利用幾種線條表現的，如畫「魚」的「嘴」「眼」的線條則柔以表其軟，鰓那幾筆則剛以表其健。

改良畫度與裱工

他改革國畫之外，就想到我國自有畫以來二千幾年都是這個畫度，這樣裱工。就商量到畫度與裝裱身上來，他在宣統元年於廣州開第一次畫展時就提倡這尺度與裱裝，當時則無人表同情，迄今雖有受其影響者，然不多覯。

我國從古畫度，大都為中堂、條幅、四屏、橫披、手卷、冊子、斗方這幾種。他對於這種之外，好作聯屏，古人雖有，但至多不過八屏、十二屏而已，且到清朝中葉的時候，聯屏之風差不多消失了。他則不然，有三十連屏的、二十四連屏的，曾見他寫中國風景，每一行省寫一景，共二十二屏。又有三連屏的，（中幅大，旁二幅小的），大屏五屏的，（中大四小），有半橫披斗方，是間於橫披斗方之間的。有兩張橫披連屏的，四張橫披連屏的。有將手卷作為連屏裱的、有將斗方、冊子、上下加上贉紙（以便題字）裱成中堂的。除去上下裱紙，裝上框子，就成為西畫式的橫鏡了。此度實由西畫而出，以便於各國之家屋懸掛的，為世界的畫度。亦有不等裱法的，有將冊頁、二頁、或四頁裱成中堂者。有在琴條之旁、付一冊頁、餘白或上或下題字的、或團摺扇冊頁、合裱成一掛張的。更有將畫集中下上部的，照例掛張裱工，畫居中部或上長下短，他偏要畫居上部至下短上長，以便畫腳題詩跋的。

曾見其一中堂，寫（黃花崗之殘照），紙度為碑形，上為半圓形，下為方形，儼如古碑形式的。也有三角、六角的圓的、橢圓的。

從前的裱工除整張一色外，只有宣和裱一種，自宋朝宣和年間始所用物質至今都是我國的紙綾錦絹幾種而已。而他用來裝裱的物質，不一定是那幾種，有用木片的，有樹皮樹葉的（裝鏡畫），洋紙花紙的，各國綢緞與布帛的。有用顏色來畫上裝裱的，有用木刻成蟲鳥及瓦鐺等圖案，以色來印上的。至於顏色亦光怪陸離，有自已染的，有購來以上的物質而加色其上的，加畫其上的。即於市上購來之檳榔牋、虎皮牋；他又用各色塗過，更加上些花卉或小動物的圖案式的，總要與作品調和古雅。

他在京滬時，要裱畫的時候，必先請裱畫店將各種紙綾染成各種顏色為樣本而加以自己染成之樣本，合成一小冊子，每頁貼一張。

改畫

他又善改畫，無論你畫到極不像東西、與風馬牛的事物、或寫一小字或大字，他都可以改成一幅畫。不須塗抹你原來的筆劃線條，只借你的筆劃引接點染，那就成為一幅畫了。

多年前在廣州六榕寺，簡琴齋有一次閉了目，拈起寫字大筆，胡亂畫一通，要請他改成畫。他不假思索地隨意點染，就變成一幅很有趣的畫。謝英伯有一次寫幾個英文的大字，又請他改。這幅改成有西畫的作風，了無痕跡，可謂天衣無縫的了。有一次於友人處吃飯，飯後，友人戲為他曰：「君素擅改畫，何不將這棹布一施絕技乎？」這棹布經滿染著果汁醬油之類，斑爛五色。他欣然拿筆將原有某色改為某花，某色改某果成之。並引出一段法國藝壇的佳話來，謂法國曾有一老畫師出品「沙隆」，不幸年年落選，甚為懊喪。無何，沙隆又將屆，亦欲作畫出品，再恐落第，一日午餐，一面吃，一面對他的畫布構思題材。因恨那班審查委員是盲目的，縱拿好畫出去，也是冤枉的，乃將麵色、果子、醬芥等物嚼爛，一一擲諸畫布上。翌日親自將畫送去出品，以為戲弄那班審查委員一番，以澆抑鬱。詎審查時，那班審查委員見了，都嚇一驚，認為得未曾有最新的創作。那就榮膺首選，為全場之冠。這是歐西藝壇一段佳話，與我這噴飯的東西，可算是不謀而合的了。說畢相與一笑，大家都知道他是天真活潑的藝人的真性情，都很喜歡同他開玩笑，所以時時有這把戲。

原載於《廣東文獻》四卷三期

高劍父先生與現代國畫

李撫虹講述　李無逸筆錄

一、高先生事略

高先生名麟，後署崙，又名爵庭，廣東番禺人，少從名畫師居古泉（廉）先生游，旋就法國畫家麥拉習木炭畫，後與日本畫人山本梅崖共事廣州，為所賞識，慫恿赴日，入白馬會，太平洋畫會，水彩畫研究會，東京美術院。並參加國父孫中山先生之同盟會，不久啣命回粵，主持推翻滿清、民族革命工作。

迨辛亥革命成功，民國成立後，先生即致力藝術教育事業，以我國近代畫家，多墨守成法，缺乏創新之改革精神，乃創造現代國畫。當時雖遭保守分子攻擊，亦義不反顧，且與其弟高奇峰，同門陳樹人，互為綺角，馳騁藝壇，更設立畫院播諸後學，由是現代國畫得以奠定。

先生于藝術教育不遺餘力，既創辦春睡書院，先後就任國立中央、中山等大學教授、佛山工專、陶瓷學校、廣東工業學校校長、出版有廣州平民畫報、時事畫報、上海真相畫報、審美書館等。覺平足跡遍及南洋群島、緬甸、印度、錫蘭、必丹、錫金、波斯、埃及等地。民廿七，廣州陷于日軍，即徙澳門與春睡同門，繪寫不稍輟。抗戰勝利後，復辦南中美術院、廣州特別市立藝專。民三十九年輿圖色變，滯跡港澳，其時對新國畫之作風，復有再圖改創之意向。更擬再作世界之游，忽以遘疾不起。當彌留前數天，口不能言，執筆欲書，亦只亂畫而已！先生嘗畜一印曰：「亂畫哀亂世也」，豈其然乎？溯先生生于前清光緒五年。（一九七八）歿于民國三十九年，（一九五〇）得壽七十又三。著有劍父畫集，劍父碎金，我的現代國畫觀，國畫新路向，蛙聲集，佛國記，喜馬拉雅山的研究，談藝雜錄等。

二、高先生開創現代國畫之經過

先生在畫學上造詣既深，又復追隨國父奔走革命。辛亥而後，由政治革命轉入藝術革命。更感於我國繪畫自元代以來，趨尚摹擬，不能代表新中國民族文化之故，因此開創了現代國畫。而其所揭櫫之要點，又以「在表現方法上，須將我國歷史遺傳，與世界學術合一研究，而吸收其特長，作為自己的營長，使成為自己的血肉，以滋長現代國畫的新生命」。這無疑是「本著民族藝術優良傳統，接受外來精華，而圓融地充實自己的作品」的，是又與 國父孫中山先生思想淵源之「因襲吾國固有思想，與規模歐美學術事跡，而加以其所獨見之創獲。」如出一轍，故其結果，遂亦開吾國數千年來未有之畫風。

他說：「兄弟追隨總理作政治革命以後，就感到我國繪畫，實有革命之必要，因此吹起號角，大聲疾呼，要藝術革命，欲創一種中華民國的現代國畫。然而幾十年來，受盡固執之徒種種攻擊，阻撓我這派畫的成功。政治革命固受盡痛苦，藝術革命，也有同一劫運」。可見無論任何事業的成就，決非一蹴可幾，必須從艱難、困苦中奮鬥而創造出來。我們試檢討他由幼而壯的遭遇，不但可以看到他的艱辛，還可認識他的忍耐。第一：齡時父母早喪，以孤兒而做學僮。比從游居師，雖被另眼相看，卻不容于其家人之白眼。而卒奠定繪畫的基礎。第二：為著研摩古今名畫，不惜向其同門伍懿莊執贄受業。終亦償了欣賞與臨摹名畫的志願。（伍氏藏品甚豐，先生向其請求，伍以拜師為條件）第三：年甫十七，幾經艱苦，籌措旅費，赴日求學。遂達中西繪畫之兼治，而獲致其一爐共冶之主張。其後光緒末年，在廣州舉行第一次畫展——實開我國創辦展之第一人，被人目為怪誕狂妄，公開賣畫，跡近市儈，而嘲笑譏諷，辱罵仇視，集於一身。又常常被人視其作品為日本畫，為野狐禪。（先生之作與日本畫固確有不同。縱使學日本畫亦不足為奇，蓋亦不過等於學西洋畫而已。）他飽受啼笑，而絕不灰心，此益足以證明其偉大之處。現在我把甚麼叫做現代國畫？甚麼要有現代國畫？怎樣繪寫和推進現代國畫？現代國畫在藝壇上過去與現在之情形，作一個輪廓的略述如下：

⑴甚麼叫做現代國畫：先生感於我國國畫，陳陳相因，多模仿而少創作，於是立心革新而另立風格。他說：「自元一變宋院作風以至明清兩代，逮乎中華民國，六百年來，支配著藝壇。其間雖不無稍變，殆如鳳毛麟角。到了現在，最低限度，也要成一種新中華民國的國畫了。」又說：「現代國畫，即由古代中國畫遞嬗演進而來，而其主要之別，不應只是形式，而應該在於思想」。

先生于開創現代國畫之初，還沒有甚麼名稱，只是於原有國畫之中，別為新貌。稍後遂定為新國畫。可是新之與舊，只為時間關係，倘若過了一段時期，便不能永久使用，遂又定名為現代國畫，即隨著時代潮流而邁進也。而社會上之說者初亦目為折衷派，蓋由中國畫合西洋畫一爐共冶而成者也。已而以二高一陳，皆廣東人，故有嶺南畫派之稱。又因先生與陳樹人皆出于居廉之門，故提到嶺南派，多溯源于居氏。至於居的畫法，自稱係在宋孟之間，（指宋寶光孟覲乙，曾于道光年間到廣東教畫。）故更有推及于宋孟者，然而倘再推而廣之，那更源遠流長了。獨是現代國畫的構成，必須要第一有民族性，第二有時代性，第三有現實性。

(2)甚麼要有現代國畫：先生以吾國畫風，歷代相承，大都多謹守成法，思有以改弦而更張之，遂於民族革命思潮澎湃之餘，更為藝術革命之倡導。既以學歷與經驗之所得，創為現代國畫，從世界藝術的潮流，與吾國歷史的傳統，綜合鑽研，而變其作風。

有人懷疑了倡導現代國畫，不能保存國粹。不知這不但可以保存國粹，抑且還要展拓國畫新精神。他說：「對於祖宗留下來的遺產，不是要死守，而是要活用，才得到發揚光大的結果。倘一味死守，何異刻舟求劍？無怪各國謂：『中國古代有藝術，現代無藝術』了！那些來過中國的外人是這麼說：『我在各國博物院或圖藉上研究中國古畫，見唐宋所有形式，直到現代，還是和唐宋一樣，甚至反不若古代寫得好。』這是事實，不能不因之反省」。「抑且繪畫，係為著社會，為著大眾，并不是為著自己。」由是「更不能遠離吾人生活的真實，而摹擬著古人的思想」。

「現代國畫離不去現代中國革命的需要，藝術家要從高處著眼。為著革命的未來發展，配合著目前各種需要，而努力增進自己的條養」。他更強調：「由藝術而大眾化，進而為大眾藝術化，方為現代國畫的最高目的」。

(3)怎樣繪寫和推進現代國畫：先生既以藝術革命自任，故極端鼓勵創作。其所採取畫材，常以大自然及人生生活為對象。平時每週必領導作集體郊外寫生，輒於山巔水涯，市闤村落，作臨時課室，以闡明其捕捉大自然中與實際人生的畫材畫法。又有評畫會，由同人（包括先生自己）將作品交出批評，有一不當，常常數易其稿，以盡量發揮各個人之個性表現。同時復注重古今中外名畫之觀摩，以研賞先哲時賢之特長，故又有讀畫會。至于繪事有關之款誌學、金石學、書法學、詩文學、博物學、人體解剖學、昆蟲學、透視學、構圖學……亦莫不旁搜博涉。

先生所設之春睡畫院，不啻為其推進現代國畫之大本營，教律甚嚴，非繪畫研究有素，而又能摒棄一切專其意志者弗納也。而春睡同人，都已獻身藝術從事推進工作，也不啻為其幹部。故志已決而學未足的畫人之欲加入春睡者，更另設研究會使前進者為之輔導，而預作準備焉。

每年更有暑期及春秋旅行寫生團，此古人所謂讀萬卷書行萬里路，多識鳥獸草木之名者也。

不寧唯是，對於國外宣揚及考察，尤為重視，計先後派赴國外考察者有方人定、蘇臥農、黃浪萍、黎雄才、侯宇平、黃獨峰及撫虹等，而先生亦親赴各國宣講我國新藝術。由是從游外籍人士，有印度、波斯及阿拉伯等人，達二十三名之多。而春睡畫院同人，卻已跨乎亞歐兩大洲。

至於現代國畫之寫作，在技法上要保存古畫的筆墨、氣韻。色彩。另一方面更要注意投影、透視、明暗、遠近、質感、空氣層，使在視覺上完成一種健全的現代國畫。他說：「繪畫雖是以造化為師，但對於自然仍要有主觀直覺的取捨，經過一種洗鍊，汰其雜質，抉出人生真實的一點，表現出來，才使作品裏有我的生命，有我的靈魂。」信屬至言。他雖主張合中西繪畫冶為一爐。可是他寫出來的畫，卻是十全十美的中國畫，而非外國畫。

此外先生之弟高奇峰先生也有天風樓之設，推進現代國畫。其得意弟子為趙少昂、黃少強、何漆園、容漱石、周一峰、葉少秉，而亦皆宏揚其旨，設館授徒，薪傳甚眾。至先生同門之陳樹人先生雖致力繪寫，惟引述龔定庵詩句：「但開風氣不為師」自守。只於晚年南歸時，有劉春草者開例向其執弟子禮。不久陳氏即歸道山。

(4)現代國畫在畫壇裏過去與現在之情形：先生創立現代國畫的初期，在社會上當然博得一部份人的愛好，更有一部分人的傾慕而願執弟子禮。同時也受了大部份人的攻擊和排擠。他卻逆來順受，久而久之，以至現在，都被許多人們的歡迎。尤其大部份的青年學子，都以能夠步趨這一派畫為能事。平心而論，如果追隨先生學畫，實在不但加倍用功，抑且受了他的薰陶，自然不期然而然地會把自己的思想，也要和他一樣，勢必鍥而不舍，樂之終生不厭，而不罷休的。

現代國畫，不但在國內受歡迎，即在國外也博得世界學者的讚揚，別的不說，如戰前某一次出品巴黎中國畫展，他的作品是「松風水月」，在流水之際，連續出現了九個月影，一時得到外國批評家說是「動的藝術」足見一斑。

至先生和春睡同人作品，在對日抗戰時，表現得最有份量。當七七事變，廣州棄守，轉徙澳門，院務重振。對於澳門教育會商會，各界賑災會，中國婦女慰勞會等團體，舉辦畫展，均撥出書畫捐賑難民。抗日畫展，亦分在港澳舉行。

民廿八年九月，先生領導同人作品，參加蘇聯藝展。當時除先生外，同人有方人定、黎雄才、司徒奇、黃獨峰、黎葛民、羅竹坪、伍佩榮、黃霞川、關山月連同撫虹等十人。一時引起蘇聯人民，對我抗戰的同情，且對我國繪畫的價值，從新估定。

時至現在除港澳外，無論國內外之台灣、大陸、日本、東南亞、歐美……都有現代國畫的畫家之足跡和畫跡。（都被社會稱為嶺南派）撫虹早歲忝列高先生門牆，追隨左右，且不以謭陋見棄，襄助教務達廿年之久，亦曾奉派留日，考察美術，對高先生生平、繪事、與其藝術思想，知之頗詳，實非今天在此短暫時間所能盡述。倘有機緣，當別為專著，請教於各位高明的文化藝術界人士之前！

附註：本文係李教授於一九七八年在香港大會堂對香港教師會暨港府文員會講稿。

原載於《廣東文獻》十四卷一期

天才文學家蘇曼殊

王紹通

一、身世有難言之痛

蘇曼殊，原名蘇戩，字子穀，小字三郎，後改名玄瑛，法名博經，號曼殊，廣東省中山縣恭常都瀝溪鄉人，清光緒十年（一八八四）舊曆八月初十日生於日本橫濱，民國七年（一九一八）五月二日（舊曆三月二十二日）卒於上海廣慈醫院，年三十五歲。父親蘇傑生，是橫濱英商萬隆茶行的買辦，性任俠，好施與。甲午中日之戰，旅橫濱華工多擬歸國，而短於川資，傑生輸解囊幫助，人多德之。我國僑日工商界，無論挈婦居日與否，大都與日婦同居，廣東俗話說是「包日本婆」，其初月給數元為報酬，久之感情日深，形同配偶，生子後尤為密切，更無權利可言，亦無所謂嫁娶，特橫濱唐人街之一種習慣而已。傑生居日既久，自難免俗。傑生有一妻三妾，第一妾是日本人，名叫河合仙。傑生在橫濱時，雇了一個下女，姓名沒有人知道了，家裏的人都稱她做「賀哈嫁」。有人說：「賀哈嫁」，就是「若干橡」，她的名字應該是「若子」兩字，她到傑生家裏時，只是十九歲，胸前有一個紅痣，傑生說照中國的相書上講，她是「當生貴子」的。後來果然生了曼殊，但產後不到三個月，她就跑回她的老家去了，以後就不知下落。於是傑生把曼殊交給河合仙，要她撫養起來，所以曼殊便認河合仙是她親生的母親，據推測：河合仙後來一定沒有把個中真相告訴曼殊，所以曼殊也就無從知道「賀哈家」是他親生母親。

有些人認為曼殊為日本人宗郎的血胤，這是完全弄錯的，曼殊也知道河合仙嫁給傑生以前，是嫁一個日本人的，而且生育過，所以他對自己的血統問題，是十分懷疑的，曼殊由懷疑而假設，所以便在他的著作「潮音跋」和「斷鴻零雁記」有談及。但他也不能承認這假設是確當。這就是他所謂「身世有難言之恫」的原因。後來由曼殊的從弟蘇維騄，問過了目擊當時情形的傑生第二妾陳氏，知道曼殊並不是河合仙的親生兒子，更自然談不到「油瓶」問題了。這一件血統的公案，到此可以完全解決。

曼殊雖生於日本，但他風格與思想，則純是中土文人的傳統，且熱愛中國與中國文化，並無日本人的習氣，平生也未翻譯一本日文書。他最喜歡吃中國甜食，西洋糖果，尤喜中國菜餚。辣子雞一吃三大碟。八寶飯一吃數盌。糖炒栗子、月餅等則嗜之若命。終致吃得腸胃失調，患上嚴重的胃病。然未聞他喜歡日本料理，是其精神與物質生活，都先天有中國文人氣質，且相貌文秀，正是南方才子的典型。日本男子那有這樣瀟灑的人物？只從外表看，他有中國血統已無疑問。然而曼殊的身世卻一直是一個謎，他一直也說「身世有難言之痛」，並在「潮音跋」與「斷鴻零雁記」中表示他是一個純粹日本血統而歸化中國的人，所謂「難言之痛」或許是指此而言。

二、求學經過

曼殊是在六歲那一年（一九八八九）跟傑生正室黃氏由日本橫濱回到中山縣瀝溪鄉，七歲入鄉塾讀書。到九歲時傑生因經營失敗，和第二妾大陳氏從橫濱回瀝溪鄉，住了三年又回到上海，但傑生並不把曼殊帶去，直到一八九六年，曼殊十三歲始跟姑母到上海，和傑生及大陳氏同住，開始學習英文。傑生因父病還鄉，後來父親死了，大陳氏也離上海還鄉，曼殊只好寄住在姑母家中。一九八八九年，始跟表兄林紫垣（曼殊祖母的姪孫）到橫濱，入華僑所辦的大同學校，時曼殊十五歲。大同學校分甲乙二級，甲級所授為中英文二科；乙級所授為中文一科，曼殊屬乙級。一九〇〇年春曼殊十七歲始升入甲級，兼習英文。一九〇二年，曼殊十九歲在大同學校畢業，轉入東京早稻田大學高等預科。曼殊到橫濱後的生活，只靠表兄林紫垣之助，月給十元，僅敷下宿屋膳宿兩費，乃刻苦自勵，住過最低廉下宿屋，日本最窮苦學生始居之，曼殊竟安之若素，不以為苦。每夜為省火油費，竟不燃燈，同寓者詰之，則應曰：「余之課本，日間則已熟讀，燃燈奚為」？其勤儉有如此者。一九〇三年，曼殊二十歲，賴橫濱僑商保送，轉學於振武學校（成城學校改名）習初陸軍。

是年秋張繼，馮自由等取少年意大利之義，發起組織青年會，宣言以實行民族主義為宗旨，發起人多屬早稻田大學學生，馮自由介紹曼殊入會，曼殊至為樂從，是為曼殊與革命團體發生關係的開始。翌年，俄佔東三省，青年會員發起組織拒俄義勇隊及軍國民教育會，留日學界遙起和之，曼殊亦參加，此時曼殊的革命思想已漸漸成熟了，但林紫垣反對他參加革命，斷絕供給他的學費，逼他回廣東去，他在振武學校僅讀了八個多月便退學，他向馮自由取介紹書至香港「中國日報社」見陳少白，誰知他一到上海，便留住下來，假造一封遺書給林紫垣，說是投海自殺，紫垣自然無奈他何。

綜觀曼殊求學經過，曾在鄉間私塾學中文，在上海學習英文，在日本學西洋美術於上野，學政治於早稻田，亦曾學陸軍八個月，後來在香港從西班牙莊湘氏習西洋文學，從暹羅喬悉長老研究梵文。曼殊對於國文、梵文、英文、日文，無一不精；詩、文、小說、乃至佛學、哲學，無不精湛。曼殊一生坎坷，並未受過完全教育，亦未嘗專心致力於學，而能有如此成績，不能不說是「天才」。

三、削髮為僧

曼殊到了上海，後來不去蘇州，做了幾個月吳中公學社的教員，又還上海，在「國民日報社」當翻譯。做了幾個月報社關門，便溜到香港，住在「中國日報社」，依然不開心。其父傑生早在鄉間為曼殊聘婦，聞子歸自日本，遂至港訪之，且欲使其完娶，曼殊竟避而不見。陳少白認為他天性淡薄，力勸他從父歸鄉，曼卿乃不告而行，莫知所往。原來曼殊動了出家念頭，到惠州惠能寺內，投師落髮，從此做了和尚，易名為曼殊。但是又吃不慣苦，有一天，趁師傅出外募化，把已故師兄的度牒，偷了便走。這師兄是南雄州始興姓趙的，在新會縣慧龍寺披剃，法名博經，道號超凡。曼殊得了這張度牒，便居然以慧龍寺信人博經自命了。一九〇四年舊曆正月，還到香港，被同鄉簡世錩看見，還去報告傑生，此時傑生已病重，託簡世錩再到香港，叫曼殊回去送終。曼殊和傑生的感情本來淡薄，又因傑生聽了大陳氏的話，和河合仙絕緣，對傑生更不滿意，便對簡世錩說：「我是一個錢都沒有的窮光棍，要我還去做什麼呢？簡世錩只好頹然而返，隔不到幾天，傑生便去世了。於是曼殊便與蘇家完全斷絕關係，來過他的流浪生涯，這一年曼殊二十一歲。

四、流浪生涯

一九〇五年，曼殊從香港到上海，決定南遊計劃，遊歷暹羅（泰國）、錫蘭等地。在暹羅喬悉長老研究梵文。不久歸國。從事於教書生活，到長沙兩次，任實業學堂、明德學堂教員。到南京任陸軍小學教員。在蕪湖任皖江中學教員。一九〇七年到日本，和章太炎、劉中叔同辦「民報」及「天義報」。「民報」是「中國同盟會」提倡民族革命的機關報，「天義報」卻是鼓吹無政府主義的。一九〇八年曼殊再到南京，幫楊仁山辦「祇垣精舍」。一九〇九年作第二度南遊，先到星加坡，後到爪哇的噶喇吧，在中華會館住下教書，這時候曼殊天天嚷著要去印度，結果卻沒有去成功。

一九一一年暑假到日本，秋後再往噶喇吧。那年十月十日（舊歷八月十九日）武昌革命起義，曼殊是很興奮的。因為沒有錢買船票，所以依舊在噶喇吧度歲。一九一二年舊曆二月，回到上海，看看中國的局面還是毫無辦法，除了在「太平報」上發表「斷鴻零雁記」以外，只好躲在窟子內天天吃花酒。

民國元年（一九一二年）冬天，曼殊到安慶高等學堂教書，到民國二年暑假前又不去了。在蘇州、杭州流浪了幾個月，在上海南京路第一行臺住了一個時間，結果，還是回到日本去。曼殊對河合仙親子的感情是很濃厚的，所以常常到日本去找河合仙。民國三年到四年間便整整在日本住了兩年。這時候，袁世凱當權，國民黨在日本改組為中華革命黨，一般要人大都在日本，曼殊和　國父、蕭紉秋、楊滄白、居覺生、邵元沖、鄧孟碩、田梓琴、戴季陶等都有來往，在他們的機關報「民國雜誌」上發表詩歌、小說、和隨筆。章行嚴辦甲寅，陳獨秀辦新青年，也都有曼殊的文章發表。民國五年回國，民國六年二月再去日本一次，不久回來，匆匆來去，此時曼殊腸胃病已很嚴重，時時發作，以後便不能再到日本了。這一年秋天，曼殊和蔣介石、陳果夫先生同住上海白爾路新民里十一號，冬季進海寧醫院，療治腸胃病甚不得法。民國七年春天，移居廣慈醫院，終於一病不起。這年五月二日，一代天才文學家就離開塵世而長逝。

五、曼殊的詩歌

民國初年，從清末同光體典重的詩風中解脫出來的詩人有很多位。其中以蘇曼殊的詩最為人所愛好，譽者謂其詩「倩麗綿眇，卻扇一顧，傾城無色」。堪稱妙喻。在詩的造詣上，蘇曼殊與于右老（右任）是民初南北二傑。右老的詩如黃鐘大呂，曼殊的詩則旖旎風流，風格雖不同，其有開創氣象則一。曼殊的詩，情辭綺麗，雅俗共賞，尤其詩中有一種感傷的情調，正合於那一轉變時代的氣氛。青年人尤愛誦之，故流傳普遍，風行甚久，非他人所及。然曼殊的詩僅九十九首，可見好的作品，不一定以多為勝。論者云：「有清新靈感真性情文字，百世不乏其知己」。誠然不錯。又謂：「曼殊詩文之受普遍歡迎，其生時當不及料。蓋曼殊生平作詩文，作畫，初無好勝之心，更無釣譽之想；惟以天真赤忱，表其心臆，故能傳人所不能傳，以心聲成天聲，仗天才而神化。……」大家都謂曼殊是位天才文學家，確實不錯！我常想清末自戊戌維新，辛亥革命，直至「五四」運動，是文人才士最多的時期，曼殊不過是其中之一而已。

蘇曼殊是一位短命詩人，他的詩只可分為青年及壯年二期。姑以民元為界，他早期的詩多在清末，有人稱他為民初詩人，是因他參加革命，開創新風格之故。如其民前九年「以詩畫留別湯國頓」二絕句云：

蹈海魯連不帝秦，茫茫烟水著浮身，國民孤憤英呼淚，灑上鮫綃贈故人。

海天龍戰血玄黃，披髮長歌覽大荒，易水蕭蕭人去也，一天明月白如霜。

這兩首詩顯然是受了當時的時勢影響，有一種撫劍而起，從事革命救國的氣慨，與清末維新諸君子及革命人物的詩風差不多。慷慨悲歌，清新峻拔，頗有壓倒時流之勢。這兩首詩，不是曼殊本色，也不是他的代表作，但卻是他集中最雄偉的兩首詩，從這兩首詩中，看曼殊的志業本可無量，無奈他身世有難言之痛，生活的經歷又苦，以致消沉下去了。曼殊作此詩的時年二十歲，在日本已加入義勇隊及國民教育會，從事革命救國工作，歸國後在上海辦報、蘇州任教。又其民前五年兩首絕句云：

白雲深處擁雷峰，幾樹寒梅帶雪紅，齋罷垂垂渾入定，庵前潭影落疏鐘。

（住西湖白雲禪院）

海天空闊九泉深，飛下松陰聽鼓琴，明日飄然又何處？白雲與爾共無心。（題畫）

時曼殊已在惠州惠能寺出家，詩風一變，有超然出塵之致。但曼殊是性情中人，不能長留於空寂界中，於是又回到塵世，由港而滬，又東渡日本，遇「調箏人」，曾一度陷入情網，然他的境界很高，只在詩文上表達愛慕的情操，據傳他在風月繁華場合，妓女滿前，他只閉目打坐，于右老曾有詩詠之云：「正是紅樓入定時」。此種境界，豈是一般人所及！然其在詩中，卻寫一往情深，如其詠「調箏人」詩云：

桃腮檀口坐吹笙，春水難量舊恨盈，華嚴瀑布高千尺，不及卿卿愛我情。

烏金凌波肌似雪，親提紅葉索題詩，還君一鉢無情淚，恨不相逢未剃時。

石頭記作者稱書中男主角為情僧，那是情操斷後才出家的，蘇曼殊則是出家後又墮入情網，倒是真正的情僧了。曼殊為人，天才橫溢，詩文以外，繪畫亦甚超脫。才大的詩人，如天馬行空，難定於一境。他的入空，入情、學佛、學畫、都不過是尋求精神生活的滿足而已。曼殊青年時期在日本與上海有很多奇遇，也作了不少好詩，其時約在民國前五年至二年，如下二詩云：

孤燈引夢記朦朧，風雨鄰菴夜半鐘，我再來時人已去，涉江誰爲採芙蓉？

柳陰深處馬蹄驕，無際銀沙逐退潮，茅店冰旗知市進，滿山紅葉女郎樵。

這些小詩風格又略變，有含蓄美，像陸放翁、王漁洋，也像龔定盦；超脫與情愫兼而有之，都是上乘之作。而其中延平郡王故居一首，尤為感人。

行人遙指鄭公后，沙白松青夕照邊，極目神州餘子盡，袈裟和淚伏碑前。

真有一心皈依，無限景仰之情。鄭成功的母親也是日本人，身世與曼殊相同，一在明末，一在清季，二人一文一武隔代相映，故曼殊對之十分景仰。此外曼殊早期尚有最膾炙人口的兩首詩：

秋風海上已黄昏，獨向遺編弔拜侖，詞客飄零君與我，可能異域爲招魂。（題拜侖集）

春雨樓頭尺八簫，何年歸看浙江潮？芒鞋破鉢無人識，踏破櫻花第幾橋。

（本事詩之一）

前首是曼殊懷英國十九世紀大詩人拜侖的詩，曼殊曾譯拜侖哀希臘詩為中文，其才華橫溢，生命短促亦與拜侖同。此詩是民國前二年作於上海。後一首詩作於日本，可以說是曼殊的代表作，詩中所表現的景物與情操之美，意境之瀟灑超脫，可為其諸作之冠；也最能代表他的生活情調。故此詩流傳最廣，幾可說有井水處者能歌「尺八簫」。閩于右老最欣賞此詩。

曼殊壯年時期的詩，可以民國元年為始，這年他二十九歲，有四首五言絕句甚好：

日暮有佳人，獨立瀟湘浦，疏柳盡含烟，似憐亡國苦。（為玉鸞女弟繪扇）

一典凌波去，江蓮禮白蓮，江南誰得似，猶憶李龜年。（贈歌者）

來醉金莖露，胭脂畫牡丹，落花深一尺，不用帶蒲團。（柬法忍）

萬物逢搖落，姮娥耐九秋，縞衣人不見，獨上寺南樓。（懷法忍，葉葉）

這些小詩神韻極矣！即唐宋名家集中亦不多見。王德鐘說曼殊的詩如「幽幽蘭馨，天外雲霞」，別有動人心脾處，其清艷明麗之美，只龔定盦約略似之。

又其「何處」一律云：

何處停儂油壁車，西冷終古即天涯，擣蓮散麝春情斷，轉綠迴黃妄意賒。玳瑁窗虛延冷月，芭蕉葉捲包秋花。傷心怕向妝臺照，瘦盡朱顏祇自嗟。

此詩作於民國二年，年三十歲，詩中已有遲暮之感了。曼殊七律只此一首，另有一首五律「佳人」，五古一首「呈曠處士」，七古一首「和三姊妹韵」，均不如其絕句佳妙，尤以七絕為佳。曼殊可以稱為七絕聖手。「其吳門依易生韵」十一首，是他後期詩中的舊品，茲選錄數首於下：

碧城煙樹小彤樓，楊柳東風繫客舟，故國已隨春日盡，鷓鴣聲急使人愁。

江南花草盡愁根，惹得吳娃笑語頻，獨有傷心驢背客，暮烟疏雨過閶門。

碧海雲峰百萬重，中原何處託孤蹤？春泥細雨吳趨地，又聽雲山夜半鐘。

萬樹垂楊任好風，斑騅繫向水田東，莫道碧桃花獨艷，澱山湖外夕陽紅。

白水青山未盡思，人間天上雨霏微，輕風細雨紅泥寺，不見僧歸見燕歸。

月華如水浸瑤階，環珮聲聲擾夢懷，記得吳王宮裏事，春風一夜百花開。

這些詩引起人的思古幽情，與人以風光旖旎的感受，把蘇州的情調予以美化了。揚州、蘇州、杭州、是三個富有詩情畫意的地方，自唐宋以來，不知有多少人吟咏。以近時來說，曼殊這幾首吳門之作，與易君左的揚州弔古七律四首，郁達夫的杭州諸作，都是膾炙人口的作品。

六、曼殊的散文著作

蘇曼殊的散文著作有論文、序跋、小說、雜記、書簡、譯著等（包括英文及梵文）。據曼殊自己說，他的作品有「梵文典」八卷、「梵文磨多體文」、「沙昆多邏」、「法顯佛國記」、「惠生佛使西域記地名今譯」及「旅程圖」、「泰西群芳名義集」、「泰西群芳譜」、「埃及古教考」、「粵英辭典」、「小鬼記」、「英譯燕子箋」等，現在都不知下落了。除「梵文典」八卷以外，究竟成書與否，也不得而知。

曼殊的小說現在仍保存的，有「斷鴻零雁記」、「天涯紅淚記」、「絳紗記」、「梵劍記」、「非夢記」、「碎簪記」六種。「斷鴻零雁記」是曼殊自述身世的小說，但因曼殊的生母是何人，他自己生前也不知道，所以這小說的內容就與他的身世不盡相符了。此書當年流行很廣，有梁社乾的英譯本，黃嘉謨的劇本。而嚴夢所作曼殊的「春夢」，也是以此記作為藍本的。劉成禹家裡有曼殊的漢英，英漢兩種辭典，也是殘缺不全。柳無忌收入曼殊全集中的，是詩集一卷、譯詩一卷、文集一卷、書札集一卷、雜著集二卷、（包括「嶺海幽光錄」、「燕子厂隨筆」、譯小說集二卷（包括「悲慘世界」、「娑羅海濱遯蹟記」），小說集六卷（包括上述六種小說）共十四種。這十四種曾印有單行本，此外，還有「文學因緣」、「潮音集」、「拜侖詩選」、「漢英三昧集」四種，都有單行本行世。

曼殊的作品，經他人搜輯成書的，除柳無忌的曼殊「全集」、「曼殊詩集」、「曼殊逸著兩種（包括「嶺海幽光錄」、「沙邏海濱遯跡記」以外，有何震輯「曼殊畫譜」，蔡哲夫輯「曼殊上人妙墨冊子，柳亞子輯「曼殊遺蹟」，王德鐘輯「曼殊上人燕子厂遺詩」，馮秋雪輯「燕子厂詩」，沈尹默輯「曼殊上人詩稿」，周瘦鵑輯「燕子厂殘稿」及「曼殊遺集」，段庵旋輯「燕子山僧集」，盧冀野輯「曼殊說集」，光華書局輯「曼殊詩集」，「曼殊小說集」，金織雲輯「曼殊代表作」，時希聖輯「曼殊小叢書」，共有十餘種之多。柳亞子還打算編一本「曼殊餘集」，補全集之不全。關於討論曼殊各種問題的，有柳無忌的「蘇曼殊年譜及其他」，很多全集以外的資料。（參考；柳亞子：蘇曼殊傳略）

原載於《廣東文獻》十三卷四期

梁啓超先生論書法

江正誠

近代嶺南傑出人物為數不少，在政治、學術和藝術上都有偉大成就和精闢論述的，除了國父孫中山先生和康有為先生之外，便是廣東新會梁啟超先生了。

梁啟超先生生於清同治十二年（西元一八七二年），字卓如，號任公，別號「飲冰室主人」，他曾師事南海西樵康有為先生，並參加「戊戌變法」，後人並稱「康梁」，足見他在政治、學術上的地位是如何受到尊崇。晚年的梁先生不談政治，卻把大部份時間和精力放在講學上。也曾任教於南開大學、東南大學和清華大學，並屢次應邀赴各地作學術上的專題演講，極受時人的歡迎和擁戴。他所演講的內容除了學術之外，也有不少涉及人生修養和書法藝術的探討。雖然他自謙自己的字寫得不算好，但對書法卻有濃厚的興趣和超乎常人的見解。他的書法卓論不但提高書法的價值，而且對喜歡研究書法或對書法尚未有深入認識的人來說，都產生很大的鼓舞和引導作用。

在古籍中，不論文章、詩詞或書畫題跋，都可以看到古人對書畫的論述，但梁啟超先生卻在書法上較古人更有系統地、更深入地盡抒己見。他「從古論今」，又「從今論古」地互作比較，把一生博學多聞的才思凝聚成一場場精闢的書法專題演講，不禁令人有「聽君一夕話，勝讀十年書」之感。

他曾經在經過一場大病痊癒之後，為了遵從醫師的吩咐，要多多靜養，萬事不必太操心，故而對書法的投入比以前更熱烈、寫字的次數也較以前更頻繁，後來應邀赴「教職員書法研習會」中作專題演講，便把寫字的心得和書法的功用，非常有條理地加以詳述，對時人和後人都有很大的精神指引。

在現在電腦盛行後，很多文書處理或私人稿件大都以電腦存檔和打字代替手抄，在操作上，固然較便捷，但書法藝術的美感便逐漸減少。有了電腦，既不必像以前一般要用毛筆書寫，也不必用原子筆或鋼筆來記述，後人的毛筆字因而日趨低落，恐怕以後連硬筆字也不見得好到那裏去；尤有甚者，一旦要用手抄時，誠恐會「執筆忘字」。科學昌明、固然可喜，但中華傳統國粹卻不容忽視。有見於此，筆者特在此詳介梁啟超先生的書論，並加上一己多年的書法教學心得，詳作剖析，希望能透過此文，喚起國人對書法的重視，更希望國人在物質享受之餘，能因對書法的投入而得到更多的精神慰藉。

梁啟超先生的書論可分以下幾個重點，他認為：

㈠書法是最優美、最便利的娛樂工具，因為學習書法可以獨樂；不必拘泥於時間和地點；不用費太多金錢、時間和精神；反之，學書容易成功而有比較；此外更能收攝身心。

㈡書法在藝術上有很大的美感，它分別呈現「線」的美、「光」的美和「力」的美。此外它更是個性的表現。

㈢書法的研習過程分模仿和創作：初學書法的人要專心去學一家之字，而且要下苦功，把名家的字學得像。基礎穩固後，便要學許多家，此時必須「兼包並蓄」，深入研究；而且，學要有賢師指導，才有事半功倍之效。

㈣以古人的碑帖為臨摹準繩：梁啟超先生認為臨帖不如臨碑；碑有六朝碑和唐碑之分，學唐碑不如學六朝碑。梁先生卓絕的書論頗令人欽服，現分別以下面幾個步驟詳細剖析之。

一、書法的特質和功用

人不能整天埋首工作，反之，要有正當的娛樂來消遣身心才是。無論動態或靜態的正常娛樂，對人們都有消除煩悶，增加生活情趣的功用。在五花八門的娛樂中，寫字是最好的靜態娛樂。梁啟超先生說：「一人不飲酒，二人不打牌，唯有寫字，可以獨樂，也可以同樂。」筆者認為一人喝酒，恐怕喝的是「悶」酒，那種「獨酌無相親」的情景，令人有股孤苦零丁、惆悵落寞之感。至於二人賭博，可以猜想「賭本」有限；筆者雖不贊成賭博，但從一般賭博的氣氛看來，「聚賭」則令賭徒更投入、更沉迷，而且賭本更雄厚，有時令人欲罷不能。不論二人或眾人，賭博不能沒有「對手」，可是寫字卻不然。寫字可以不受時空的限制，只要興致一到，一個人便可以靜下心來練習；若遇到同好、更可以互相切磋。北宋文壇領袖歐陽修曾說；寫字是一種靜中的樂趣，當人們全心全力地練字時，縱使室外雷雨交加，也無動於衷。由此可知學書既不如喝酒賭博般傷神，反而讓人們能在筆畫的臨摹中，把煩惱拋開，享受靜中之樂。

梁啟超先生也說寫字不拘時空，無論早上晚上，室內室外都可以進行。雖然此論有他個人的看法，因為他從「便捷」的角度來看書法練習的可行性；若從「功效」的觀點來說，時空、氣候的不同，對寫字的人來說都有或多或少的影響。天氣炎熱時，心情比較懶散、寫字容易疲乏；天氣寒冷時，手指比較不靈活、若遇嚴寒、手指甚至比較僵硬而不能運用自如。在室內寫字較有舒適和安全感，但在室外則容易受到其他因素的影響，心情隨著起了變化，寫字的效果不易達到理想。

梁啟超先生進一步從「經濟」的立場來說，寫字其實不用費很多金錢、時間和精力。學鋼琴花費大，學寫字只須買一般書法用紙即可；打牌若太投入，有時竟至通宵達旦，會傷身耗神，而寫字，若細心臨摹，則一二小時已夠，既不傷身費時，也可以培養生活情操。至於作詩下棋，雖然可以視作個人的嗜好，但作詩很費心思，古人有「吟成五個字，撚斷數根鬚」的說法；而下棋則如賭博一般，若無「對手」則不能對局，一旦有了「對手」，二人對奕都十分費神，無論如何，都不如寫字那麼輕鬆、自由。

學習書法除了天分之外，最重要的還是要靠後天不斷的努力。所以梁啟超先生說，若不斷學習，便容易成功而有比較。當我們在學書時，不妨把臨摹過的作品保存下來，時間一久，將以前和現在的字詳加比較，一方面可以看出有無進步，一方面也可以藉此將以前的缺點改進，幾經細心研究，有恒練習，等到看到好的成果時，便會覺得學書原來不是那麼困難，問題是自己有無恒心和毅力而已。

從「養生」角度來看，梁啟超先生強調學書能「收攝身心」。他說曾國藩無論公私如何繁忙，每一興到，必寫字不可。他也說古人凡有高尚人格的話，大部份都嗜好寫字。筆者萬分贊同此說。俗語說「字是人的衣冠」，尤其是在古時候並無原子筆和鋼筆的發明，加上文人上京考試，除了要飽讀詩書之外，也要憑美妙的書法來作答，縱使不是赫赫有名的書法家，但古時候的文人要撰稿或與友人書信往來，都要用到毛筆，因此古人的字跡都有相當的水準，更何況品德高尚的人，他們美妙的書法和清高的品格正如牡丹綠葉般相得益彰。北宋的蘇東坡，因才高而屢被貶謫，但他卻能隨遇而安，在貶所仍不忘寫字；近代偉人，國父孫中山先生一生的著述和書信，都用他那渾厚穩重的「顏體」書法來書寫，而先總統 蔣公，也以他那瘦勁清新的「柳體」書法來撰述。他們三人的書法不但是人格的象徵，也是英雄氣概的流露，所謂「字如其人」正是此理。

二、書法在藝術上的價值

梁啟超先生把書法和其他技藝作一比較，以為書法所涵蓋的美感是其他技藝所不能比擬的。因為書法有以下數種獨特的表現：

㈠「線」的美：他強調寫字要「計白當黑」，亦即寫字要黑白相稱，把黑色的字體寫在白色的紙上，這樣便可以一方面從白的地方看「美」，一方面從黑的地方看「美」。此說與繪畫中所謂的「構圖」是同一道理的。現代人說「構圖」亦即古人所謂的「經營位置」，新屋落成後，若能在寬敞的空間中加上適當的裝璜，那麼房子看起來便有舒適溫馨之感；裝璜的考究和家具的擺設，若能配合房子的格局，便是梁啟超先生所說的「先計算白的地方，然後把黑的筆畫填上去」的道理一樣。

一行字、一幅字，全部的組織都要「計白當黑」。王羲之、歐陽詢、顏真卿和蘇軾，他們都是東晉和唐宋有名的書法家，若每人都用自己的字體去寫整幅書法，那麼每人的作品都是一氣呵成，個性和書法的整體美都表露無遺。反之，若把王羲之所寫的「天」字，歐陽詢寫的「地」字，顏真卿寫的「玄」字和蘇軾寫的「黃」字湊在一起，因為筆勢不同，看起來便不「搭調」，因為各人的字體、筆法迥異，計算「黑白」不同，故意湊合起來，有點做作，故而失去書法的「整體美」。拿音樂的演奏來說，由數人組成的樂隊，在平時練習時，就要培養好「默契」，一旦合奏，所呈現出來的是「團隊精神」，樂曲的節奏和演奏技巧，都要講究和諧與溝通；若有其他人加入而欠缺平時所培養的「默契」，那麼演奏時一定失去「整體和諧」。由此可知，我國書法歷來被認為是一門高超的藝術，完全是因為它是線條的表現，要懂得如何「計白當黑」才能使線條美發揮得淋漓盡致；如何講究整幅書法的組織，方能充份達到整體協調的要求。

(二)「光」的美：梁啟超先生說寫字要使「墨光」浮在紙上，才能有精神。因此如何利用好的墨條研磨墨汁書寫，使千百年後，字跡不褪色而又保有書家的精神，那是不容忽視的問題。筆者從某些日本書寫甚至國內少數人寫的書法看來，發覺他們用「自創」的方法來書寫，那就是把毛筆先蘸上淡墨，然後在筆尖上蘸濃墨，如此一來，先寫的幾個字，墨色很濃；後寫的一些字則墨色逐漸淡下去，有時有些筆畫更是濃淡相間，他們以為這種寫法是一種「創新」的風格，若與梁啟超先生所強調書法是「光」的美的理論作比較，則後人所謂的「創新」，那裏有「墨光」的表現？如此「創新」風格，又怎能令人信服？筆者認為濃淡相間的用墨法，可以運用到國畫技法上，而書法作品則應從頭到尾都要用濃墨來書寫才是。因為唯有如此才能使「墨光」浮現出來，時間一久，也不怕字跡褪色。書法的墨光有如人們的氣色。身體健康的人，看來容光煥發，神采飛揚；體弱多病人，形容憔悴、氣色陰沉；書法作品若用淡墨來寫則有如面無光彩的病患，但用濃墨書寫，則墨光四射，有如滿面紅光、精神奕奕的人。因此筆者認為寫字不能苟且，最好能用上等墨條研磨，才能使墨光浮現在紙上，正如北宋的蘇軾所說：不是人磨墨，而是墨磨人。磨墨寫出來的字跡不但有墨光，也是一種考驗耐性的修養功夫。

㈢「力」的美：一般人，尤其是初學者，當他們在練字時，大多喜歡填改，亦即俗話說「描來描去」。這一點，梁啟超先生甚為反對。他認為字要順勢而下，一氣呵成，才能表現出「真力」，在練習時勿一味填改，否則愈填愈笨、愈改愈醜。筆者認為不論那一種字體，都不要任意填改，能一氣呵成才是真功夫。筆畫經過填改，一定較為粗壯，效果適得其反。以宋徽宗趙佶所獨創的「瘦金體」書法為例，顧名思義，這種書體字形瘦削，鋒芒畢露，其氣勢就是柔中帶剛，若無真功夫，也無良好的狼毫硬性毛筆，便很難寫得出它的神韻和筆力。因為這種字體本身是瘦勁的，下筆之後不能再填改，否則越改越粗，寫出來的字不是瘦金體，反而變成「胖金體」，婉如東施效顰，弄巧反拙。再進一步來說，寫大字要用大筆，若用小筆寫大字，筆畫一定不夠雄壯，氣勢也不夠磅礡，這時候若多次填改，筆畫便變得呆板而造作，毫無自然美可言。從草書的角度來說，更忌隨意填改。整張草書的欣賞最重要的是氣勢的表現，草書要有萬馬奔騰，萬壑飛瀑的氣勢，切忌矯揉造作，在運筆時，有時形成「飛白」筆勢，這是可遇不可求的現象，千萬不要填改，否則遒勁豪邁的韻味頓失，作品的整體美也大打折扣。

人人都有自己的書法風格，只要功夫下得深，寫字時勿恣意填改，要表現「真力」是不難的；但若要學得與古人一樣好的筆力，那是很不容易做到的事情。所以梁啟超先生說字雖能模仿，但只能模仿形式，不能模仿筆力；只能學得像，不能學得一樣有力。「筆力」是書法家人格與學問的象徵，後人沒有古人的才情，試問如何寫出與古人一樣的筆力？梁先生的說法類似古人所重視「神似」的問題。蘇軾曾說：「學書以形似，見與兒童鄰。」他所強調的是「神似」勝於「形似」。繪畫若太重視「形似」，難免流於呆板而欠生動，如何把神韻表達出來，才是真正的訴求。書法何嘗不然？我們在臨摹字帖時，儘管已下了很大的功夫，但只能學得像，卻很難把古人墨寶的神韻及筆力完全表露無遺。書法不但是書家個性的流露，也是他個人情感的抒發，尤其是草書或狂草，在不同的氣氛、場合和心情之下所寫出來的字都有精神和筆力上的差異。就拿東晉的王羲之來說，他在晉穆帝永和九年（公元三五三年）與友人及眾兒子們在浙江會稽山陰舉行「修禊」活動之後所寫的「蘭亭集序」，因為當時天朗氣清，惠風和暢，又有茂林修竹，映帶左右，大收天時地利人和之便，加上喝了一點酒，後來不但撰作了一篇絕妙的文章，更用鼠鬚筆、蠶繭紙將該文寫成天下第一行書。此序共三百廿四個字，橫寫分成二十八行，其中有二十個「之」字，大小粗細，各不相同。事後王羲之把「蘭亭集序」重寫多次，都自覺不如最初所寫的美妙。所謂神來之筆，連王羲之都無法掌握自如，可證後人在書法上要學得與古人一樣有力而有神韻，是不容易做到的事。

寫字要有神韻，也要有個性的流露。古人說：「言為心聲，字為心書。」而梁啟超先生也說各人有各人的筆跡。他認為放蕩的人，寫字放蕩；拘謹的人，寫字拘謹；說話的人拘謹，寫字也拘謹。筆者認為個性雖然影響筆跡，但有時教育程度的高低，是否經常執筆寫字，都對個人的筆跡有很大的影響。以蘇軾為例，他因才華橫溢，屢被小人陷害而遠貶他方。在不同的貶所居住期間，他不怨天尤人，反而隨遇而安，以遊山玩水來排遣心中苦悶，每次靈感一到，他便作詩填詞，把人間恩怨盡拋腦後，他的一闋千古絕唱的豪放詞「念奴嬌」（赤壁懷古），是他被貶官至湖北省黃岡縣時，遊覽赤壁山之後所填的傑作。此詞氣勢磅礴，豪放激蕩，是豪放詞派的代表作，蘇軾不但以此自豪，後來更用草書疾筆書寫，他的才情和性格，都已透過靈活的筆跡表露無遺。橫溢的才華、豪邁的個性加上酒力的發揮，都促成蘇軾流傳一闋為人傳誦的絕妙好詞和筆力萬鈞的草書墨寶。後人因為崇拜蘇軾而學他的書法，更爭相臨摹他的念奴嬌草書作品，但無論如何，都無法學得他的筆勢和神韻，足證梁啟超先生的卓論是十分令人信服的。

三、書法學習的途徑

國父孫中山先生曾說，學問有「生而知之者」，也有「學而知之者」。書法的研習就是屬於「學而知之」的階段。何況書法是我國歷代文字演變的最佳明證。歷代書家一脈相傳，勤奮好學的精神為後人樹立了很好的學習榜樣，他們留傳下來的墨寶更足以為後人學習的根據，因此梁啟超先生主張學書要從「模仿」古人墨寶入手。他說藝術的模仿須由膚淺進於真切，前人的產業，我們來承受；我們的產業，後人來承受。換言之，他很重視「傳承」的效果，因為若能吸收前人輝煌的成就，才能截長補短、集思廣益、進而發揚光大。他所說的「模仿」並非指「抄襲」，而是指「臨摹」。古人因為環境的不同，社會需求和現代亦不一樣，因此在書法上的研習當然比較迫切和普遍。古時重文輕武，前人在人文藝術方面都培養出很好的才情，他們為後人開闢了一條康莊大道，讓後人朝著正確方向往前走，所謂「前人種樹，後人乘涼」，我們學習書法固然要向古人看齊，學習繪畫和詩文，何嘗不是如此呢？

在書法的臨摹過程中，梁啟超先生有兩種主張：㈠是專學一家，㈡是兼收並蓄。剛開始學習書法的人，一定要專注，不能三心兩意，今天學顏真卿的字，他日聽別人說，學歐陽詢的字較好，後來又聽別人說，學行書較實用；字體的審美觀因人而異，若自己不專注，隨便聽信別人的意見，各種字體都去練習一下，到頭來，反而徒勞無功，一事無成。俗語說：「字無百日功」，意謂須要假以時日，千錘百鍊才有所成，否則在基礎未打好之前，便好高騖遠，心志不堅，很難如願以償。筆者認為最好是根據自己的「性向」來決定字體的學習，只要專心一志，有恒無間，他日必定有長遠的進步，等到基礎穩固後，不妨進一步涉獵其他字體的研究，這就是梁啟超先生所謂的「寧肯學許多家，不肯專學一家」的真義。

初學書法的人要心無旁騖，正如梁公所說的「讀易（易經）時，覺得無尚書；讀詩（詩經）時，不知有春秋。」如此才能鞏固個人學習的信念，一旦有了心得，便要「登堂入室」地博學各家，以達到融會貫通的地步，梁公所謂「兼收並蓄」正是此理。歐陽修曾說，學書要自成一家，學書者一定要由「專心一志」，進而「兼收並蓄」，努力研習才能「自成一家」，此即所謂由「入師」而「出師」。蘇軾也說：「天真瀾漫是吾師」，書家最大的成就是能集古人的精華而獨創一體，由臨摹而創作，字體有自己人格和學問的昇華，那才是書家最令人欽佩的地方。

在學書的過程中，能有恒心毅力，聚精會神地鑽研，固然是難能可貴的；但若有賢師益友，熱心指導切磋，那麼進步必定更加神速。禮記「學記」說：「獨學而無友，則孤陋而寡聞。」梁啟超先生也說，學習書法要找對老師，在熱心而有真才實學的老師指導之下，學習書法才能事半功倍。禮記「學記」也說：「擇師不可不慎。」筆者以為那好像陌生人問路一般，若問到一位「老馬識途」的人，他告訴我們一條捷徑，我們便可以正確而迅速地到達目的地，否則自己去找，雖然也可以到達，但費時費力，甚至有時不一定能到達目的地，所謂「路在嘴邊」正是此理。為了強調賢師的重要性，梁啟超先生舉例說，唐朝有一位彈琵琶的教師，沒有基礎的人去跟他學，他說三年就會；彈得好的人去學，他說五年才會；彈得更好的人去學，他說非十年不可。人問何故，他答道，沒有學過而天份高的人，若教師教得得法，便容易成功；彈得好和彈得更好的人，若在初學時，教師教法不當，那麼他便要花幾年功夫，把壞習慣完全糾正好了，才能學好，所以要學成功便要花更多的時間了。這真是一個幽默而有啟示的例子，梁公所言真是先得我心。以筆者多年在公私機關和各大學教授書畫的經驗來說，所教過的學生中包括中外人士，國人中由八、九歲孩童到一百零三歲的人瑞都有；而外國人中，舉凡美國、法國、日本、韓國和越南人亦為數不少；在這些不同國籍、年齡和學歷的學生中，筆者深覺他們學書的第一個問題就是執筆的方法。本國學生雖然執筆較穩，但可能由於初學時，教師沒有嚴格要求，或是有人自學而無賢師指導，以致執筆方法錯誤而不知，甚至坐姿不正確亦不以為意，雖經筆者多次解說、示範和糾正，他們仍「故態復萌」；相反地，一些外國學生，因為從前未曾學過中國書畫，一旦執筆練習，頓覺遲頓，手指不聽使用，經過筆者細心詳述，他們便逐漸習慣，不但執筆方法正確，連運筆方法和坐姿都很中規中矩。俗語說：「好的開始，就是成功的一半。」不只書法如此，其他技藝的學習，對初學者而言，如何慎選啟蒙老師，怎樣奠定正確而穩定的基礎，那真是一個不容忽視的大前提。

四、碑與帖的體認

初學書法的人，由於基礎不夠，一般而言，大都是學他們老師的字，但若基礎已穩定後，便要「與古為徒」，從古人好的碑、帖中選擇一些適合自己「性向」的版本來臨摹，繼而多寫、多看、多研究，然後才能精益求精，進入書法的堂奧。初學書法的人常常被內行人問起，自己學的是「碑」還是「帖」，二者有何差異？梁啟超先生說碑有六朝碑和唐碑之分，與其學唐碑不如學六朝碑。

梁公認為唐碑翻刻本多，買原榻本寫，價格頗高而不易得。他認為唐代的字很呆板，因為要迎合唐太宗的意思，所以風格漸卑。筆者認為梁公是從六朝碑的角度來看唐碑，故而有此說法。其實我國的楷書到了唐朝可說是楷書的尖鋒時期，那時的名家輩出，因此有所謂「唐楷」之稱，這好像詩歌發展到唐代，已臻完備，全唐詩人亦如雨後春筍般應運而出，與其說唐代是詩歌的黃金時代，我們不妨說唐代更是楷書的鼎盛時代。梁公之所以說學書要學六朝碑的原因是因為唐碑是由六朝碑而來；六朝碑有兩個好處：㈠是「跡真字好」，因為唐代的書家都從六朝出，六朝書家的作品很少贗品，風格也很高。㈡是「物美價廉」，因為六朝碑新出土的不少，這些碑，「無美不備」，「價又低廉」，諸如「墓誌銘」和「造像」，都是不錯的學習範本。此外六朝碑真跡亦較多，鋒芒未失，出土的數量總在二千種以上。

在各種碑中，梁公最欣賞「龍門二十種」，所幸筆者在唸初中時，已花錢購得大陸版精楊的「龍門二十種」，細閱其中筆劃，尚完整清晰，其優點誠如梁公所言。至於「墓誌」中，梁公認為：元顯魏、元欽、元固、元倪、石夫人、元詮、元演、元颺等都可以學；而古碑中的張猛龍、鄭文公，賈思伯根法師，蕭瑒龍藏寺、蘇孝慈，亦都很好，也值得學。

六朝碑林林總總，應從那一種碑下手呢？梁公以為應從方正嚴整入手為是。因為學碑由難處入手，這好像做人做事都要經得起磨鍊，克服困難、才能有好的成果。梁公反對從容易入手，因為若從容易入手，做事如「圓球」，做人為「滑頭」，學詩為「打油」，到頭來都很難成功。

其實唐碑和六朝碑各有其特點，梁公認為唐碑「規矩整齊」，六朝碑「無一定的規則」，要想筆力遒勁，學六朝碑亦可；要想規矩整齊，學唐碑亦不錯。唐碑中要以歐陽詢、虞世南、褚遂良、李北海、顏真卿、柳公權這幾家最為著名。在各家中，梁公比較贊同學歐、顏兩家的字，因為他們的筆法極方嚴，沒有什麼流弊。

綜上所述，碑與帖比較之下，梁公認為碑遠勝於帖，臨帖不如臨碑，臨唐碑又不如臨六朝碑。清朝的書家有很多著力於北碑，尤其是在咸同之際（西元一八二九—一八八四），碑學發展更加蓬勃，清代中葉以後，由於金石學的興盛，故而影響及於書法，書家大多以碑版為研究對象。碑學自包世臣鼓吹於前，再由康有為繼武於後，當時的書家諸如趙之謙、鄧石如、何紹基、張裕釗、吳昌碩等都如日月爭輝般，各有輝煌的成就，其中光緒時代的康有為更強調包世臣之說，著有「廣藝舟」和「書鏡」（又名廣藝舟雙楫）等書，對北碑有深入獨到的論述，談及碑學者無一不奉為圭臬。清代統制言論甚嚴，士大夫對國事不敢恣意發表言論，一般文人於是寄情於訓詁和考古學的研究，再因執政者大多愛好金石藝術，於是在「上有好者，下有甚焉」的影響之下，考古風氣盛極一時，康有為在當時非常推崇北碑，他自己的自述詩有云：「北碑南帖孰兼之?更鑄周秦孕漢碑，昧昧千秋誰作者，小生有意在於斯。」梁啟超是他的得意門生，梁公在清代考古風氣和賢師的影響之下，重視「碑學」甚於「帖學」，料必有他的根據的。

結論

書畫都是我國傳統的國粹，因為時代背景不同，古人在童蒙時候已開始學書，後來慢慢進展到以書作畫，意即以書法的技巧來輔助作畫，大收事半功倍之效。古代的書家大多能畫，而畫家亦多數能書，古人所謂「書畫同源」確有其理。梁啟超先生的書法演講，深入而中肯，若能進一步推論書法對繪畫和題辭的幫助，那便更加引人入勝了。

中國書法有它永恒的藝術性，也是修心養性最好的方法，它所表現出來的線條美絕非他國文字所能比擬。在現今科學日新月異的時代，電子理工等科目已較文史科目更吃香，人們的物質生活亦比以前進步很多，一般人對中國傳統藝術已不像古人那麼熱衷，為了便捷，硬筆書法已取代了毛筆書法的地位。縱使也有人仍愛好毛筆書法，但對書法沒有深入而正確的認識，最初學習時，興趣勃勃，後來卻經不起時間和恒心的考驗，以致半途而廢。梁啟超先生對書法的論述，是一股強而有力的興奮劑，他的卓見，可作為現代人學書的指南針，而他更是提倡中華國粹、振興中華文化的先驅。筆者以為，有身分地位的人，甚至受過高等教育的人，縱使不一定人人都要成為書法家，但最低限度，字跡端正，能與自己的身分配合，那豈不是更令人敬佩嗎？梁公重視書法，雖然他不算是赫赫有名的書法家，但他到處作書法專題演講，不但在昔日起了鼓吹誘導的作用，在現代也深具振聾發聵的價值。希望吾粵鄉賢中，有更多藝術研究者發表偉論，更希望全球各地的華人藝術家，戮力耕耘，使中華國粹更加發揚光大，共同創造美好的人生。

原載於《廣東文獻》三十四卷一、二期